美国种族简史

[美] 托马斯 · 索威尔◎著
沈宗美◎译

中信出版集团 | 北京

图书在版编目（CIP）数据

美国种族简史 /（美）索威尔著； 沈宗美译. —2 版. —北京： 中信出版社，2015.5（2024.1 重印）
书名原文： Ethnic America: A History
ISBN 978-7-5086-5105-7

I. 美… II. ①索… ②沈… III. 种族－历史－美国 IV. D771.262

中国版本图书馆 CIP 数据核字 （2015） 第 068044 号

美国种族简史
著者： [美] 托马斯·索威尔
译者： 沈宗美
出版发行： 中信出版集团股份有限公司
（北京市朝阳区东三环北路 27 号嘉铭中心 邮编 100020）
承印者： 河北鹏润印刷有限公司

开本： 787mm×1092mm 1/16 印张： 20 字数： 297 千字
版次： 2015 年 5 月第 2 版 印次： 2024 年 1 月第 15 次印刷
京权图字： 01–2011–6414 书号： ISBN 978-7-5086-5105-7
定价： 69.00 元

目 录

Ethnic America
A History

推荐序 V

第1部分 引论 001

第一章 美国百衲衣 003

经济状况 005

时间和地点 011

概观 014

第2部分 来自欧洲的美国人 017

第二章 爱尔兰人 019

爱尔兰 020

在美国的爱尔兰移民 024

移民后代　032
经济进步　039
今天的美籍爱尔兰人　045

第三章　德国人　047

德国　048
在美国的德裔人（北美殖民时代）050
今天的美籍德国人　073

第四章　犹太人　075

故土　076
赴美的犹太移民　081
移民高潮期　086
犹太移民的后代　095
今天的美籍犹太人　106

第五章　意大利人　109

意大利　110
在美国的意大利人　117
移民返国　118
意大利移民的后代　128
今天的美籍意大利人　136

第3部分　来自亚洲的美国人　141

第六章　华人　143

中国　144

第一代华人移民　145

华裔移民的后代　151

今天的美籍华人　161

第七章　日本人　165

日本　165

日本对西方的态度　166

在美国的日本人　171

今天的美籍日本人　186

第4部分　来自非洲的美国人　189

第八章　黑人　191

非洲　192

奴隶制在美国　194

从解放到受歧视　205

大迁徙　218

西印度群岛人 226
今天的美国黑人 231

第5部分 来自拉丁美洲的美国人 237

第九章 波多黎各人 239

波多黎各 240
美国本土的波多黎各人 244
今天的波多黎各人 254

第十章 墨西哥人 257

墨西哥 258
墨西哥移民 262
社会和经济进步 271
政治 280
今天的美籍墨西哥人 282

第6部分 综论 285

第十一章 内涵 287

模式 289
种族继承关系 291
文化 296

关于再版的《美国种族简史》

美国著名学者托马斯·索威尔的《美国种族简史》中文版是我10年前在中国书店的旧书堆里翻出来，花10元钱买到的，这可能是我这辈子花的最值得的10元钱了，它几乎解决了我年轻时对种族问题有过的全部困惑。

这本书当年在中国只印了5 000册，并且一直没有再版。有时候想到，在这个有十几亿人口的国度里，对种族问题感到困惑的人那么多，但只有区区几千人和我一样走运，就觉得不做点儿什么还是挺让人惶恐的。

作为一个又卑又贱的英语教师，我总是有一种类似于“位卑未敢忘忧国”的心理。我过去教书的时候，经常“扯淡”，经常“不务正业”，经常借着某一道涉及人种问题的考试题目加以发挥，把我从这本书里学到的东西兜售给我即将赴美留学的学生，希望他们在赶赴一个被称为“种族熔炉”的国家之前，都能确立一种科学、正确、健康的种族观。

我想，我努力的效果还不错：后来我收到很多去了美国的学生的感谢信，信中说他们在美国和其他族裔相处的时候，由于早早厘清了一些观念上的困惑，所以在面对种族问题时能相对容易地保持健康、宽容的心态，这种心态在很大程度上改善了他们在美国作为少数民族（对绝大多数中国人来说，这是生平第一次成为少数民族）的生活质量。

虽然中国也是一个多民族的国家，但也许是因为大多数中国人都是看起来差不多的黄种人，也许是因为这种多民族共同生存的局面不是像美国那样在短时期内突然形成的，所以很多中国人（包括那些受过高等教育的中国人）对自己其实是一个种族主义者的事实浑然不觉。有一些自以为正直、善良、平和、理性的人在某些社会事件发生的时候，还会突然抛出带有民族仇恨心理的言论。

为了尝试改变这个令人不安的状况，我前几年在牛博网和其他门户网站的博客上摘录了《美国种族简史》的部分章节并做了热情推荐。这些摘录的学术文章段落并没有像一些学术性的东西一样在网上遭受冷遇，而是获得了网络读者的热烈欢迎（很多人留言表示这本书彻底改变了他们的种族观念），这甚至导致淘宝上的二手《美国种族简史》被炒到了300多元一本。

这一次，长期出版国外畅销商业书籍的中信出版社，以一种有追求、有社会责任感的出版家风范，引进再版这本多年前的学术著作，这是一件功德无量的事。由于中信出版社和国外的出版集团有着广泛深入的合作，所以取得《美国种族简史》的作者授权是我意料中的事。而在这本书的杰出译者沈宗美教授已经去世，其家人也已移居海外的情况下，中信出版社取得了原译文版权的授权，使得这本译著以高水准的原貌重新问世，让我非常意外、敬佩和感动。

衷心希望每一个中国人都能看看这本书。

罗永浩

2011年10月

Ethnic America
A History

第1部分

引论

Ethnic America

A History

第一章
美国百衲衣

美国民族的形成实乃整个人类历史上的一大奇观。多少年来，有 4 500 万之众越洋过海，从世界各大洲来到美国。他们操着各种语言，代表着世界上各个民族、各种肤色和宗教。今天，在美国的爱尔兰人后裔比在爱尔兰的爱尔兰人还要多；犹太人后裔比以色列的犹太人还要多；美国黑人的数目超过大多数非洲国家的人口数。波兰大多数主要城市的人口都赶不上美国底特律一地的波兰人后裔，而纽约市的意大利人后裔则是威尼斯人口的两倍。

美国的各种族社区，以其规模之大，就足以构成独具生命力的文化群，这些文化群既不是某种“主流”模式的翻版，亦非某个国家文化的海外分支。炒面、爱尔兰人后裔的圣帕特里克节大游行以及非洲发型，全是土生土长的“美国货”。绝非听命于外国的美国各种族社区，反而为各族人的祖籍国培养了领导人。爱尔兰共和国的第一任总统埃蒙·德·瓦莱拉出生在纽约市的布鲁克林，以色列总理果尔达·梅厄夫人 8 岁时随家人移民到美国的密尔沃基。一个多世纪以来，利比里亚一直由获得自由的美国黑奴的后裔统治着。

使用“少数民族”这个词，是难以充分描绘构成美国社会百衲衣的这些大规模的种族社区的，因为并没有“多数民族”。可以识别的最大单一种族是英裔人，可他们也只占美国人口的15%，仅比德裔人（占13%）和黑人（占11%）多出一点儿。由于世世代代杂居混住，千百万美国人已说不清自己究竟属于哪一个种族。

美国人民在历史演进中所处的环境，与他们的人口数量之众和种族之多一样令人惊叹。美国是世界史上最大的文化—语言群体之一。从旧金山到波士顿，其距离之遥等于从马德里到莫斯科。然而，这个国家使用的是同一种语言，适用同一套法律，而欧洲却分成许许多多的国家，他们讲各种各样的语言，并存在着相互竞争的军事和政治集团。正因为组成美国社会的各种族人民来自世界各地，这个社会的规模和凝聚力就显得更加惊人。作为一个统一的国家，美国的历史比德国和意大利的历史还要悠久。就面积而言，得克萨斯州比法国还大，科罗拉多州比英国还大，而意大利只相当于加利福尼亚州的2/3。美国的疆域比罗马帝国最兴盛的时候还要广阔。

统一性和多样性的混合，不仅贯穿美国的历史，也贯穿着今日的美国社会。没有哪一个种族是完全独特的，但也没有哪两个种族是完全相同的。每一个种族都有自己的地理分布格局，反映出他们到达美国本土时的状况以及他们赖以为生的行业和地区的演变。甚至连美国各种族的年龄状况都彼此差异很大。美籍墨西哥人和波多黎各人的年龄中位数不足20岁，而美籍爱尔兰人和意大利人的平均年龄为30岁开外，犹太人的平均年龄则超过了40岁。此种年龄上的差别不但反映了目前各种族的生育率模式——有些种族的儿童比例额外高，也反映了生育率模式的历史性变迁。这种变迁造成某些种族连续几代人在数量上的急剧变化。

在美国各种族之间，收入、职业和失业率的差别相当大，犯罪率、生育率和经营企业的比例也是如此。对这些差别的解释是复杂的，在很多方面也是惊人的。任何一种简单的解释都有对不上号的地方。肤色在决定美国人的命运方面，显然具有举足轻重的分量，然而，来自西印度群岛的黑人群体挣的钱，却比来自波多黎各岛的以白人为主的群体挣的钱要多，日本人挣的钱一般也比白人挣的钱要多。一个种族刚到美国时的本钱和到达时间的长短，显然也是重要的因素，就像许多“古老的家族”所显现出的那样，但也不尽然。犹太人来得晚，19 世纪他们到达美国时不名一文，但现在却比其他任何一个种族都要阔绰。

经济状况

美国各种族在收入、职业和失业率诸方面的差距极其巨大，以至于无法进行笼统的描述。更何况，在经济领域也如在其他各个领域一样，认为他们在社会—经济方面处于“多数民族”之下，或者说他们是处在全美平均水准之下的“少数民族”的观点，是混淆视听的。有不少种族在社会—经济地位上都超过了全美的平均水准。

家庭收入指数

（美国平均水准=100）

犹太人	172
日本人	132
波兰人	115
中国人	112
意大利人	112
德国人	107
盎格鲁–撒克逊人	107
爱尔兰人	103
全体美国人	100
菲律宾人	99
西印度群岛人	94
墨西哥人	76
波多黎各人	63

（续）

黑人	62
印第安人	60

资料来源：美国人口调查局和美国全国犹太人口普查协会。

造成上述各种族之间的经济差别的因素有很多，年龄是一个时常被忽视的主要因素。平均年龄不同的种族——某些种族之间的差距可达10~20岁，其年龄偏高者的比例是大不相同的，而年龄偏高的人往往集中在有专业技能及其他高收入的行业里。譬如，美国印第安人中年龄在45岁或45岁以上的人，占其总人口的20%，而美籍波兰人中处在这个年龄段的人却占其总人口的40%。收入较高的行业通常要求从业者具备两个条件，要么受教育的时间长，要么有长期的经验，或二者兼具。所以，年龄偏高的种族比年龄偏低的种族挣的钱多，这种现象不足为奇。令人感到莫名其妙的反倒是将这些差距归咎为某种程度上的雇主歧视或种族“无能”。若把30岁的各种族男性的收入加以比较，差距就小得多；而如果把年龄为30岁且有同等教育程度的各种族男子的收入比较一下，差距就更小了。

在美国这样一个幅员广阔的国家，各地区之间的经济状况差别很大，所以某一种族的平均收入在一定程度上取决于其成员的地区分布情况。分布在不同地区的同一种族的各成员之间的差别，往往比全美平均收入水准与该种族全部成员平均收入水准之间的差别还要大。地区之间的差别不仅表现在收入方面，也表现在诸如生育率、智商水平和教育投资回报率等方面。

种族歧视显然对美国各种族的收入有影响，各种族都曾受到过某种程度的歧视。然而，某些最有成就的种族——例如东方人——曾经比大多数其他种族遭到过更为严重的歧视，而犹太人的突出成就恰恰就是在几百年来反犹太主义的浪潮之中获得的。种族歧视有违于道义，引起了相当大的关注，但是，种族歧视与低收入间是否存在不容忽视的因果关系，那就是另外一个问题了。要鉴别目前的雇主歧视与受雇者过去在教育方面所受到的歧视，也是困难的，人在受教育过程中受到歧视的后果在很多年之后仍会存在。这些复杂的问题将会在本书后面各章中予以阐释。

教育显然也会影响收入。对每一个民族来说，受过大学教育就意味着收入能超过全美平均水准。近年来，在家境相似又受过大学教育的青年人当中，甚至过去长期存在的黑人与白人之间的收入差距也已经消失了。各种族之间在教育程度方面的差别很大，而且教育质量的不同也会扩大收入的差距。那些受过大量教育的种族——犹太人和东方人——往往能就学于教学质量更好的高校，就业于要求更高、收入也更高的领域，跻身于自然科学界、医学界和法律界等。

美国种族在经济方面的多样性与在生育、寿命、犯罪、智商及酗酒这些方面的社会特征同样明显。

在整个社会里，最贫困的阶层总是拥有最高的生育率，即所谓的“富人发财，穷人养孩”。一般来说，那些收入最低的种族，如黑人、波多黎各人、印第安人和美籍墨西哥人，其生育率最高，而犹太人和东方人所生的孩子特别少，导致其难以维系后代繁衍。另一个惊人的情况是，低收入种族当中那些较为富有的成员所生的子女，甚至比全体人口中同样富有的家庭所生的子女还要少。也就是说，收入较高的黑人、印第安人以及西班牙裔美国人的生育率都低得出奇。譬如，读完中学的美籍墨西哥妇女，比具有同等学力的任何别的种族的妇女所生的孩子都要少，尽管美籍墨西哥人作为一个种族，其生育率比任何别的种族的生育率都要高。造成此种现象的原因并没有这种现象的后果那样显而易见。

当那些经过奋斗由穷变富的人去世而又没有生育足够多的子女时，这就意味着下一代人还得白手起家去重复他们的奋斗过程，因为他们没有留下多少后代来利用他们的成功所造就的优势。换句话说，低收入种族所积累起来的“人力资本”，有一部分就这样一代一代被白白葬送掉了，使得该种族的向上流动因缺乏现金、经验、人际关系网以及其他方面的优势而更加困难，而较为富有的成员本来是可以把这些有利条件留给他们的后代的。

由于高生育率，当固定的收入在家庭成员中分配时，就会僧多粥少，越分越少，从而直接降低一个种族的生活水准。美籍墨西哥人的人均收入甚至还不如挣钱更少的黑人，原因就是美籍墨西哥人的家庭成员太多。这导致美籍墨西哥人的住房条件和教育水平不如黑人，当然更赶不上美国人口的总体标准。高生育率还与儿童智力测试得分较低有关，因为这些儿童和父母亲待在一起的时间较少。在参军时没能通过智力测试这一关的黑人男性青年中，有一半来自有6个或6个以上兄弟姐妹的家庭。不管这种智力测试带有何种偏见，此种偏见照例也适用于来自家庭人口少的黑人青年，可见智力测试所显示出的差距是很能说明问题的。

总的看来，美国各民族的生育率近年来发生了十分明显的变化，各种族的相对地位因之也有所调整。1910年，35~40岁这一年龄段的犹太妇女平均有5.3个孩子，与美籍墨西哥人中同年龄段的妇女持平，高于黑人妇女（平均有4.2个孩子）和爱尔兰妇女（平均有3.3个孩子），也高于全美平均数（3.4个孩子）。但是，到了1969年，该年龄段的犹太妇女的平均生育率降了大半（平均有2.4个孩子），但美籍墨西哥妇女的生育率却下降有限（平均有4.4个孩子）。黑人妇女（平均有3.6个孩子）和爱尔兰妇女（平均有3.1个孩子）的生育率下降幅度都不大。这意味着犹太人的年龄分布发生了一个“V”字形的变化，即老一代的犹太人处在曲线的顶部，接着便是由年龄逐渐变小的犹太青年人构成的曲线底部，而后又是整体犹太人平均年龄的上升曲线。

失业率、犯罪率和生育率，都受到年龄的强烈影响。年龄因素造成的失业状况极其严重，以至于尽管黑人在总体失业率上大大超过白人，但20岁以下的白人青年的失业率，却从来都高于25~44岁这一年龄段的年富力强的黑人的失业率。同样，大部分暴力犯罪都被归咎于25岁以下的年轻人，所以，25岁以下这一年龄段的人占很大比例的那个种族的犯罪率，也就因此偏高，即使不把其他起作用的因素考虑在内。下述事实颇能说明年龄因素的重大影响：年龄和社会—经济状况相同的黑人和白人的犯罪率相差无几，尽管总体上黑人犯罪率是白人犯罪率的好几倍。

和生育率一样，各种族的智商得分在某一特定时期相去甚远，并随着时间的推移发生了很大的变化，因而各种族智商得分的名次不断调整。大约在“一战”时，犹太人在智力测试中一般得分都相当低，以至于当时一位著名“专家”断言，这种测验结果“证明关于犹太人很聪明的流行观念是错误的”。在那个时候，新近到达美国的各种族，诸如意大利人、希腊人、波兰人、葡萄牙人和斯洛伐克人等，其智商得分实际上和现在的黑人、中南美洲的移民及其他处境不利的种族的智商得分差不多。然而，在之后的几十年里，由于这些种族逐渐适应了美国文化，在社会经济方面取得了进步，他们的智商得分也随之节节攀升。到20世纪20年代，犹太人的智商得分已经超出全美平均分数。最近对意大利人和波兰人的智商研究表明，他们的得分也已在“二战”之后的年代里接近或超过了全美的平均分数。先前对波兰人的智商研究表明，他们和今天黑人的智商水平相当，平均为85分，但到20世纪70年代已上升到109分。两代波兰人把智商提高了24分，这个数字比当前黑人和白人之间的智商得分差距（15分）还要大。

社会上对种族和肤色的态度，也随着时间的推移而发生了颇大的变化，在“二战”后的时期里更是如此。犹太人曾一直被拒于一流高等学府的教授队伍之外，后来超比例的犹太人在这些大学里执掌教鞭。曾一度将黑人拒之门外的职业体育队伍，后来队伍中的黑人运动员也占了上风。曾经在几十年里盛行于加利福尼亚州的反对东方人的法律，也因公民投票表决而被废除。爱尔兰人后裔、德国人后裔和波兰人后裔与异族的通婚率已接近50%，日裔美国人在这方面紧随其后。态度调查和选举结果表明，各民族之间日趋相互接受的程度也大体相似。

通向多元化和各种族融洽相处的道路，是漫长而崎岖不平的。19世纪存在于欧裔各种族之间的或存在于美国出生的当地人和欧裔或亚裔移民之间的种族仇恨，曾频繁地导致暴力对抗，对抗中丧命人数之多超过20世纪中期任何一次“种族暴动”所造成的伤亡。“一无所知党”（一个反对移民的政党）曾在19世纪50年代取得过短暂但却相当显著的成功，他们在6个州选举自己人当州长，并控制了好几个州的立法机构。这种党同伐异的意识后来又复活了，并在立法机构中发展到白热化的程度，以至于在20世纪20年代堵死了移民来美的大门。奴隶制度的悲惨历史，一系列吉姆·克劳法①，以及对黑人执行私刑至今令人记忆犹新。然而，美国的特殊之处并不在于这些种族仇恨在这个国度里存在过（因为这种仇恨几千年来也在其他地方存在），而在于这种仇恨的程度在逐步减弱，并在某些地方已经消失。

各种族自身也在生活方式上发生了变化，这使得他们更容易被别人接受。19世纪移民特有的犯罪率高、发病率高、依赖慈善救济以及不讲究个人卫生等现象，都已随着他们逐步适应了美国的生活规范而成为历史。市政设施也有了改善，下水道取代了屋后的厕所，19世纪末的廉价公寓里最终也装上了自来水管（虽然当时浴缸仍是罕见的奢侈品）。在此之前，贫民窟遍地污秽，臭气熏天，疾病肆虐。在那些比今天的贫民窟还要拥挤并且缺乏通风设备的廉价公寓里，天气稍微一热，真的就能要人命。那时，不会讲英语的人，或者不能用任何一种语言写或读的人，比比皆是，远远超过现在的情形。宗教仇恨情绪非常强烈，以至于公共教育开展滞后，它甚至还经常点燃暴动的导火线，给长期酝酿的政治争斗火上浇油。1871年发生的新教徒和天主教徒之间的冲突，曾在一天之内导致50人丧命。当年也出现过针对摩门教信徒、教友派信徒和其他教派信徒的类似对抗和暴力。

美国幅员辽阔，种族杂糅，国民中没有哪一部分人能有效地处于主宰地位。在这样一个国家里，多元化并非人们一开始就抱有的理想，而是互不相容所造成的惨重代价迫使他们彼此相安共处的结果。美国各种发财致富的机会，

---

① 吉姆·克劳法（Jim Crow Laws），泛指1876年至1965年美国南部各州及边境各州对有色人种（主要针对非洲裔美国人，同时也包含其他族群）实行种族隔离制度的法律。——编者注

也给人们的精力提供了另一条出路，使大家感到对现存物质条件的争夺没有为全体人民扩大生产来得重要，并使齐心协力者有所报偿，因此也就顾不上去计较那么多分歧了。

时间和地点

构成美国人口的许多种族，并不是同时到达美国的，也并不分布在同一地区。一般来说，每个民族在移居美国的过程中，都有其特定的高峰期。爱尔兰人移居的高潮大致是在 19 世纪 50 年代，而犹太人移民的高潮是在 50 年以后，墨西哥人的移民高潮则是在下一个 50 年之后。移民的地区分布，同样是各不相同的。斯堪的纳维亚人多定居在中西部，东方人分布在西部海岸，古巴难民集中在佛罗里达，墨西哥人主要在西南部，苏格兰—爱尔兰人则散居在从宾夕法尼亚州到南北卡罗来纳州的阿巴拉契亚山区。像爱尔兰人、意大利人和犹太人这样一些到达美国时身无分文的移民，则留居在他们抵美时的东部港口城市。黑人集中在南方。

由于上述这些地区在经济活动上各有特点，不同地区的各移民种族的命运也就分别和小麦种植或炼钢、铁路修建、棉纺等结下了不解之缘。因为全美的经济条件因地而异，每个种族在抵达美国后也就面临彼此相异的机会和制约。各种族其后在经济活动上的经历，反映了他们各自带到美国的本族文化遗产的影响，也反映了他们到达时间和所处地区的影响。

今天他们的差别仍旧受到地区分布的严重影响。纽约州黑人家庭的平均收入是密西西比州黑人家庭平均收入的两倍多。底特律一带的墨西哥人，其家庭平均收入比得克萨斯州拉雷多一带或布朗斯维尔一带的黑人所挣的钱也至少高出一倍。住在芝加哥、底特律或纽约市的印第安人的收入，也比住在保留地的印第安人的收入高出一倍多。这种同一种族内部的差别比任何一个种族和全美的平均水平的差别都要更大。因此，地区差别至关重要。

种族的地理分布差别不仅影响到他们的收入，也影响到他们大体的生活方式。居住在中西部乡村的印第安人，其每个家庭生育的孩子平均比居住在东北城区的印第安人家庭生育的孩子多两个。不住在南方的黑人，其家庭之小和智商之高，一直超过生活在南方的黑人。甚至在某一特定城市，某一特定种族也会因其所在街区的不同而在收入、犯罪、家庭破裂等方面表现出大相径庭的状况，不管这个特定种族的祖先是犹太人、意大利人、墨西哥人，或是其他什么人。

美国种族在地理分布上的格局各不相同，这有多方面的历史原因，这些原因使得他们在某一历史时期而非其他时期抵达美国。

从风帆船到蒸汽船的转变，曾导致美国移民来源的彻底变化。在风帆船时代，欧洲移民几乎是清一色的北欧人和西欧人。随着蒸汽船的使用，来自南欧和东欧的移民突然以压倒性的人数涌进了美国。这些人与美国人在文化和宗教方面有着极大的差别，而此时宗教差别恰恰在社会和政治方面极具重要性。

在风帆船时代，越洋的客船旅费是移民在经济上承担不起的。他们只能挤在驶抵欧洲送货返美货船的空舱里来到美国。这就是说，只有那些与美国有大规模贸易关系的地区的人，即北欧人和西欧人，才得以大批移居美国，而东欧人和南欧人是没有这个条件的。当时美国运往欧洲的货物，多属大批量的农产品，而返程所载的进口货，却多属体积小得多的欧洲工业制品，所以返程时船上的舱位才能大量空闲。移民就挤在这种空闲舱位里被临时拼凑起来的座位上，那里缺乏足够的通风设备，没有马桶，食物和饮水也是质次量少。海上航行的时间很长，前途难卜，可能需要1~3个月，完全取决于风向如何。航行时间越长，人们就越会因为饮食不足而变得越来越衰弱，并有可能染上疾病，而在那种拥挤的船舱里，一旦有人染上疾病，结果就会一发不可收拾。

货船的航行路线，取决于贸易的模式。这就意味着移民没有对自己的目的地进行选择的余地，船驶向哪个港口，就在哪里上岸。譬如，爱尔兰人赴美乘坐的是从美国东北部地区运来木材后返美的船，因此美国东北部就是爱尔兰移民的登陆地点，因为船只返美时只在这一带停靠。德国人赴美则乘坐送棉花到勒阿弗尔并返回新奥尔良的货船，然后再在那些沿密西西比河上游的河谷，或在辛辛那提、圣路易斯和密尔沃基这样一些城市定居下来。美国的啤酒酿造业就是由圣路易斯和密尔沃基的德裔人开创的，百威啤酒的原产地就是圣路易斯，其他许多名牌啤酒则出自密尔沃基。

对于那些因家境过于贫寒而无力搬迁的人们来说，他们初到美国时定居地区的经济状况是格外重要的。举例来说，在波士顿地区登岸的爱尔兰人就发现，对工人阶级来说，该市几乎没有什么工业，也没有其他什么机会，连大多数美国的工人阶级都因此而避开这个城市。而19世纪中期爱尔兰人移民来美时，下船的地方恰恰就是波士顿，他们后来为此在经济上吃了好多年苦头。在短短几年中（1840—1850年）抵美并聚居在东北部少数几个城市（尤其是纽约和波士顿）的爱尔兰人，数量众多，加上其中多数人（非熟练劳工）又挤在单一的行业里，这就给他们融入美国的经济活动和社会带来了特别的难题。开凿运河和修建铁路在东北部起步以后，一贫如洗的爱尔兰人就开始从事这些吃力又危险的苦差事，许多人因此在运河两岸和铁路沿线的城镇定居下来。从爱尔兰裔美国人今天的地理分布能依稀分辨出当年的这种定居格局。

从风帆船到蒸汽船的更换，大大地改变了美国移民的格局，旅途时间从30~90天缩短到最多不超过10天，而且工人阶级在经济上也买得起客船票，用不着再去乘货船。移民模式与贸易格局已经脱钩。这既改变了移民的数量，也改变了移民的来源。移民人数在南北战争前总共为500万，在南北战争后的20年中增加到1 000万，在此后的15年内又增加到1 500万。移民来源的变化也是惊人的：1882年，87%的移民来自北欧和西欧，但是25年之后，81%的移民则来自南欧和东欧，斯拉夫人、犹太人及地中海沿岸的民族，首次成为美国人口中的重要部分。

黑人当然是被贩卖到美国来的，他们抵美的目的地是由别人选择的，但这也不是随意的选择。黑人集中在南方，这里的土壤和气候易于种植强迫奴隶劳动进行生产的农作物。1793 年轧花机发明之后，美国的奴隶也几乎全部变成种植棉花的奴隶，黑人的地理分布区域进一步向南方移动，集中分布在密西西比州、亚拉巴马州、佐治亚州和路易斯安那州北部的大棉田。甚至在奴隶制被废除之后，黑人仍聚居在上述这些后来一直比全美其他地方更为贫困的地区，这就构成了他们长期摆脱不掉的经济桎梏。今天，不住在南方的那一半黑人，比仍住在南方的那一半黑人的收入要高出大约 50%。显然，撇开其他所有的因素，黑人作为一个整体，其收入因地理分布而难以提高。

有些美国移民干脆就在离他们祖籍国最近的地方落脚，例如东方人定居在夏威夷和西海岸，墨西哥人在美国的西南部，古巴人在佛罗里达。波多黎各人和西印度群岛人则“集居”在纽约市及其周围地区，这反映了 20 世纪的民用航线和海上航线的四通八达。

概观

每一个种族的历史都与众不同，但它们都受到类似因素的影响，比如年龄、所在地区、抵达时间及其带到美国来的技能和文化。目前美国各种族的经济地位可谓千差万别，但是，没有哪一个种族是突出的，“全美平均水平”的统计数字也无法表明哪一个种族是不一般的。对每一个种族来说，从收入、智商和生育率各角度来对比，都会有其他种族与其存在类似的状况。全美平均水平本身也不过是大量差别的堆积罢了。

各个种族都在美国发生了变化，而美国社会在许多方面都发生了变化。最引人注目的例证是，有些人的祖先当初是作为奴隶被贩卖到美国的，今天他们却当上了国会议员或最高法院的法官。有不少美国人是当今国际学界的一流学者或政界和经济界的知名人士，而他们的移民先辈却曾经被人们轻蔑地视作“败落民族的败家子”。能公允地证明平民百姓具有未被开发的潜力的东西，莫过于美国经验。

美国各种族的对话过程，并非一条单行道。今天，美国社会中的不少特殊用语、食物、音乐以及文化特点，曾一度是具有种族色彩的祖传家珍，现在却都变成美国传统的一部分。听到格什温、肯尼迪家族、安德鲁·卡内基、乔·迪马吉奥以及O. J.辛普森这些响亮的名字时，人们首先会想到他们是美国人，而不在乎他们来自哪个种族。在大熔炉中，种族并未消失，但无论是各个种族还是美国这个国家，都已今非昔比了。

美国各种族是如何发展的，又为什么会这样发展，本书后面各章将向你讲述这些故事。

Ethnic America

A History

Ethnic America
A History

第2部分

来自欧洲的美国人

Ethnic America

A History

第二章
爱尔兰人

爱尔兰人是美国城市里第一批重要的“少数”种族之一。他们抵美后的早期历史，大体上奠定了之后的新移民在美国城市经济和社会中营生的标准方式。当爱尔兰人在 19 世纪 20 年代到达时，特别是在 19 世纪 40 年代和 19 世纪 50 年代大批移居美国时，他们是从城市行业阶梯的最底层干起的，男的干体力活儿，女的去当佣人。他们挤在质量最差的住房里，条件比今天贫民窟的住房要糟糕得多。在这种生活条件下，疾病易于传染，火灾易于蔓延，并容易滋生诸如暴力、酗酒和犯罪等社会问题。地方公众对爱尔兰人的反应也不妙，爱尔兰人搬到哪个街区，那里的原有居民就会全部迁走。爱尔兰人通通被认作酒鬼，动辄吵架，是无能之辈；在就业方面，他们到处吃闭门羹，很多店都贴有“本店概不雇用爱尔兰人”的标语。爱尔兰人好不容易找到的都是别人认为太吃力、太卑微、太肮脏或太危险的工作。他们艰辛的生活情况，可以用 19 世纪流传的一句话来概括：“你很难见到一个头发灰白的爱尔兰人。”他们的平均寿命只有 40 岁。

经过几代人的痛苦挣扎，爱尔兰人才慢慢地赶上来。他们首先在政治上打开局面，有些人在19世纪中期当选为有权势的官员，并在其后的几十年当中进一步掌控了波士顿、纽约和其他大城市的政治“机器”。此种成功给少数人带来了好运和声望，然而对大多数美籍爱尔兰人的经济状况并未立即产生什么了不起的影响。直到20世纪80年代，多数爱尔兰男子仍在干体力活儿，女性仍替人做家务。

在爱尔兰人当中，即使是鼎鼎大名的肯尼迪家族，其发迹之路也是漫长的。第一位肯尼迪于1848年由爱尔兰抵美，直到去世，他一直是个劳工。他儿子的努力有所起色，家境转好，以至于能将第三代肯尼迪送去读大学。第三代肯尼迪就是约瑟夫·肯尼迪，后来成了大富翁，从而使得第四代的约翰·肯尼迪当上总统。肯尼迪总统后来成为美国政治舞台上一位带有悲剧性的传奇式人物。

对绝大多数美籍爱尔兰人来说，经过一个多世纪的努力方才获得成功，这使他们在收入、职业、智商以及其他社会—经济地位的指标方面，跻身于其他美国人之列。社会接受他们的过程是缓慢的，而且这一般是他们成功的结果，而不是成功的前提。早先那些笼统而苛刻的看法逐渐发生了改变，人们对美籍爱尔兰人开始友善起来。关于这一切是如何发生的，说起来有一段悠长而复杂的故事，就让我们从爱尔兰岛上的那些农舍谈起吧。

爱尔兰

19世纪早期，一位法国旅行者周游世界，先后到过美国和爱尔兰，回法国之后他写道：

> 我曾见过栖身于森林的印第安人，也见过被上了锁链的黑人，当我琢磨他们可怜的处境时，我曾认为自己已经见到了人类悲惨遭遇的极端状态

了。然而，我当时并不知道爱尔兰人的不幸处境。

这的确不是夸大其词。比起爱尔兰农民来，美国黑人的平均寿命要更长，吃得更好。和爱尔兰农民的棚屋相比，美国黑人住的木板房子用料更结实，面积更大，通风更好，也更能防止别人干扰。这里无须准确地说清楚究竟二者谁的日子过得更惨。但是，他们竟然被人拿来和黑奴相比，19 世纪 30 年代爱尔兰农民贫困潦倒的状况由此可见一斑。

尽管爱尔兰人在法律上是自由的，但他们还是在自己的国土上过着被压迫的生活。英国统治者控制着他们的政治生活。定居在爱尔兰的英国人已经没收了他们的大部分土地，并出租其中一部分给爱尔兰的佃户，从而掌握着爱尔兰的农业经济。这批英国地主不仅享有经济上的利益，也拥有社会和政治权力。18 世纪，他们的势力相当大，甚至可以随意殴打爱尔兰农民，后者则不敢还手自卫；他们还可以派人去叫一个农民的妻子或女儿来陪他们过夜。研究爱尔兰这一段早期历史的学者，对奴隶与亡国的爱尔兰农民之间，除了法律定义之外究竟有多大区别，已经提出了疑问。同样，这里也无须对此弄个水落石出。能提出这种问题来争论，本身就表明爱尔兰人所受压迫之深重了。

古代的爱尔兰，曾经是个在技艺和学术上有过某些建树的国家。在基督教诞生以前的时代，凯尔特文化是“敌视知识”的，虽然它也使用自己的拉丁字母来拼写。爱尔兰临近罗马帝国的疆界，多少世纪以来处在欧洲的外围，因而政治上是孤立的，文化上也是封闭的。内部的王朝斗争和外部入侵，多次毁坏了爱尔兰社会，使它无法形成一个强大而统一的国家。在 15 世纪初期，英国国王对爱尔兰的有效控制，仅局限在东海岸都柏林周围 30 英里[①]长、20 英里宽的一条狭长地带。千百年来，爱尔兰的历史就是一部充满偶发的流血起义和遭到血腥镇压的历史，英国人曾一次性屠杀过 600 名犯人。蔑视加无情，就是英国人对爱尔兰人的态度，提到爱尔兰人就称“不过是个爱尔兰人罢了”，或

① 1 英里≈1.609 千米。——编者注

谓“粗鲁的爱尔兰人”。甚至在偶尔称赞一个爱尔兰人的领袖时，也只是说“就野蛮人而言，算个大人物”。

在爱尔兰历史上，最触目惊心的事件之一，是1641年的造反。先是有成千上万的新教徒惨遭杀害，接着又有成千上万的爱尔兰天主教徒被克伦威尔屠戮。在这场持续了十几年的交战中，有50多万人——约占当时爱尔兰总人口的40%——死于兵燹、饥荒和疾病。英国在战胜爱尔兰之后，颁布了所谓的惩罚性法律，剥夺了爱尔兰人的许多基本权利。爱尔兰天主教徒既无选举权，也不能充任公职或担任律师，还被禁止上大学或在大学任教。爱尔兰天主教徒的子弟，从法律上来讲，没有受教育的权利，天主教教堂被禁止自由而公开地传教，天主教徒也不准拥有像样的田产，不能行使各项法律或政治权利。这些法律的宗旨，是明目张胆地要让爱尔兰人处于屈从和贫困的境地。用伟大的政治家埃德蒙·伯克（Edmund Burke）的话来说，此种对爱尔兰的惩罚性法律是“自古以来人类凭着邪念所能构制出的最巧妙而精良的机器，用以使百姓堕落，并进而败坏人性本身”。英国征服者能使爱尔兰人贫困不堪，但要消灭他们的反抗，又谈何容易。

为了满足本民族的宗教、教育和政治需要，各种各样的爱尔兰人的秘密和底层的组织纷纷发展起来。天主教神父为向其信徒布道，经常转入“地下”；学校秘密地开办起来；那些为支持新教教堂而强行向天主教徒收什一税的人，驱赶佃农的地主，或者与英国人勾结的本地爱尔兰人，往往会受到爱尔兰自发抵抗分子的袭击。由于不得不为自己提供通常是由政府提供的机构设施，爱尔兰人不但培养了高水平的组织本领，也锻炼出了规避非法对其进行压迫的政府机构的本领。这两种本领，后经证明对于爱尔兰人在美国发展壮大其政治权力，是大有用处的。

压迫性的惩罚法律在18世纪末期有所放松，并最终于1829年被废除。这主要归功于政治天才丹尼尔·奥康奈尔（Daniel O’Connell），他将天主教徒组织起来，使得英国除了废除这些法律或打一场内战之外，别无选择。废除惩罚法史称“天主教解放”，甚至连美国也为此大加庆贺，费城的自由钟都被击出了裂缝，可见这一事件历史意义之重大。

爱尔兰人并非简单地因贫穷或缺乏教育而沦为“下等阶层”。他们的地位更多地带有世袭的种姓制性质，也就是说，无论怎么努力（甚或是获得成就）都不足以使他们在具有如此结构的社会里上升到与他人平等的地位。说实在的，他们被认为是如此不配上升到高层地位，以至于法律和习俗相互勾连，堵塞了任何他们可以升迁的门路。更何况，不管是故意还是人为，爱尔兰的产权制度规定，佃农在土地上的任何额外收获，都是属于土地所有者的，这就摧毁了佃农的积极性。此种制度在道德和经济上带来的影响，远远超过了这些法律的实施时间和地点所造成的影响。就像其他世世代代不管自身行为如何，所得或所失皆微不足道的种族群体一样，爱尔兰人不但由于这些法律而蒙受了眼前的损失，而且因积极性下降的社会环境而蒙受了更长远的损失。当年在爱尔兰（以及后来在美国），在同情者和批评者当中，在学术界和民众当中，都异口同声地说爱尔兰人“懒惰”和“无能”。现在不是在这里责备谁，而是要认清一类因素，它们日后将继续影响美国爱尔兰移民的历史。

爱尔兰人还有一种生活特点，它日后也将继续影响他们移居美国之后的风气，那就是他们会酿造世界上最佳的几种威士忌酒，经济状况和社会气氛也确实为他们提供了必须饮酒的充分理由。在18世纪，“当威士忌比面包还要便宜时”，酗酒现象普遍存在于爱尔兰的城乡居民之中。当然，此前就已有人观察到爱尔兰人中存在着类似的豪饮之风，后来美籍爱尔兰移民及其后代的饮酒量亦不逊色。

从19世纪30年代起，谷物歉收和灾荒加剧了爱尔兰人的普遍贫困状况。同时，向海外移民的人数也普遍增加了，这些因素使爱尔兰丧失的人口的比例比其他任何国家都高。这种危机的高潮，发生在19世纪40年代的大饥荒时期。国际范围的马铃薯歉收，于1845年波及爱尔兰，损毁了当年及其后连续几年的谷物收成。由于爱尔兰1/4的可耕地被用于种植马铃薯，这场灾荒对爱尔兰——尤其是爱尔兰的穷人——的影响是毁灭性的。有100万人死于饥饿或由饥饿引发的其他疾病或时疫。更多的人逃离了。仅在19世纪40年代中期的短短几年里，大约共有1/3的爱尔兰人消失了。到1914年，爱尔兰的人口只有19世纪40年代的一半。

人口的大量流失和移民在迁移过程中的悲惨遭遇，是一条藤上的两根苦瓜。赴美移民大多挤在货船的空舱里，而货船在建造时几乎或根本没有考虑到乘客的需要。譬如说，船上没有厕所，以至于污秽遍地，臭气熏天，疾病盛行。他们睡的是堆起来的架子床，每个铺位是6英尺①长、3英尺宽，而且两层架子床之间只有2英尺的高度，“之前的移民乘客留在铺架上的无法消除的臭味扑鼻而来，令人恶心”。有半数货船储备的饮水就是普通的河水，又浑又苦。有随船医生的货船不到2%。多数船主并不想法子让男女分舱，妇女极易受到男子的猥亵，夜间根本不敢在铺位上躺下，只好坐在自己的包裹行李上打盹儿。

由于食品和饮水不足，卫生条件又差，横渡大西洋之旅极易危害移民的健康，他们甚至会有生命危险。1847年是多灾多难的一年。那一年有大约20%因饥荒而移民美国的人，在中途或刚刚抵岸之际死去。也就是说，死了4万人，而且多半是年富力强的壮汉。相比之下，19世纪英国船只运载非洲黑奴来美时，中途死亡率也仅有9%。诚然，其他年份不都像1847年那样糟糕，但斑疹、伤寒、霍乱和其他致命的疾病，不时流行开来，而且无法预测；翻船也属家常便饭，仅在19世纪50年代就发生过40多起。

在美国的爱尔兰移民

迁徙到美国的爱尔兰人，来自一个有4/5的居民生活在农村的国度，在那

---

① 1英尺≈0.305米。——编者注

里，甚至所谓的“城区”也大多是一些巴掌大的村镇，大多数居民社区中只有“一簇簇散落在各处平原和山边的小土房子而已”。爱尔兰缺乏现代工业生产中必不可少的炼铁矿藏，而英国政府在当地推行的经济政策，又抑制或摧毁了爱尔兰可能发展的其他工业。在19世纪40年代，爱尔兰处于大饥荒时期，其食品仍然被运往英格兰，英国对爱尔兰的大体态度，由此可见一斑。

虽然搭乘货轮空舱去英国的单程旅费尚不足10英镑（按当时的汇率计算不到50美元），最贫困的爱尔兰人却连这区区小钱都掏不起，所以，在占人口1/4的最贫困的爱尔兰人中移民的数量很少。在经济状况上比这些人要高出一个等级的人，常常变卖私产，耗尽积蓄，并借助已在北美的亲属寄回来的贴补，大量向外移民。19世纪三四十年代，有1/3~3/4的移民美国的爱尔兰人，曾受惠于从美国汇过来的资助款。

虽然按爱尔兰本国的标准来衡量，爱尔兰来美的移民不是最穷的，但按美国的标准来衡量，他们可谓一贫如洗。一般来说，他们付过越洋旅费之后，身上不名一文，所以刚到美国时，只好在抵达口岸（主要是波士顿和纽约）凑合着安顿下来，而且通常都住在码头附近。这些来自爱尔兰的乡巴佬，一般都缺乏在大城市谋生的任何有用技能，对于城市生存要素也是一窍不通。然而他们也有长处：多数人操英语（爱尔兰方言盖尔语已在英国人的统治之下消亡了），很可能又有超过半数的人是识字的，而且北美那一套盎格鲁–撒克逊制度，与英国强加给他们的祖籍国爱尔兰的制度如出一辙，他们对此早有领教。他们还在政治上培养起了自己的组织能力，并形成了一个由他们的天主教神父构成的可靠的社会和政治领导队伍。这些当初在祖籍国曾和爱尔兰民众同甘苦共患难的宗教领袖人物，由于受到迫害而被“逼上梁山”，获取了从事世俗组织工作的经验。更何况，在本土受到异族压迫的爱尔兰人，是一个颇具认同感和凝聚力的民族。

在来美移民当中，有的人是试探性的，男的先到，然后视情况才把自己的妻子儿女接来。爱尔兰人却不是这样。他们在19世纪都是举家迁移，这表明他们从一开始就下定了一去不回的决心。当他们上船时，就已决意要变成美国人。

苏格兰-爱尔兰人

在19世纪三四十年代的大饥荒时期之前，来美的第一批爱尔兰移民，从主体上来讲，是定居在北爱尔兰的具有苏格兰血统的新教徒。他们自称是苏格兰-爱尔兰人，以区别于后期来美的凯尔特移民。他们实际上在北美殖民地时期就向这里移居了，虽然在人数上比后期的爱尔兰移民要少得多，但其中却包括许多具备高超技能的工人、小商贩和受过教育的人。然而，这批移民基本上家产有限，不少人是通过先签订卖身契约，答应到美后充当若干年奴工，以抵偿未来雇主或轮船公司预先垫支的旅费，才得以移民美国的。

苏格兰-爱尔兰人大致在北起宾夕法尼亚州中部，经过弗吉尼亚州的谢南多厄山谷，向南延伸到南北卡罗来纳州的皮德蒙特山区这一狭长地带定居下来。当时这一带多属殖民地边陲，他们也就因此变成了远近闻名的边疆居民和与印第安人作战的勇士。苏格兰-爱尔兰移民“集居”在这一地区的历史遗迹，直到20世纪仍然清晰可见：在谢南多厄山谷，有两个县拥有的长老派信徒，比其他所有教派的信徒加起来还要多。这里的电话号码簿上，姓麦克（Mac）的人多得无法统一排在M字母之下，只好在26个字母列表之外将姓麦克（Mac）的人单独列出来，以便查找。

苏格兰-爱尔兰人多属自耕农，而非农场主或奴隶主。南北战争前，南方具有反对奴隶制思想的少数几个地区之中，确实就包括苏格兰-爱尔兰人“集居”的地区。亚伯拉罕·林肯的家就在这个地区。

苏格兰-爱尔兰人尽管素以打斗和酗酒而恶名远扬，但他们也以走到哪里就把教堂和学校建在哪里而著称于世。建教堂和学校这两大传统可以追溯到苏格兰王国，苏格兰是欧洲居民教育普及程度最高的国家之一。

随着时间的推移，苏格兰-爱尔兰人渐渐融入美国的一般居民之中，除了那些在人口上占绝大多数的孤立邑落。但是与后期的凯尔特–爱尔兰移民不同的是，他们从未自觉掀起过保持种族同一性的运动。不过在19世纪，相当多的苏格兰–爱尔兰移民所怀有的血亲认同感，仍强烈到使他们和爱尔兰天主教徒移民一再地发生冲突，在美国重演其祖籍国历史遗留下来的旧仇宿怨。每年一度的庆祝奥伦治王子打败爱尔兰天主教徒的奥伦治节，变成他们在美国斗殴的时机。一方是苏格兰–爱尔兰人，他们总想公开庆贺一番；另一方是凯尔特–爱尔兰人，他们则总是企图阻止对方这样做。1871年在奥伦治节的一次较量中，有近50人死于非命。在不同时间和地点，政府不得不出动民兵和联邦部队来平息这两大集团之间的打斗。

在美国历史上，时常有某一特定国家的先期来美移民，设法帮助后期来美的同胞克服困难，以适应新环境的情形。但这种情形却绝对不会发生在苏格兰–爱尔兰人和他们的凯尔特–爱尔兰同胞之间。部分原因在于他们在地理分布上相去甚远，但更根本的原因还是，他们从旧世界带来的相互之间的极端敌对情绪。爱尔兰移民因此不得不靠自己的本事去创基立业。

第一代爱尔兰移民

后来，所谓的“爱尔兰人”或“美籍爱尔兰人”，只是指代具有土著爱尔兰血统或凯尔特–爱尔兰血统的人，而不是指苏格兰–爱尔兰人。爱尔兰移民多半集中在马萨诸塞、纽约、宾夕法尼亚和伊利诺伊这4个州。纽约的爱尔兰人超过都柏林的人口总数。19世纪共有400万爱尔兰人移居美国。但是，美国整个南方却只有8.5万名爱尔兰人后裔。爱尔兰人不仅在地理分布方面大量集中在东北部各州，而且基本上散布在都市地区，而他们当初在爱尔兰时却基本上都是庄稼汉。他们中有4/5的人住在美国大都会的各社区。

公路和铁路的修筑，运河的开凿，终于吸引了大批爱尔兰人离开少数几个大城市，散居到这些交通干线两侧较小的社区里。这些社区实际上就是由当初爱尔兰工人筑路开河时搭起的工棚发展而来的。参军的爱尔兰人，有时则在他们办理退伍手续的兵营附近定居下来。但是，试图组织爱尔兰人向农业地区流动的种种努力却总是徒劳无功。在各个孤零零的大农场上经营的美国农业，特别是在边疆地带，与爱尔兰那种在封闭的村落周围巴掌大的土地上种植马铃薯，实有天壤之别。除了谋生技能和美国恶劣气候条件等方面的巨大差别之外，在美国务农所意味着的孤独生活，对素来喜欢群居生活的爱尔兰人来说，是从未体验过的，而且对他们许多人来说，远离其他爱尔兰人就意味着失去到天主教堂做礼拜的机会。尽管曾有人做过无数次的呼吁和动员，然而一直到20世纪，美籍爱尔兰人大体上依旧是城市居民。

爱尔兰人大批涌进美国东北部的都市地区，从而形成了一种在许多后来抵美的移民种族中再三呈现的居住模式。原为一家人使用的房子往往被分割成若干间极小的公寓，每间小公寓里挤着一个大家庭。地下室和阁楼变成了住房，小巷里也搭起了临时凑合的栖身之所。此种民居模式不仅反映了爱尔兰人的贫困，也反映了他们在爱尔兰小土屋里所养成的习惯，即能忍受肮脏的生活条件。

对于那些被迫在肮脏环境中干活并缺乏室内供水设备的人来说，整洁既非一种文化价值，亦非一种可以做得到的合理的事。人们竟能任粪便和污物堆积在后院的厕所里，直到市政部门不得不上门来清理，否则秽物就会溢进明水沟，造成空气不洁，滋生恶性疾病。妥善处理垃圾以防街区鼠害成灾，也是类似于清除粪便这样的许许多多的城市生活要素之一，而其重要性是刚进城的每一批乡下人过一段时间方能领会的。开始是爱尔兰人如此，其后这一过程一直延续到今天，其他许多种族也经历过。爱尔兰人来美后在调整适应期间所付出的代价，比其他种族所付出的代价都要高。以前不为人知的霍乱，在1849年席卷了波士顿，且发病者几乎全部集中在爱尔兰人居住的街区。在纽约，爱尔兰居民区的霍乱发病率也高得离谱。在各个城市里，肺病和火灾会定期大规模入侵爱尔兰人所在的极端拥挤的居住区。在来美后早期艰难适应的岁月里，爱尔兰人当中精神病患者的比例也很高。在波士顿，肺病的发病率总是与某一街区居民中爱尔兰人的数目成正比。

爱尔兰人带来的酗酒和斗殴恶习，在美国一直难以根除。在 19 世纪 50 年代，纽约被逮捕的犯人中一半以上是爱尔兰人，他们一般都是因为酗酒和行为不检而入狱，而不是因为有什么重大罪行。警察局运犯人的车子被称为“帕迪马车”，因为车里装的囚犯经常是爱尔兰裔。所谓“好斗殴的爱尔兰人”，这个说法内涵丰富，从两个人之间的吵骂到聚众闹事（美国称之为“唐尼布鲁克”，唐尼布鲁克是都柏林附近的一个小镇，此地每年举行一次交易会，其间必会发生大规模的打斗和群殴），从犯罪团伙到“莫利·麦奎尔”恐怖主义组织，爱尔兰人什么事都能干得出。“莫利·麦奎尔”的一帮人曾在宾夕法尼亚州大肆进行谋杀和爆炸活动，直到 1876 年该恐怖组织的 20 个头目被绞死，骚乱才平息下来。

全美各大商埠的爱尔兰居民段，都是社会治安的难点。在纽约，爱尔兰人“集居”的第六区是声名远播的“血腥老六区”。该市另一个爱尔兰人聚居地段被称为“地狱厨房”，还有一处被称为“圣·胡安之丘”（因为美军 1898 年在古巴的“圣·胡安之丘”进行过激烈的战斗）。在密尔沃基，爱尔兰人“集居”地区被称为“血腥的第三区”。在新奥尔良，爱尔兰人所在的地段“长期以来一直是该市声名狼藉的治安难点之一”。有人说，参加修建伊利诺伊中央铁路的爱尔兰人，每铺一英里的路基就犯下一桩谋杀案。

1863 年在纽约市发生的美国历史上最大的一次暴乱，就主要是由爱尔兰狂徒掀起的。当时正值南北战争时期，征兵的对象大都是像爱尔兰人这样的工人阶级民众。他们对此愤愤不平，因而起来造反，几天之内杀死了上千人。但是说句公道话，虽然爱尔兰人在诉诸暴力方面是很突出的（也可能是最厉害的），但他们绝不是独一无二的。大规模使用暴力在 19 世纪的美国是很平常的现象，爱尔兰人也是受害者。反天主教的暴乱分子侵袭过爱尔兰人的街区，焚毁他们的教堂和住宅，并攻击他们。

爱尔兰人也曾大力革故鼎新。各个禁酒团体曾与世代沿袭的酗酒恶习做过斗争。移民援助团体为了防止刚刚抵美的人被坏人把身上仅有的几个钱骗个精光，提供了多项服务。天主教在各方面都积极匡时救世，办教育、搞慈善，以及反对别人不敢反对的恐怖主义组织等，不胜枚举。尽管做出了这些努力，爱尔兰人经济状况的改善和被社会接受的程度，仍进展缓慢。1855年纽约州的一次人口普查表明，在纽约市从业的爱尔兰人中有1/4是家庭佣人，另有1/4是体力劳动者和其他工种的非熟练工人。在波士顿，2/3的爱尔兰人不是非熟练工人就是家庭佣人。在密尔沃基、圣路易斯、底特律、新奥尔良和其他大城市，爱尔兰人的就业情况也大致如此。当时没有哪个移民种族像爱尔兰人这样集中在美国经济阶梯的最底层。在1850年的波士顿，甚至黑人中从事体力活儿和当家庭佣人的人口比例，也大大低于爱尔兰人，而且在19世纪中期，波士顿的自由黑人在经济状况上一般要比爱尔兰人好一些。

爱尔兰人不仅突出地滞留在非熟练工的岗位上，而且还从事艰苦、肮脏且危险的工作，比如采煤、筑路和开凿运河等。疟疾经常在开凿运河的工人当中蔓延，因而被称为“运河病”。痢疾和霍乱也时常流行，而且往往致人死亡。修长铁路死了那么多的人，以至于有人说“每一根枕木底下都埋葬着一个爱尔兰人”。在南北战争前的南方，爱尔兰人常常顶替黑人去干那些被视作十分危险的工作，因为黑人被视为一笔可观的投资。

爱尔兰移民所从事的工作，不仅艰苦、肮脏和危险，而且这些工作正如一切非熟练的技术工作一样，在当时也是不稳定的（即便今天仍然如此）。运河开好了，铁路修成了，工人也就失业了。对其他许多建筑工种、季节工种和临时工种来说也存在类似的情况。爱尔兰妇女找工作反倒比她们的男同胞容易些，因为她们一般都是做家庭佣人或洗衣妇。这种情形后来也发生在黑人身上。

就像当初在祖籍国时一样，爱尔兰移民的贫困和持家不俭，经常使他们在时运不佳时变得一无所有，只能靠慈善机构的施舍度日。在19世纪早期的爱尔兰，甚至在大饥荒时期之前，穷人举家外出“流浪数月，从一个教区到另一个教区，沿途托钵”的现象是很普遍的，他们带到美国来的那种向公立慈善机构求助的积习也是根深蒂固的。波士顿救济穷人的预算支出，在1845—1855

年爱尔兰人向该地大量流入期间，增加了一倍多，而1845年之前该市此项预算多年来一直保持相对稳定。在同一时期的纽约市，救济院里有60%的人是在爱尔兰出生的。直至1906年，在穷汉、乞丐和住在救济院里的人中，爱尔兰裔人要比意大利裔人多，尽管意大利移民来美比爱尔兰人晚了一代人的时间，且他们在19世纪和20世纪之交的岁月里，一般来说，要比爱尔兰移民还穷。在爱尔兰和意大利这两个国家，人们对接受慈善施舍的态度大相径庭，态度不同的影响超过了他们各自在美经济状况的影响。这两个国家在文化上的类似区别，还表现在他们对待抛弃妻室儿女的不同态度上。在19世纪40年代，"人们会不约而同地认定，凡孤儿皆是爱尔兰人的后代"。直至1914年，住在曼哈顿西端的爱尔兰人家庭中，约有半数是没有父亲的。意大利人中就不存在这种情形。

尽管当时的观察家和后来的学者都把爱尔兰移民描绘为缺乏勤俭精神的人，但是，爱尔兰人在向天主教教会捐款方面，在从菲薄的收入中挤出钱汇给远在祖籍国的亲人方面，却留下了出色的记录。从美国汇回爱尔兰的钱，使许多人得以在19世纪40年代的大饥荒时期移民来美，仅在1848—1864年，美籍爱尔兰人寄回祖籍国的总钱数就达到6 500万美元。爱尔兰人能够攒钱而且也确实有所积蓄，并把这些积蓄慷慨地捐给他们的教会和寄给家人。然而，他们在理财方面不善于从长计议；当处在困境中时，他们向公共慈善机构伸手时并不感到难为情。

19世纪爱尔兰移民那种贫穷而又不稳定的经济状况，反映在他们的生活水平上，他们过的日子在美国历史上很可能比任何一个种族都要窘迫。曾有人做过这样的描述："虽然在蟑螂成灾、破败黑暗的楼房里，犹太人和意大利人往往是5人或10人住在斗室之内，但他们的状况似乎还没有爱尔兰人那样令人惊骇。"当迟一步抵美的犹太和意大利移民——随后还有黑人——到了大城市时，室内安装自来水已是普遍现象，尽管水是冷的，甚至可能装在几家人合用的盥洗室里。在早期的爱尔兰移民所能租到的房子里，"粪便和污物根本没人管，绝无任何卫生条件可言”。唯一的水源就是后院的消防龙头，而简易厕所就在近旁，“龙头一直流个不停，水溢进左邻右舍”，成了“滋生疾病的祸根”。后院又是堆放垃圾的地方，“从而使大楼之间这些几尺见方的地方变成了藏污纳垢之所”。里边的房间很小，室内也没粉刷，四壁通常都很潮湿，屋顶漏雨，长年累月无人修理。壁橱很少见，衣物或者挂在墙壁的橛子上，或者干脆乱七八糟地扔在地上。洗衣盆不仅被用来洗衣服，也被用来洗脸、洗脚、洗澡，他们“从未听说过”浴缸。就连3英尺高的阁楼也能租出去。在爱尔兰人居住的贫民窟，全家人住在“一个不见阳光又不通风的单间里”，是司空见惯的事。一张床上睡好几个成年人，甚至“有时夫妻、兄弟姊妹同睡一床”，可见拥挤程度之甚。贫民窟地段的街上，“垃圾及膝”，排泄物四溢，流入明水沟。

虽然在爱尔兰移民（和其他移民一样）当中，血气方刚的青年人所占的比例高得出奇，但到达美国之后，他们的死亡率却直线上升。1850年，波士顿的爱尔兰人死亡率比马萨诸塞州高出一倍，尽管相对来说该市的老年人比较少。造成这种差别的原因在于，波士顿爱尔兰人集居地段的人口死亡率特别高。原来在美国几近绝迹的疾病，再次蔓延开来。1849年，霍乱蔓延，席卷费城、纽约和波士顿等地，当然主要是在爱尔兰人的街区流行最广。1792年以来，波士顿一直没有发生过流行性天花，但1845年之后，该市一再发生这种疾病，而且在爱尔兰人当中尤甚。爱尔兰人向其他地段搬迁时，造成的别的后果暂且不谈，首先会带来这样一些可怕的传染病。美国的中产阶级害怕与爱尔兰移民做邻居，他们会立即搬家，住得远远的，这绝不是没有道理的。

移民后代

甚至在19世纪40年代那场毁灭性的大饥荒结束之后，爱尔兰人仍继续向美国大批移民。所以，美国历史上一直有（现在也有）第一代美籍爱尔兰移民。然而，那一代移民潮在19世纪中期达到顶峰。所以，此后的第二代和第三代美籍爱尔兰人逐渐占据了舞台的中心。

这些移民后裔在美国生活得如何？鉴于他们前辈穷困潦倒的处境，他们似乎不可避免地会有些起色。然而，进步绝非唾手可得，亦非不需要付出代价，世界上的许多爱尔兰人仍像他们的祖先在过去几百年来一样，深深地陷在贫穷的泥潭里。

在政治上打响第一炮

爱尔兰人在美国打响的第一炮是在政治方面，其成就也最引人注目。在大城市，爱尔兰后裔往往是最大的单一种族，他们在选举时可以借助手中的大量选票而确保其政治影响，这在19世纪30年代就已初见端倪。当然，他们在政治上的成功之处不仅限于此，还包括在许多大城市里曾连续几十年直接控制着市政机器，甚至在其他种族进入这些城市并成为多数选民之后很久，依然是爱尔兰人“坐天下”。在波士顿，从19世纪80年代起，爱尔兰人后裔开始当选市长。在同时期的纽约，爱尔兰人控制了坦慕尼协会，而在19世纪早期，该协会一直拒爱尔兰人于大门之外。自19世纪80年代开始，由爱尔兰人在政治上执牛耳的其他大城市，还有芝加哥、布法罗、密尔沃基、旧金山等。爱尔兰人主宰美国大城市政治的状况，一直持续到20世纪。在美国的某些城市，眼下也还是这样。

很多爱尔兰裔的政治领袖都是别具一格的传奇式人物，从19世纪波士顿那位爱唱歌的市长约翰·F.菲茨杰拉德（即“甜蜜的菲茨”，是约翰·F.肯尼迪总统的外祖父），到曾经在20世纪担任芝加哥市长20多年的理查德·达利，各具特色。其中也不乏富有魅力又很可爱的荒唐之士，纽约的政治头目“大提姆”·沙利文就是这样一个人。他是个“热心肠的巨人”，一手从各方接受贿赂，一手把食品和衣服分给穷人。1913年他去世时，有25 000人出席他的葬礼。四次蝉联波士顿市市长的詹姆士·迈克尔和沙利文可谓如出一辙，他是两届国会议员，曾任马萨诸塞州州长，也曾坐过两次班房。

爱尔兰人并不是简单地把传统的政治机器接管过来而已。他们改造了美国的城市政治，改变了市政府的阶级成分，使得从工人阶级队伍中而且常常是从贫民窟中崛起的人执掌大权。爱尔兰人的政治机器对于那些仍然身处贫民窟的工人阶级成员来说，是很容易接近的，它不但为在政治上想有所作为的人敞开了大门，而且为那些需要有人帮助找份工作、办理移民入籍手续，甚或需要食物和燃料来度过非常时期的广大城市民众敞开了大门。别看爱尔兰人主政所搞的那一套官僚机构、规章制度和文牍主义，让贫民和粗通文墨之士感到眼花缭乱，实际上办起事来也挺管用；要说不管用的话，只要政治领袖稍加干预，什么事都得绕道走。祖籍国的历史经验，使爱尔兰人学会了在政府法则之外行事所不可缺少的本领和态度，并坚守另一种非正式的行为规范。爱尔兰人把“视正式的政府为非正统，而把非正式的政府视为真正标志主权在民的这种根深蒂固的传统带到了美国”。贿赂、暴力和选举舞弊，构成了爱尔兰政治机器的几大突出特点。但是，这些政治机器又不是随意胡来的，而是高度组织有序的，是建立在对个人和组织的忠诚的基础之上的，其指导原则是争取当选的实用主义欲望，而非任何意识形态上的纲领。

政治机器的目标就是追求权力所带来的“油水”——薪俸、贿赂，以及将追随者和得宠者安插到肥缺上。这些肥缺不仅包括高官显位，也涉及许多让低收入者感到眼馋却并不怎么显赫的职位，比如警察、消防队员、文秘、小学教师，还有在 19 世纪大体上都是通过委任入职的市政府职员。以 1855 年的纽约为例，该市近 40% 的警察是移民，这些移民中又有 3/4 的人是爱尔兰人。到 19 世纪末，美国各大主要城市的警察队伍和消防部门都掌控在爱尔兰裔美国人手里。

将爱尔兰人和这些城市政治组织联合在一起的，既非哲学思想，亦非社会眼光，而是利害关系。忠诚支持政治机器的选民，可以指望在自己遇到麻烦时向其求援，诸如被房东下逐客令，受到轻微的刑事起诉，甚至因受到某种侮辱而想要报复等时刻，都可以找内线帮忙。给党派捐款或向政治头领行贿的商人，则可指望有关市政管理的规定会有所松动，对他们的违章行为能睁一只眼闭一只眼，并指望市政府的各种合同会落入他们手里。政治领袖的底层追随者们，也可指望通过为领袖拉选票，关照所在地区选民，或为上司吹喇叭抬轿子，这样奔走几年，总会有所报偿，捞个一官半职。投桃报李是关键。

这种受到高度控制而内部又等级森严的帮派政治，意味着任何个人皆需潜心等待时机才能往上爬。此种方式在爱尔兰是通则，耐心等待（并且不能结婚）继承田产便是当时的习俗。这种方式还意味着，不管谁坐上了第一把交椅，都可能长年累月地坐下去，甚至坐一辈子。纽约的政治机器坦慕尼协会，在其鼎盛时期，半个世纪之中只有三个领袖，都是爱尔兰裔。在布鲁克林区，有一个人（也是爱尔兰裔）曾执掌该区的政治机器达 40 多年。继他之后，另一个爱尔兰裔领袖也曾掌权达三十几年，直到他死去。爱尔兰裔政治领袖这种个人长期专断的情况，也普遍存在于芝加哥。

比这种现象更加值得注意的，是爱尔兰政治机器更加长久的寿命。这些政治机器在 19 世纪末 20 世纪初当其他种族移民成百万地涌入美国，并在数量上大大超过爱尔兰移民之后很久，仍然没有消失。它们继续掌权的现象很普遍，不仅操纵全市大权，即使在意大利人和犹太人或其他种族占大多数的地区，也由爱尔兰裔政客来执政。例如，在 1900 年前后，芝加哥的第十九区有 4/5 的居民是意大利人，但该区多年来却由一个叫约翰尼·派尔斯的爱尔兰裔政客来担任市议会代表。只是在许多年之后，爱尔兰裔政客才发现有必要把犹太人和意大利人吸收到其政治机器中较为低级的职位上去。19 世纪 90 年代，“雄心勃勃的犹太青年才开始被坦慕尼协会叫来充当帮闲、听差和仆从”。直到 1907 年，坦慕尼协会还只有一个犹太人担任地区领导者。同样，在芝加哥和波士顿，让意大利人获得低级的职位，充当“政治机器的小小螺丝钉”，将他们摆在一些模棱两可、无足轻重的位子上，作为本民族和爱尔兰政治“大老板”之间的联络人员，也是过了很久才成为可能，而且十分勉强。美籍意大利人和犹太人多次试图争取在政治上掌管自己的社区，皆被政治经验丰富的爱尔兰政客击败，这种情况一直持续到20世纪初。

爱尔兰人在政治竞争中具备许多有利之处。首先，他们有强烈的种族团结感，这一点可以回望其祖籍国的历史，千百年来，他们一直在自己的国土上受到异族的迫害。而犹太人和意大利人则发生过许多次内讧，这同样可以从他们过去许多世纪以来在欧洲的经历中找到蛛丝马迹。其次，爱尔兰人的有利之处还体现在他们来美国要早上几十年，会讲英文，在政治觉悟和组织经验方面纵使是秘密的，但却有悠久的历史。最后，在爱尔兰的文化中，个人魅力和口齿伶俐是被赏识的特质。这两点对于搞政治的人来说显然是巨大的资本。在重视人品和口才的其他领域里，比如法律、演出、工运、新闻和布道，这两点也不可或缺，而在所有这些领域里，爱尔兰人也确实是非常成功的。

爱尔兰人绝非腐败政治的始作俑者。只不过他们在这方面干得很漂亮，贪污受贿时还带了些许人情味儿。他们的成功在很大程度上是因为他们的政治对手对城市移民的痛痒漠不关心。历次政治“改革”运动，都是由有钱有识之士领导的，这些人的价值观、目标和作风，和工人阶级的那一套大相径庭。改革派政客通常和低收入社区既无个人渊源，又无组织根基，所以即使在他们怀着好意为穷人办事时，双方也很少有共识，以至于经常帮倒忙。穷人通常宁可理解贪官，也不要理解高高在上的理论家。

移民社区内部涌现出的政治领袖人物，具备先天的优势，但这仍然不能解释，为什么在犹太人、意大利人、波兰人等早已构成城市市民的大多数之后，这些领袖人物仍然是爱尔兰人。爱尔兰人的有利条件之一是会讲英语，尽管不合语法，但往往说得很流利。在有农民背景的种族之中，爱尔兰人还有个独一无二的特点，那就是他们在欧洲时就积累了从事政治和组织工作的经验，即善于运作地下的宗教组织和恐怖组织。其他族裔的农民，也遭受过压迫，比如意大利和波兰的农民，但他们在形式上都没有爱尔兰人所受到的压迫那样特殊，而正是那种压迫形式使爱尔兰式地下活动成为一种有效的应对方式。例如，压迫意大利农民的是其他的意大利人，而不是具有不同宗教信仰的异族。民族、宗教或国家等问题，在意大利都构不成群体团结的感情核心。在散居于欧洲的犹太人当中，宗教、文化和民族是促进团结的因素，但犹太人在每个国家都是极少数，备受孤立，假若他们也使用爱尔兰人那些进行反抗和恐怖斗争的手段，那就无异于自杀，因为爱尔兰人身处自己的国家，占人口的大多数。简言之，没有哪个移民群体能像爱尔兰人那样，既有历史和组织经验，又能言善辩，会处理人际关系。他们这些长处还表现在政治以外的其他许多领域。

在一个宗教歧见造成激烈纷争的时代，比起其他信奉天主教的移民来，爱尔兰人在政治上有一个有利之处，那就是他们坚守美国关于政教分离的原则。他们还在爱尔兰时，曾经生活在由国家确立的一种教会，即英国国教的控制之下，并早就对此产生了反感。从其他具有国教的国家来美的天主教徒，其经验和传统就大不相同，因为所确立的国教就是他们自己的宗教。尽管信奉天主教的爱尔兰人生活在信奉新教的美国，这在政治上确实是不利的，但他们在政教关系上所持的特殊观点，却使他们在政治上比其他天主教徒有更大的回旋余地。尽管美国的本土主义分子告诫过罗马教皇，这些人有在政治上接管美国的危险，但这种告诫在美籍爱尔兰人的理论和实践上却没有什么文章好做，后来也就逐渐不攻自破了。在1928年阻止阿尔·史密斯竞选总统时，这种指控又曾一度甚嚣尘上，但大量的爱尔兰天主教徒成功地当选其他公职，表明阿尔·史密斯受挫一例的关键不完全在于个人的宗教信仰。史密斯本人也确曾当选过其他公职，包括纽约州州长，而且是靠新教徒占大多数的选民投票当选的。1960年，约翰·F.肯尼迪当选总统，等于在政治上为那种乞灵于宗教信仰的垂死伎俩敲响了丧钟。

爱尔兰人的政治机器，几乎无一例外地属于民主党，这可以追溯到19世纪。当时爱尔兰人所在地区的多数选民，都投民主党人的票，比任何其他种族都要一边倒。其他种族的选民意见多有分歧，有人投辉格党人的票，有人投正在崛起的共和党人的票。在19世纪50年代，出现了另一个政党，叫美国党，亦即广为人知的“一无所知党”。该党的宗旨是，基本反对移民，尤其反对爱尔兰移民。

“一无所知党”开始是个秘密团体，后来从中发展出了一个政治组织，美国党。美国本土人对外国人的敌视，在该党出现以前就存在了，然而到了19世纪30年代，这种敌视态度似乎在消亡。但是，规模大而持久的移民浪潮，又重新激发了本土人的这种敌对情绪。19世纪40年代之前，来美移民每年远不到1万人，但在1842年，移民激增到10万人，1847年达到20万人，1854年则高达40万人。爱尔兰人是最大的单一移民群体。在19世纪40年代到50年代这20年间，抵美移民中有超过半数来自爱尔兰。爱尔兰人不仅被视为外国人，也被看作不可同化的群体。瞧，虽然过去的移民能融入美国生活的主流，但这批人性格太古怪，永远也达不到这一步。此种武断的说法，开始是针对爱尔兰人的，后来对其他许许多多的来美种族，又不知重复过多少遍！

本土人在攻击外籍人（目标多集中于爱尔兰人）时，举出的例子有：他们的政治腐败；生活水准低，生活水准低又被看作对美国本土工人生活水平的一种威胁；在牢房的囚犯中，他们所占的比例高得可怕；靠慈善施舍混日子的人也多得出奇等。他们是天主教徒这个事实，过去是，而且现在依然是种族间不睦的根源，特别是在19世纪，那时宗教分歧在政治和社会上皆事关重大。在19世纪60年代波士顿的所有移民群体当中，爱尔兰人和异族通婚的比例是最低的，甚至低于同时期白人和黑人之间的通婚比例，此事虽小，但却颇能说明当时宗教区分有何等重要的社会意义。

“一无所知党”人趁本土主义情绪高涨之际，在政治上取得了令人瞩目的成功。因主张对移民和入籍实施更加严格的控制。“一无所知党”人于1855年在6个州选出自己的人担任州长，从而控制了好几个州的立法机构，还选出了一大批国会议员。然而，他们的衰败几乎就像他们的崛起一样，在一夕之间。他们的问题之一是，南北派之间在奴隶制问题上谈不拢。

在大多数问题上，“一无所知党”是一个主张改革的党，而爱尔兰人则反对大多数的改革。爱尔兰人寻求在现存体制下提高自己的地位，而不主张从根本上改变这个体制。在那个年代里，民主党人是现状的维护者，而辉格党人、共和党人和昙花一现的“一无所知党”人则赞成各种各样的改革，从主张限制酒精饮料的消费、妇女普选权，到遏止或取消奴隶制，不一而足。对爱尔兰人的敌视，部分须归因于这样一个事实，即爱尔兰人被视为许多改革和社会实验取得成功的道路上的绊脚石。

经济进步

19 世纪爱尔兰裔政治家在美国大城市的突出成就，根本没在当时美籍爱尔兰人的整体经济状况上反映出来。直到 1890 年，42%的爱尔兰人还是奴仆，其他许多人依然是非熟练的劳工。1890 年在波士顿，4%的本土美国人和 5%的德裔人是专业人员，然而只有 0.1%的爱尔兰人从事这类职业。31%的本土美国人从事高层次的白领工作，但只有 6%的爱尔兰人上升到这个层次。虽然爱尔兰人的经济状况和其他种族比起来要逊色一些，但他们的经济状况正在好转。在 19 世纪中期的波士顿，尽管有人说“在爱尔兰人和黑人之间存在着许多明显的相同之处”，但后来爱尔兰人在向熟练工种和白领职业进军方面，却把黑人抛到后面去了。即便如此，较其他来自欧洲的种族群体而言，爱尔兰人的进步仍是最缓慢的。

随着自身社会和经济地位的提高，爱尔兰人内部也发生了分化。有些人仍旧是“棚户爱尔兰人”，深陷在贫困和肮脏的泥潭里不能自拔；另一些人则变成了“装饰考究的中产阶级爱尔兰人”，寻求舒适和体面。新涌入的爱尔兰移民照旧是从经济阶梯的最底层干起，但是，许多第二代爱尔兰人则告别了父辈的职业，另谋高就。例如在波士顿，第一代爱尔兰移民中获得白领职位的人在 1890 年只占 10%，而同年该地的第二代爱尔兰移民中从事白领职业的人则几乎占到 40%。反过来看也是如此，例如，第一代移民中有 2/3 的人终生从事非熟练或半熟练职业，而第二代移民中在同一时期终生从事这类职业的人却只占 1/3。

爱尔兰人沿着卑微的职业路径和白领岗位慢慢地爬上去之后，他们留下的底层空缺，就由美国南北战争后大部分自南欧和东欧蜂拥而至的各种族移民大军所填补。由此形成了这样一幅完整的美国生态继承图景。晚来一步的各个种族（尤其是意大利人）慢慢地在吃力、肮脏和危险的工作岗位上取代了爱尔兰人，并搬进了爱尔兰人已经迁出的贫民窟。到 1910 年非熟练和半熟练的意大利裔劳工在波士顿所占的比例，与 20 年前爱尔兰人所占的比例恰好相同。昔日爱尔兰人是贫民窟的房客，盎格鲁–撒克逊人是房东，现今越来越多的意大利人成了房客，而爱尔兰人则摇身一变做了房东。昔日是美国人在爱尔兰移民住进自己的地段时，马上举家搬迁；现在是每当黑人、犹太人和意大利人到来时，又轮到爱尔兰人马上撤离。过去是由盎格鲁–撒克逊人的老师来教爱尔兰人的子弟读书，现在则是日益增多的爱尔兰人的小学老师来教育犹太人和意大利人的后代。过去是爱尔兰移民充当工贼，破坏当地美国工会组织的罢工，现在则是意大利人和黑人劳工充当工贼，破坏爱尔兰人的工会所组织的罢工。

此种种族生态继承格局，绝不意味着一个种族群体会完全重复另一个种族群体所走过的老路。有些种族地位上升的步伐要比其他种族来得快。譬如犹太人到达美国时比爱尔兰人更穷，挣钱也赶不上同时代的爱尔兰人，但后来却在收入、就业和受教育方面，赶上并远远超过了爱尔兰人。此外，种族间存在着五花八门的区别，不仅体现在经济收入的提高速度上，也体现在获得成就的不同渠道上。爱尔兰人在政界、金融、工会领导、体育和新闻方面一马当先，而犹太人则在经商、技术行业、学术和科学方面独占鳌头。

爱尔兰人在商业竞争方面很少有什么作为。尽管波士顿市爱尔兰人的收入在 1909 年比该市的犹太人要高，但犹太商人的比例确实高出爱尔兰人 9 倍，虽说这些商人中的许多人都属小商小贩之类。身处困境的第一代爱尔兰移民，往往替人做家佣或充当吃力而非熟练的劳工，犹太人却另辟蹊径，他们所找的工作虽然也是低级的，但却有利于他们掌握一种技术或学会日后独立经营的本领。意大利人也比爱尔兰人更热衷于经商。即便在爱尔兰人大权独揽的波士顿，直到1929年，爱尔兰人也始终未能在该市商会占据任何重要的位置。

当然也有若干由爱尔兰人创办的企业十分兴旺发达，格雷斯轮船公司就是一例。美籍爱尔兰人还发明了奥萨利文鞋跟和供铁路使用的防风灯。但是，爱尔兰人最内行的“生意，通常还是做金融，比如开办银行，这里强调个人素质，强调擅长协调利益冲突，还少不了政治的介入”。酒吧和沙龙也是需要和人打交道的行业，所以爱尔兰人在这方面的生意也蒸蒸日上。但大体上说来，“爱尔兰人在科学和发明领域里，实在乏善可陈”。

爱尔兰人得心应手的领域和爱尔兰大众打得开的渠道，通常都是既不需要商业拼搏精神，也用不着学术造诣的行当。商业精神和学术造诣皆与他们当年在祖籍国爱尔兰时的历史经验无缘，他们来美后在这两方面也没有什么突出的建树。古代凯尔特文化是“敌视读书人的”，在欧洲主要国家当中，唯独爱尔兰没能在中世纪建立起一所大学。甚至一个同情爱尔兰的历史学家也承认，爱尔兰人“几乎没有传统思想”。在这种背景下，人们也许就不会感到奇怪，为什么在20世纪早期纽约的爱尔兰人子弟读完中学的人数，连犹太人或德国人子弟的1%都不到。这一时期，爱尔兰人不管在经济上还是在政治上，其地位绝不在犹太人之下。这种差别也不在于“能力”问题，因为在“一战”时，爱尔兰裔士兵在智力测验中的得分远高于犹太裔士兵。真正的问题在于，这两种文化世代以来对教育重要性的看法有所不同。此种文化上的差别，显然比眼前的客观条件具有更大的影响。就眼前的客观条件而言，这时候的爱尔兰人比犹太人在各方面都要优越。在19世纪末20世纪初，波士顿的爱尔兰人与犹太人相比有较高的收入，家庭需要养活的人口少，识字率高，在政治上能呼风唤雨。直到1950年，爱尔兰移民在教育方面的条件仍比犹太人好，但犹太移民子女升入大学的人数，却是爱尔兰移民子女升入大学人数的两倍多。

许多美籍爱尔兰人是体育界和娱乐圈的尖子（此种模式后来在家贫又缺乏思想文化和商业竞争传统的其他种族群体中，也反复出现过）。备受崇拜的演员有跨越19世纪和20世纪两个世纪的泰伦·鲍华父子，著名的歌唱家约翰·麦考迈克、宾·克劳斯比等。明星运动员有约翰·L.萨利文、约翰·J.麦克劳、基恩·塔尼和“基泼”等，不胜枚举。爱尔兰人在体育方面拿手的只是某一些运动项目，比如拳击、棒球和田径，但在游泳和摔跤方面就不那么在行了。爱尔兰人在体育项目上这种工于此拙于彼的状况，后来再现在黑人运动员身上。在19世纪，一提起拳击，谁也不会怀疑重量级冠军非爱尔兰人莫属，杰克·吉尔兰、约翰·L.萨利文和“绅士吉姆”·考尔伯特就是这样一些威震四方的拳王。在20世纪，美籍爱尔兰裔重量级拳王包括杰克·敦普塞和吉恩·塔尼，最后一位是詹姆士·J.布莱道克。自他输给乔·路易斯之后，爱尔兰人独霸拳坛的局面就此结束，并让位给其他种族。早期美籍爱尔兰人在拳击和棒球方面如此出类拔萃，以至于其他种族的拳击和棒球运动员常常给自己冠上爱尔兰人的姓氏，以便扬名。

虽然爱尔兰人缺乏做学问的传统，但却一向以巧言善辩著称。贫苦和未受教育的爱尔兰民众，不管是在祖籍国还是在美国，普遍以表达能力强、会遣词造句而自鸣得意，说他们是“伶牙俐齿”也好，警语大师也好，或者“甜言蜜语”也罢，总之这些人常常口若悬河、语惊四座。他们中出了不少著名的作家，其中有彼得·芬利·邓（杜利先生的形象就出自他的妙笔）和戴维·G.克劳利（著名的《纽约世界》的编辑）这样一些记者，体育新闻撰稿人约翰·基尔南，小说家和剧作家则有约翰·奥哈拉和尤金·奥尼尔等人。

我们并不是在这里对一些民族从整体上妄加褒贬，也不是对其表现的优劣进行排序或打分。我们的用意是寻找比这更加带有普遍性的东西，即衡量一种经久的文化价值，相较更加直接的“客观”状况来说，究竟扮演了一种什么样的角色。

种族之间的关系

尽管爱尔兰政治家在 19 世纪有本领赢得其他种族选民的选票，但爱尔兰民众和其他种族之间的关系，一般来说，远称不上是和谐的。

在美国历史上，也许任何两个种族之间的关系，都没有爱尔兰人和黑人之间的关系糟糕。两族之间因积怨太深而在长达一个多世纪之内，曾周期性地爆发过不计其数的遍及全美各大城市的打斗和骚动，他们不仅在工作场所中折腾，也在双方共居的贫民窟里闹个没完。在 1863 年发生于纽约的那场臭名昭著的征兵暴乱中，横冲直撞的爱尔兰人像发了疯似的，见了黑人就不分青红皂白地拳打脚踢，常常导致后者伤残，甚至还将收容黑人孩子的孤儿院付之一炬。首批搬迁到哈莱姆区的黑人已跻身中产阶级，他们在 19 世纪和 20 世纪之交离开曼哈顿中区的飞地，就是为了避开附近一带的爱尔兰人。

爱尔兰人与各白肤色种族也存在着类似的关系。抛开他们和苏格兰–爱尔兰人发生过多次血腥冲突不谈，他们也卷入了无数次骚乱和巷战，攻击德国人；在各大城市使用暴力来对付意大利人；在纽约和波士顿损毁犹太人的财产，攻击他们，破坏他们的墓地。在美国西海岸，19 世纪发生的中国移民被殴伤、政治上受到打击的许多事件，都是由爱尔兰人挑起的。

在这些事件中，要确定敌对行径是由谁先挑起的，通常并不太难。在与爱尔兰人发生过无数次冲突的种族中，有些与其他种族的关系，相对来说就很融洽。例如，意大利人和犹太人一般相安无事，然而他们都与爱尔兰人合不来。美籍华人很少（甚至从未）攻击过其他种族。黑人和爱尔兰人之间的历史仇恨可以一直追溯到南北战争之前，那时自由的黑人少得可怜，他们若平白无故去惹事，攻击人数众多的爱尔兰人，这种行为无异于自杀。德国人有时确实会挑衅爱尔兰人，但在其他一些场合，有人观察发现：“德国人野餐时，爱尔兰流氓会去捣蛋，而他们这样胡闹经常是毫无道理的，仅仅是为了寻开心，否则星期天就会闲得无聊。”

爱尔兰人移民的高峰期是 19 世纪四五十年代。这一时期碰巧也是美国城市发生暴力事件的高峰期，所以不能一股脑儿把责任全部推到爱尔兰人头上。美国本土的暴徒时常也到爱尔兰人所在的地区为非作歹，打家劫舍，焚烧民宅和教堂。可以说，当时全美到处都充斥着暴力。

但凡有爱尔兰人卷入的种族间纠纷，诉诸暴力并非唯一的形式。在由爱尔兰人操控的那些机构里，尤其是在市政部门和天主教会，非爱尔兰裔人士要想飞黄腾达，比登天还难。犹太人和意大利人不仅在爱尔兰人操纵的帮派政治中很少有晋升的机会，而且因为后者任人唯亲成风，前者就连在城市机构里谋个混饭的差事都很困难。直到文官考试制度兴起后，犹太人才开始在纽约市政部门取代爱尔兰人。同样，天主教会显然也是爱尔兰人的传统领地。有人发现，“一个出生在巴尔的摩、双亲都是意大利人的神父，英文和意大利文讲得一样地道，却只能眼巴巴地看着一个刚刚从爱尔兰迁来的神父被提拔为他的上司，只因为他自己是个‘外国人’”。虽然爱尔兰人只占天主教信徒总数的 17%，但有 35% 的天主教教士是爱尔兰人，在天主教的全部神职人员中，爱尔兰人便占了一半。1789—1935 年，美国的天主教主教有一半以上是爱尔兰人。由于对爱尔兰人把持教权的状况不满，非爱尔兰人曾多次提出抗议，致使罗马教廷向美国派出特使，宣布各种族的天主教徒可以自己成立教堂和教区学校，并最好由各种族的自己人来主事。

除了对某些特定种族存有敌意外，美籍爱尔兰人的后代还对一般的“外国人”形成了某种笼统的敌视心理。这些爱尔兰人此时已拥有了较高水准的生活，也有一定的社会地位，就把新来的移民视为对自己的一种威胁，正如他们当初被美国本地人视为一种威胁一样。

和其他方面的表现都有历史原因一样，美籍爱尔兰人之所以到处和其他种族闹矛盾，固然与美国的环境有关，但更重要的还应归咎于他们当初在祖籍国时就形成的观念或传统。爱尔兰移民在美国的处境与后来迁移来美的其他种族——比如意大利人——的处境并没有什么大的差别，但意大利人却能和其他种族和睦共处。在几个世纪以前的爱尔兰，每见到一个人，爱尔兰人立即就会将其区分为：（1）要么是另一个爱尔兰同胞，（2）要么是一个死敌。死敌当然就是可憎的、该打的，而且要狠狠地打。爱尔兰人远在他们的双脚踏上美国的土地之前，就抱有强烈的本族认同感了。

在这样一种历史背景下，人们就更会感到，美国天主教会实在是难能可贵。虽然被爱尔兰人主宰，它却为调解信奉天主教的各种族之间的不和，起到了重要的作用，还在黑人当中卓有成效地开展了慈善活动，它在历史上早就这样做了，并一直坚持到现在。尽管波士顿南部的爱尔兰人，曾因用校车接送黑人学童到他们的社区就读而闹过事，不够光彩，但天主教在全美各大城市也将教区学校办到了黑人居住的地区，由白人——常常是爱尔兰人——充当教士和修女。他们的教学效果实属上乘，但相较于同一地段的公立学校，却难以望其项背。

今天的美籍爱尔兰人

随着地位的上升，加之日益被社会所接受，爱尔兰人在文化上与其他种族逐渐打成一片，与异族通婚的现象也变得司空见惯，以至于今天很难明确指出谁是真正的爱尔兰人。在19世纪60年代，只有1/10的爱尔兰人与异族通婚，到了20世纪60年代，有过半数的美籍爱尔兰男性与异族妇女结为秦晋之好。爱尔兰移民先辈的后人，现在有一些已经被归入其他种族了，还有一些则可能被人口普查官员列入无法鉴定其种族归属的那一半美国人当中。

考虑到爱尔兰人的现有统计数据，以及根据那些主动向美国人口普查局报告自己是爱尔兰裔的人的陈述，这些人也许具有，也许并不具有爱尔兰移民子孙的典型特征。如果说这些飞黄腾达的人被同化起来轻而易举，那么，让人一眼就看出是爱尔兰后裔（或意大利裔、德国裔等）的人，则可能是一些抱残守缺的落伍之辈，不如他们的多数同胞有出息。

即便人们对爱尔兰后裔的看法确有保留，然而纵观全局，他们已经摆脱了当初的贫困境地，在收入和教育方面达到（甚或超过）了美国的平均水准。在20世纪70年代，美籍爱尔兰人的收入比全美平均数高出5%。他们在学校受教育的时间和考取大学的比例，大致相当于全体美国人的平均水平。在20世纪前半个世纪当中，爱尔兰人的智商得分一直略高于全美的标准线（以100分计）。酗酒向来是美籍爱尔兰人的一个突出特点，正如在爱尔兰一样。各种研究都表明，比起黑人、意大利人、德国人、犹太人和其他种族来，爱尔兰人对酒的消费量更大，由酒精中毒引发的疾病也更多。尽管人们通常都以为天主教徒的家庭人口多，实际上爱尔兰人的家庭人口和一般的美国家庭差不多。美籍爱尔兰人现在有1 600万，约占美国总人口的8%。他们现在的投票模式也和其他美国人相去不远。约翰·F.肯尼迪在1960年入主白宫之后，天主教徒能否担任美国总统的争论遂告结束。

实际上，爱尔兰人现在变得如此美国化，以至于某些人感叹他们已失去了自己的独特气质。但是变成地道的美国人很难说是一种失败。当今世界各地不是还有许许多多的人仍在追逐这一梦想吗？当年成千上万的爱尔兰人不畏旅途艰险，漂洋过海，梦寐以求的不也正是有朝一日能成为美国人吗？

第三章
德国人

现在有超过 2 500 万美国人具有德国血统。他们在数量上仅次于英裔人，并超过美国其他任何一个种族的人口。我们知道，最早赴北美开拓殖民地的是来自大不列颠群岛的人们，他们的后裔现在有 2 900 多万。就移民来美而言，德意志种族的人数最多，他们在美国历史上起到了重大的作用，但这并非仅仅因为他们人数众多。美国的工业、教育、军事防卫、饮食和娱乐活动，在格调上无一不反映出美籍德国人的贡献和影响。连美国的语言都能反映出这种影响，诸如幼儿园、熟食、牛肉香肠和汉堡包等词汇，都来自德语。美国西进拓荒者当年穿越大草原时所使用的那种科内斯托卡大篷车，就是住在宾夕法尼亚州科内斯托卡谷地一带的德裔人发明制造的。当时边疆居民使用的肯塔基来复枪也是如此。圣诞树原是德国圣诞节的传统饰物，后来也成了美国人的传统。美国首屈一指的光学仪器公司——博士伦公司——是由德裔人创办的，美国各大名牌啤酒就更不用说了。长跨度吊桥及其支撑缆索，是由一位德裔工程师设计建造的。在许多产品的研制方面，包括钢铁、汽车、木材、巧克力和石油等，德裔人士都曾是先驱和权威。

德国的军事传统，为美国造就了若干名垂青史的将帅，其中包括在“一战”和“二战”中指挥美军打败德军的两员虎将，即潘兴和艾森豪威尔。

德国人大规模地向美国迁移，并不像来自其他国家的移民那样，集中在几十年之内，而是在美德两国历史上的许多不同时期发生的。在殖民时代，美国就已有德国人的社区，在整个 19 世纪，德国人也一直在来美移民中占有颇大的比例。在 1852 年和 1952 年，分别有 10 万德国人背井离乡，搬迁来美，100 年间也有不少年份出现过类似的情形。移民数量的多寡依据这两个国家的具体状况而起伏不定，但 19 世纪和 20 世纪以来，德国移民的数量一直是相当可观的。在历史上的不同阶段，有时来美的主要是移民，有时来美的则主要是难民；有时移民大多是天主教徒，有时大多是新教徒，另一些时候则大多是犹太教徒。移民还来自德国的各个地区。结果就使得美籍德国人成了一个高度多样化的种族群体，不仅按通常的阶层、宗教和籍贯这类指标来衡量是如此，在其成为美国人的时间跨度上也千差万别。

德国

在世界上还没有德国这个国家的时候，就已经有相当多的德意志人移居美国了。直到 1871 年，普鲁士、巴伐利亚、巴登、梅克伦堡、黑森和其他的日耳曼小国才被俾斯麦统一起来，并建立了德国。诚然，在公元 750 年时，德语就是书面语言了，而日耳曼民族（不包括侵欧的匈奴人）早在公元前 1 世纪就有史可稽了。

恺撒大帝曾记述过，在罗马帝国的早期，日耳曼人居住在其北疆边陲，处于野蛮部族的勇士之列。物换星移，时代变迁，某些日耳曼人历经战乱和政治的旋涡，走南闯北，逢凶化吉，汲取了罗马人的文明，后来终于在罗马帝国拥有了自己的势力。在帝国晚期，日耳曼军人在罗马军团中取代了罗马人，日耳曼将领开始指挥这些军团，有时他们就是罗马傀儡皇帝背后的实际统治者。与此同时，北部边境上的其他日耳曼人，继续对帝国的存在构成严重威胁，在罗马帝国衰落时期发生的许多重大战役，实际上就是一部分日耳曼人攻打另外一部分日耳曼人的战役。在帝国内部，日耳曼人从来就没有被完全接受或同化。罗马人和日耳曼人之间是禁止通婚的。罗马贵族轻蔑地称日耳曼人是“黄发蓝眼的蛮汉”，指责他们“衣冠不洁，浑身发臭，令人恶心”。在某种程度上，日耳曼人对本民族的历史也有自惭形秽之感。例如，在高卢的日耳曼人的坟茔中有一块墓碑，上面竟然说他们的祖先是“基督教徒进行洗礼时被冲刷掉的污迹”。当然，也有一些日耳曼人是不买账的，并对罗马人还以同样的愤懑和仇恨。

这些日耳曼先民，和他们移居北美殖民地的后世子孙，在历史时段上相隔1 000多年，其间语言、文化和民族素质也已变得今非昔比。近代德意志民族甚至在统一的德国形成之前，就在科学、艺术、音乐、文学和哲学诸方面站到了西方文明的前沿。德国是歌德、贝多芬、康德和莱布尼茨的故乡。技术高超是德国人的特殊象征。蔡司（Zeiss）和福伦达（Voigtlander）这两家光学仪器公司的名字，在它们（以及其他德国商家）驰名于照相机时代之前，就已经蜚声天下了。

一度被罗马人鄙视为下等野蛮人的日耳曼民族，后来轻而易举地超过了意大利。在意大利，“昔日罗马的光耀”已成了历史的回忆，成了意大利软弱、分裂和技术、经济落后的辛辣讽刺。前文提到，在罗马时代，某些日耳曼人曾为自己的祖先感到不光彩，但在近代希特勒和纳粹分子当政时，同样是这些日耳曼的列祖列宗，却又成了他们狂热崇拜的对象。

在18世纪和19世纪，德意志各邦由一些小诸侯统治着，经常处在动乱之中。宗教改革和反改革，导致天主教各邦和新教各邦的大批教徒成为难民，三十年战争更把他们的经济搞得一团糟，并使德意志民族的人口减少了1/3。1708—1709年冬季的严寒使德意志的酿酒业损失惨重，其后若干年一直未能恢复过来。一句话，刺激向外移民的各种国内因素，在德意志普遍地存在着。但是，当时也有了限制或禁止向外移民的规定，这使得民族内部的迁徙增多。

后来，在18世纪和19世纪初期，法国大革命、拿破仑征战各国、滑铁卢战役，以及维也纳会议后贵族统治的复辟，这一系列事件对德意志民族向外国移民都产生了深刻的影响。

德意志民族各小邦国（及后来统一的德国）向外移民浪潮的起落，均与历史事件密切相关。滑铁卢战役之后的一段时间内，德意志人向海外移民时多半奔赴南美洲，但从1830年到“一战”期间，德意志移民却大批涌入美国，有些年份竟占到离境人数的90%以上。

自由派和激进派人士反对德意志贵族统治的斗争，导致了1848年革命。革命流产后，许多人为了逃避迫害，或因为对在国内争取更大的自由感到绝望，或仅仅只是为了到别处去寻找更佳的社会和经济机会而移民。在19世纪50年代，有近100万德国人迁居美国。

早已在海外定居的德国人，为更多的同胞外迁提供了有利条件，而且时常将他们安顿在自己所在的地区或城市。这当然取决于先来者的日子混得是好是坏。原来赴南美定居的德国移民的经历，给仍在德国的同胞以警示，南美并非久留之地，让新移民最好选择去别的地方。

美国南北战争，欧洲的普法战争，特别是后来的“一战”，都曾是导致德国人向美国移民在数量上有所减少的因素。但在这几次战争之间的年代，移居美国的德国人数量庞大，例如在19世纪80年代，大约有150万德国人迁居美国。

在20世纪，德国的移民情况是入多出少。即使在纳粹政权于1933年上台时，归国的侨民在数量上也超过离境的移民。这批离境的移民当中有德国一流的思想家和科学家，其中就有一位德国犹太人，此人后来为美国研发了决定“二战”成败的军事武器。他就是阿尔伯特·爱因斯坦，一位开辟了核时代的和平主义者。

在美国的德裔人（北美殖民时代）

早期移民来美的德意志人，在形式上是以个人身份掺杂在荷兰人的队伍当中，于 1620 年定居在新阿姆斯特丹（后来改称纽约）的。这些德意志人基本上是农民和工匠出身，或者是曾在农舍手工作坊干活的人。有些还是荷兰西印度公司的卫队成员，继承了历史悠久的德国雇佣兵传统。17 世纪时，威廉・宾为了他在北美的殖民地宾夕法尼亚招募移民而于 1677 年走访了德意志各邦。当时宾夕法尼亚的宗教容忍做法对于那些与自己所在地区的国立教会持有不同信仰的德意志人来说，格外有吸引力。这样，宾夕法尼亚就招徕了第一批数量可观的德裔移民，主要来自莱茵河以西地区。

在 1683 年，13 个信奉梅农教派的家族在宾夕法尼亚建立了日耳曼城（今天费城的一部分）。其他许多德国宗教派别和异端，包括加尔文教派、阿米什教派和其他一些鲜为人知的教派，也纷纷起而效法梅农派，移居宾夕法尼亚。在 1742 年，亨利希・穆伦伯格来美，成了美国路德教派的组织者，也是显赫的穆伦伯格家族的先祖，其功德包括建立了宾夕法尼亚杰出的高等学府——穆伦伯格学院。

“宾夕法尼亚荷兰人”（Pennsylvania Dutch）由此而发端。此处的“荷兰人”（Dutch）这个词，实际上是由美国人的发音错误造成的，把“德意志人”（Deutsch）读成了“荷兰人”（Dutch）。到 1745 年，宾夕法尼亚约有 45 000 个德裔人。他们大多定居在当时的边境，意在能尽其微薄的财力以获得廉价的土地。这样一来，他们就易受印第安人的袭击，特别是当时的殖民政府也不太愿意防卫印第安人。政府基本上被控制在安居于费城的那些教友派和平主义者的手里。

德意志人于 1709 年在哈得孙河边建立了纽伯格，即现在的纽堡，之后就扩展到莫霍克河谷一带。一如在宾夕法尼亚一样，这儿也是边境线，常遭印第安人的劫掠。来莫霍克谷地的德意志人是契约奴，换句话说，他们受契约约束，必须先做几年（通常为 3~7 年）的苦工，以偿还来美的旅费。北美殖民地当时至少有一半白人是通过这种办法迁移来美的。德意志和瑞士移民是首批尝试这种办法的人，他们成功之后，该方法才在苏格兰、爱尔兰和其他种族的移民中间推广开来。定居在莫霍克谷地的德意志人，原本是英国政府的契约劳工，因为英政府垫付了他们一半的旅费和安置费。德意志因此比其他种族更为普遍地采用这种由英政府暂付部分费用的办法，所以能够整批整批地迁移，有的是全家老小一起移民，有的是整个村镇一起移民。

纽约和宾夕法尼亚两地的早期德意志移民，都来自帕拉蒂纳特，该地是德意志西南部位于莱茵河两岸的一片不大的区域。有 16 户帕拉蒂纳特人于 1710 年在北卡罗来纳的新伯尔尼定居下来。18 世纪的南卡罗来纳州，也曾在贩运来自帕拉蒂纳特的德意志契约劳工方面表现得挺活跃。

通常的情况是，载运契约劳工的船先沿莱茵河而下，几个礼拜之后抵达荷兰，然后再开启横渡大西洋的航程。越洋船是风帆船，平均要在大海上航行 8~10 个星期。契约劳工只能挤在狭小而缺乏通风设施的角落里，小船无时无刻不在大西洋的风浪里颠簸起伏，致使乘客普遍晕船，呕吐不止。晕船造成的体弱和缺氧，使得食不果腹的乘客格外容易生病。目击者曾描绘小船甲板下的情景是“有人在号啕大哭，有人在呕吐不停”，有的人“正在吞食虱子”，有的人则“正在受到疖子、坏血病或痢疾的折磨，许多人在臭骂自己或诅咒别人”。在夜间，时常可以听到“可怕的哭声”和“病号及心灰意懒者”的呻吟，其中有些人“翻身打滚，躺到了他人身上，闹得全舱乘客不得安宁”。这多少还算得上是正常状况。如果遇到恶劣天气，船会被阻滞在海上漂泊不定，在这种极端情形下，痛苦和伤亡就更严重了。在 1749 年，仅仅在投奔费城一地的德意志移民中，就有 2 000 人在航程中葬身鱼腹。

当一艘船在美国港口停靠后，打算购买船上劳工契约的买主会登上船来察看行情。那些契约奴就被从甲板下叫上来亮相，他们前后走动，以便让买主看个仔细，有的买主甚至亲自动手拍拍看他们的肌肉结实不结实，并和他们聊上几句，好对他们的理解力及顺从性有个初步的判断。有时，一类名为“苦工引导者”的中间人，会买走一队劳工，然后将他们带到乡下各地，遇到合适的机会再把劳工的契约书逐份转卖掉。当时，社会上并不认为这种贩卖人的交易是道义上的耻辱，公开参与这种交易的不乏身居高位和有名望的人士。乔治·华盛顿就曾购买过契约奴，让他们在他的弗尔农农庄里干活，正如他拥有黑奴一样。甚至在 1792 年，美国新政府还曾搞过一个计划，准备进口德意志劳工来帮助建设首都华盛顿。

在越洋旅途中，德意志人的丧生数目是如此之多，以至于航船最终抵达美国时，许许多多的孩子沦为孤儿。这些孤儿或者被其在美的亲属收养，或者被送去当学徒，学门手艺。这些德意志孤儿当中有个名叫约翰·彼得·曾格的，他被送到一家印刷所去当学徒，后来竟然办起了自己的报社。在 1734 年，他因发表一篇批评纽约州州长的社论而被捕，并被控诬陷罪而出庭受审。他后来被宣告无罪释放，这成了新闻自由学说发展史上的重要案例之一。

正如天下所有孤立无援的人们一样，契约劳工是奸诈无义之徒的牺牲品。有些船长不向他们提供足够的食物，或者在把他们卖掉时，无理地把他们为偿还旅费而卖身做苦工的时间延长，以便从中揩油。不懂英语的德意志人格外容易上当受骗。

许多德意志人在离开家园时本无做契约奴的打算，但他们后来发现，头一程到荷兰，然后再搭船赴美，旅费开销不断上涨，超出了原来和船主讲定的价钱。另外一些人有家人或朋友在美，原本期待（或希望）他们能替自己付清船票钱，而当这种期望落空时，也就只好卖身去当几年苦力了。“赎身者”这个词，是用来形容这些希望能以这种或那种办法付清自己船费的人，但实际上这种人和契约奴都发现，当处境窘迫时，他们的待遇并没有什么差别。

不管怎么说，他们仍然在持续不断地向美国迁移，而且总的看来数量越来越大。根据保守估计，18 世纪四五十年代，仅在费城码头上岸的德意志民族的移民总数就达 6 万人。其中约有 1/2~2/3 的人是契约奴，虽然他们受到许多施之于奴隶的限制和处罚，包括体罚，但在履约期间，他们也的确拥有一些法定的权利，而且履约最终确有期满之日。他们在获得人身自由的时候，通常可获得一笔金额不大的现金或相应的实物，还有不少人分得了土地。不过，这种土地往往不是最好的或最安全的土地。例如，在莫霍克谷地或在宾夕法尼亚西部，他们得到的土地都在边境一带，靠近那些为原本属于自己的土地被他人侵占而深感不快的印第安人的领地。在这样一些地区定居的不少白人遭到印第安人杀害，或被他们掠去为奴。

不论他们是如何来到美国的，也不论他们在漂洋过海的旅途中和抵达美国后经历了何等的酸甜苦辣，早期定居下来的德意志移民很快就获得了勤劳、做事周密、节俭的美誉。德裔农民在边境垦荒造田，干得比别人更加卖命，产量也高。刚开始他们往往住的是泥土房，而后将其改建为木房，最后是用石头建起的宽大农舍。他们不让自家的牲口四处乱窜，而将之圈养在德国式的宽大畜棚里。在18世纪末，有人观察到：

> 一个德裔人的农场，在外观上就和其他人的农场截然不同。德裔人的农场牲畜圈特别大，农舍简朴但很紧凑，围栏很高，果园面积很大，土地肥美，草地翠绿繁茂，一派丰衣足食的景象，一切都井井有条。

对于欧洲文明前沿阵地上的那些与德意志民族的贡献有关系的高度发达的科学、技术或思想智慧，大多数早期的德意志移民是一窍不通的。他们所具有的只是德意志民族之所以能取得那些杰出成就的自律、拼命和坚韧。他们被誉为“全美国最好的自己动手干活的农场主”。在殖民时代，德裔技术工匠的成就堪与德裔农场主的成就相媲美。制造玻璃曾经是（现在依然是）一项与美籍德国人分不开的技术。美国第一家造纸厂是由一个德裔人开办的。美国出版的第一部《圣经》也是由一个德裔人用德文印刷的。

宾夕法尼亚的荷兰人（也就是德意志人），却在两个重要方面根本不像德意志人：他们一是和平主义者，二是政府的怀疑者。作为帕拉蒂纳特人，他们的祖先居住在德意志帝国的帕拉蒂纳特省，该省在三十年战争中是兵家必争之地，备受战火蹂躏，生灵涂炭。他们也是逃避独裁专制和宗教迫害的难民。更何况，宾夕法尼亚的宗教自由——这在当时的美国也属罕见——对虔诚而清静的教派，具有特别的吸引力。这一时期的德裔人对政府或政治几无任何兴趣。

早期的德意志移民定居在自成一体又与世隔绝的农业社区，每个社区的住户皆属于某一特定的教派。他们与外部的大千世界没有社交往来，而内部则被不可胜数的不同教派割裂。在这些德意志移民聚居的地区里，英国人的语言和文化几乎没有什么影响。他们从德国进口书籍，出版自己的德文报纸，用德文祈祷。天长日久，英文也慢慢地渗透进来，但句子结构往往还是德文那一套，从而形成了一种特殊的方言，被称为“宾夕法尼亚德文”。这批德裔人中，最与世隔绝的要算——现在也还是——阿米什人，他们今天的状况与早期的定居者几无二致，依然生活在偏僻的农业地区。作为虔诚的教徒，阿米什人身着老式的黑色长装，避开现代文明，驾着黑色的马车，也不让他们的子女去公立学校就读，以此作为保留他们那种古老生活方式的一种手段。

随着时间的流逝，多数德裔移民扩散到其他地区，学会了讲英语，对美国文化既有吸收也有贡献。他们的费城玉米肉饼、德式巧克力饼、卷心菜色拉以及德式泡菜，使美国的食品更加丰富。德裔人经营的农场，在阿巴拉契亚山谷地的沃野上从南到北扩散开来。到了 18 世纪晚期，德国移民的定居点在当时的美国西部边疆上，几乎组成了一条连续不断的链条，北起纽约州北部的莫霍克谷地，向南延伸，中间经过新泽西州西部、宾夕法尼亚州中部、马里兰州西部，再跨越弗吉尼亚州的谢南多厄河谷和南北卡罗来纳州的皮德蒙特丘陵地区，直抵佐治亚州的萨瓦那。这一带的地名，仍然能反映出当初德国人定居于此的历史。纽约州北部就有名为帕拉蒂纳特桥、德国城、新汉堡、莱茵贝克的城镇，莫霍克谷地有个地区取名为“德国平地”。新泽西州也有个地区叫“德国山谷”，宾州则有海德堡市、德国城、穆伦伯格公园和普鲁士国王镇等。马里兰州有弗雷德里克市，有以早期德裔定居者的名字命名的哈格尔斯镇和克里格尔斯镇。北卡罗来纳州的梅克伦堡县和弗吉尼亚州的新梅克伦堡镇，都是以德意志帝国的梅克伦堡省的名字命名的。当然，并非所有德裔人建立的市镇都被冠以德国式的名字，比如弗吉尼亚的哈珀斯渡口、宾夕法尼亚州的伯利恒，以及佐治亚州的霍普镇及埃本尼泽镇，就是由德国人创建但未被冠以德国式名字的许多城镇中的几个。

当德国人的农作区扩展到边境附近的阿巴拉契亚谷地时，他们经常发现苏格兰–爱尔兰裔人是自己的邻居。苏格兰–爱尔兰人是精明强悍的疆民，时常充当披荆斩棘的先锋，善于狩猎捕鱼、拓荒垦田，敢于向印第安人挑战，德裔和其他种族的人则跟在他们的后边“搭顺风车”。德国人在气质和举止方面，与苏格兰–爱尔兰人迥然不同。德国人一般各行其是，即使是近邻也互不相扰。他们以整洁、安静、友善、勤劳、节俭而著称，与印第安人也能合得来。而苏格兰–爱尔兰人则正好相反，他们脾气暴躁，经常喝得烂醉如泥，干起活来三天打鱼两天晒网，不注意积蓄，蓬头垢面，不时发生窝里斗，也和印第安人纠缠不清。这两个种族之间还横亘着宗教的障碍。早期的德裔移民大都是虔诚的路德派信徒、加尔文派信徒，或属于其他避免使用骂人的脏话也不饮用烈性酒的严格的新教派别。而苏格兰–爱尔兰人则是长老派信徒，嗜酒如命，张口就骂人。虔诚的信徒视这些举动为亵渎。这两个种族在阿巴拉契亚山谷几百英里长的边疆地带共处一个世纪之后，仍然是泾渭分明，很少发生种族融合现象。

在殖民地时代，德裔移民中约有半数“集居”在宾夕法尼亚州。他们并不都是农民，技术工人在数量上几乎与农民持平。他们不但什么行当都干，而且也创制新产品。住在宾夕法尼亚境内科内斯托加河附近地区的德裔人，制造了一种运载农产品的马车，这种马车日后注定要在美国的西进运动中起到重大作用。科内斯托加式马车是一种车身很长而且经得起颠簸的运输工具，它前部竖起高高的拱形铁箍，上面覆盖着帆布，车身有 26 英尺[①]长（算上辕杆）、11 英

① 1 英尺≈0.305 米。——编者注

尺高，重约3 000磅[①]，需要6匹马才拉得动。在18世纪，人们发现“在兰开斯特大道上，一队队庞大的科内斯托加马车，有时一天之内就多达上百辆，排成长蛇阵，轰隆隆地开向费城”。虽然该马车当初是德裔农民为向市场运送农产品而设计的，但这种带篷盖的马车还具备其他许多用途。在1755年，英国人就曾在与法国人和印第安人的战争中，用它来运送军需物品。后来美国军队在独立战争中也使用过这种有篷马车。但是，使这种马车名声大震的还是日后西进运动的到来。美国的西进先锋就是赶着这种马车，穿越中部的大草原而抵达太平洋沿岸的。当年由这种马车组成的车队既能战胜艰险、蹚过激流，也能排成圆形阵地，击退印第安人的袭击。

宾夕法尼亚的德国人还研制了一种打猎用的来复枪，这种枪后来的作用却是这些和平主义者始料未及的。和当时欧洲的步枪不同的是，这种武器在枪管内壁刻有膛线（称为来复线），以提高射击的准确性。当初有些来复步枪是德意志移民从欧洲带到宾夕法尼亚来的，后来他们据此研制出一种新式来复枪，把枪管大大拉长，从而进一步增强了它的准确性。宾夕法尼亚境内兰开斯特市的德裔能工巧匠造的这种武器，起初被称为“宾夕法尼亚来复枪”。但是，这种枪后来到了丹尼尔·布恩这样一些百发百中的人手里，更加声名大噪，被称为“肯塔基来复枪”。及至独立战争期间，当美国人以游击战来对付英国人时，这种枪更被证明是十分有效的武器。

美国独立战争

1776年，美国人分裂为英国托利党的支持者和拥护独立的革命派，美籍德意志人则分裂为和平主义者和革命分子。梅农派信徒和其他宗教派别不愿打仗，他们当中有些人愿意为此而缴纳额外的税款，或在不违背自己反战良心的前提下，参与救死扶伤或尽其他方面的义务。然而，德裔民众的某些最大教

① 1磅≈0.454千克。——编者注

派，譬如路德教派和改革教派，却没有反对从军的禁律，这些教派中的许多德裔曾为革命而战。

独立前的美国约有30万名德裔人，大致占总人口的10%。独立战争打响后不久，德裔人就在南卡罗来纳的查尔斯顿组建了一个志愿连。德裔人在宾夕法尼亚领地的雷丁镇周围组织了几个步兵连。宾夕法尼亚和马里兰的德裔组建了一个团。还有人在莫霍克谷地招募德裔士兵，组编为4个营。德裔人不仅投身行伍，也在美军的最高层效命。美国路德教派创始人的儿子彼得·米伦伯格步步高升，最后获将军军衔。冯·施图本将军从他的祖国赶来，目的就是参加美国的革命战争，华盛顿困守瓦利福基时，施图本将军曾为之出谋划策。人们一直把严明的军事纪律被引入美国新建部队归功于这位将军。把毫无纪律观念的平民百姓训练为有战斗力的职业军人，谈何容易。据说冯·施图本将军在操练时，不时地大声责骂士兵，先用德文和法文骂，然后再让他的副官用英文帮他骂！作为美国军队的教官，他成功地训练出一支足以打败英国职业化部队的铁骑。冯·施图本将军也曾参与筹划围攻约克敦的战役。

从德意志各邦来美参加这场独立战争的，还有其他许多军事指挥官。其中就有德卡尔布男爵，在南卡罗来纳的卡姆登战役中，当别人临阵逃跑时，他英勇不屈，最终战死沙场。最富有戏剧性的人物之一是位名叫玛丽亚·路德维希的德裔巾帼英雄。她的丈夫是美国军队的一位炮手，作为随军家属，她扛着大茶壶给火线上的战士送水，大家称呼她“莫利水壶”。一次她的丈夫挂了彩，她立即顶上去替她丈夫当炮手，被传为佳话。战斗结束后，连华盛顿都承认，她那勇敢的精神大大鼓舞了士气。

英国花钱雇用了近3万名德意志雇佣兵，将他们派到殖民地试图镇压美国人的革命。这些士兵并不是自觉自愿来的，而是由德意志各邦的统治者卖给或租给英国人的。其中半数以上又来自黑森-卡瑟尔这个小邦，故此，革命战争中所有的德意志雇佣兵通通被美国人称为“黑森人”。这些雇佣兵有的在战时开小差，投靠了美国人；有的战后留下未走，在德意志移民社区安家立业。只有半数的“黑森人”返回德意志老家，约有 5 000~12 000 人最终则变成美国公民。这批人当中有一位姓库斯特的老兵，就是后来那位以攻打印第安人著称的乔治·库斯特将军的先人。

虽然德裔人在从政人数上不算突出，但却有一些突出的德裔政界人物。佐治亚州的第一任州长约翰·亚当·特鲁特伦（John Adam Treutlen）就是德裔人。美国第一任司库迈克尔·希莱葛斯也是。在这批早期的德裔政治家当中，最突出的当推宾夕法尼亚州米伦伯格家族的子弟弗雷德里克·奥古斯塔斯·米伦伯格了。他曾任美国国会众议院议长，并因此成为《美国人权法案》的两位签署人之一。后来，这个望族的另一位成员威廉·奥古斯塔斯·米伦伯格，曾担任国会议员长达 9 年时间。

另一位在同一时代享有盛名的德裔美国人是约翰·雅各布·阿斯特（John Jacob Astor）。此人于 1783 年来美，时年 20 岁。他本是一个屠夫的儿子，没有受过什么教育，到达美国时身上只有 25 美元和几支长笛。他做起了皮货生意，在 25 年之后成立了美国皮货公司，同时在纽约从事房地产业务。两桩生意都赚了大钱，他的皮货公司在五大湖区、落基山地区，以及后来在美国西北部靠太平洋一带，都算得上是首屈一指的大商号。他在俄勒冈州的货栈是美国人在太平洋海岸建立的第一个定居点。他成了美国首富，身后的遗产估计有 2 000 万美元之多。

19 世纪的移民

新的美利坚合众国成立后，有一段时间德意志民族向美移民的数量很少。直到 1828 年，抵美的德裔移民才开始达到每年 1 000 人的水平。然而到了 1832 年，这个数字就上升到 1 万多人，1836 年则跃至 2 万多人。若与其后不久向海外迁移的德意志人的人数相比，这只是小巫见大巫：1846 年急增至 5 万人，1854 年更超过了 20 万人。

在这一时期向海外移民的德意志人，开始也是来自美国独立前就有人到海外谋生的同一地区。然而，时过境迁，后来到达美国的德裔民众在祖籍、学识和社会背景诸方面，都开始呈现出多样化的趋势。由于美国的领土正在扩大，他们也就随之散居到各地。1830—1834 年，实际上所有向海外移民的德意志人都来自德意志帝国的西南部，但 10 年之后，却只有约 1/3 的人来自该地区，到 19 世纪 60 年代，则只有不足 1/6 的人来自该地区。鉴于此时期向海外移民的德意志人绝大部分都去了美国，所以上述这些比例数字亦大体适用于移民来美的德裔人。

在德意志人向海外移民数量急剧增加的背后有许多因素，例如：各邦放松了向海外移民的限制；在那些将田产平分给子嗣而非全部传给一个继承人的地区（比如帕拉蒂纳特），田庄的规模日趋缩小，致使许多人无以为生；取消村社公田而使农民利益受损；工厂制度的兴起，以及拿破仑战争之后由于贸易恢复而带来了英国货与本地货的竞争，都造成不少工匠失业，等等。维也纳会议导致贵族复辟之后，德意志各邦的独裁专制也曾激起过反抗和外逃。还有一大批德籍作家以热情洋溢的笔调，用德文写了很多描述美国生活的故事，在德意志各邦广为流传。住在蒸蒸日上的农业村镇的美籍德裔人，给故乡亲人写的信札，同样也在德意志各地传播了关于美国的信息，激起了人们对美国的热情。在 19 世纪中期，轮船取代了帆船，赴美变得更加容易了。在 19 世纪，有 500 多万德国人移居美国，超过任何其他国家。

在 19 世纪 20 年代的头几年，来美的德意志人中有 75% 是男子，表明这种移民起初是试探性的，或曰考察性的。后来，德意志人才带着大批儿童外迁，表明有全家来美落户定居之意。

移民的职业所属似乎因其出身省籍的不同而不同，也因外迁的年代不同而有异。早期移民大体上是德意志西南部地区的农民，甚至到 19 世纪 40 年代仍有约半数的移民是农民和打散工的人。在 19 世纪中晚期，移民中的产业工人和工匠在数量上日趋增多，这既反映出移民来源的地区变化，也反映出德国作为一个整体，其工业的重要性正在上升。在19世纪最后的25年中，德国移民当中有农村背景的人所占的比例，从19世纪70年代初的大约1/3降低到了19世纪90年代的1/4左右。相应地，移民当中曾在工业、商业和贸易部门工作过的人，在比例上有所增长。即便如此，迟至1900年，多数美国农场主仍然是有德国血统的人。

19世纪的许多德国移民，像他们18世纪的移民先辈一样，爱到边疆去定居，因为那里的土地价格便宜。然而，此时的边疆已经大大地向西推进了。18世纪来的人往往在阿巴拉契亚山谷地区定居下来，19世纪来的人则会再往西，奔赴密西西比河和俄亥俄河河谷地区落户。德裔农民常常是在这一地区的河畔或湖畔安家，并选择有森林的地方，这样就不必为建筑材料和燃料而发愁。他们大都“集居”在河流两岸，比如密西西比河、密苏里河、俄亥俄河、迈阿密河和肯塔基河，以及五大湖南岸。

新的德国移民不断涌进美国的上述地区，从而在辛辛那提、圣路易斯、密尔沃基和其他城市形成了大范围的德裔居民区。这一带同时也有由德裔人自己建立并基本由他们组成的较小市镇，人们给这些市镇取了这样一些名字，比如法兰克福（在肯塔基州）、柏林（在威斯康星州）、威斯特伐利亚（在密歇根州）等。俄亥俄州也有法兰克福和柏林，还有德累斯顿、波茨坦、斯特拉斯堡，以及其他取德国式名字的小城镇，当然也包括德国城。一个世纪之前，在宾夕法尼亚就建起了一个德国城，现在伊利诺伊州、威斯康星州、肯塔基州及田纳西州又分别有一个德国城。而在美国东部地区，譬如俄亥俄州，一些更加虔诚的教派给他们的城镇取了《圣经》中的名字，比如伯利恒、拿撒勒和迦南。有时，某一特定城镇的居民都来自德国某一特定的地区。比如，肯塔基州的法兰克福就是由来自德国法兰克福的移民所创建的，格兰德艾兰最初则是由来自德意志帝国的石勒苏益格–荷尔斯泰因地区的移民创建的。

密西西比河以及和它通航的水路，给去美国中西部以北地带的人提供了方便的交通。好多德国人从法国的港口城市勒阿弗尔上船，而此港是为了从新奥尔良进口棉花而建。为运载棉花而开通的水上航线，被德国人用作交通要道。不仅穿越大西洋时可以这样干，就是在美国国内流动，这个办法也行得通。请看，那些抵达新奥尔良的德国人，不久就转乘美国内河上的空棉花船北上。这些船在密西西比河上把北部河谷地区所产的棉花运到奥尔良，回程时舱位空出，正好让德国人借光。其他人则假道北路，由美国东部港口城市乘船进入五大湖，再来到这一地区，也有些人是乘火车来的。

18世纪德裔移民刚来时集中在宾夕法尼亚，之后从北到南散居在沿着阿巴拉契亚山麓的狭长地带上。而到了19世纪中期，情况就不同了，一半以上在德国出生的美籍德国人迁到了密西西比河和俄亥俄河的上游谷地，集中在俄亥俄、伊利诺伊、威斯康星和密苏里这4个州。迟至1900年，情况依然未变，因为当时全美共有250万左右的德裔是在德国出生的，其中仍有约100万人住在这一带。而当时美国有德意志血统的居民人口（在德国出生的和在美国出生的加在一起）共约800万。

在移居美国西北部太平洋沿岸地区的过程中，德国人也是先锋队的一部分。今天在俄勒冈州，估计有1/4的人口拥有德意志血统。在1857年，德裔人在加利福尼亚州靠近洛杉矶的地方建立了阿纳海姆城。他们在那里种植柑橘，这种果树长期以来都是该地的主要作物。

不管是在农村还是在都市，德国人“集居”一处的方式使他们世代保留着自己的语言和文化。这一点时常表现在民居和文化的孤立上。在19世纪的密尔沃基市，德裔居住区“和当地的居民或爱尔兰人只保持着最低限度的接触”。布法罗和纽约两市的德裔居民，与外界的隔绝程度更高。巴尔的摩的德国人同样也是“生活在他们自己的小天地里，切断了与周围环境的联系”。在辛辛那提，德国人聚居在一个名为“莱茵河上”的地区。密苏里州的赫尔曼镇（在圣路易斯附近）在当地被称为“小德国”，其街道名称都用德文书写。同样，在得克萨斯州，“德国人不大与美国老百姓交往”，他们彼此从远处观察对方，“都带着一种真诚的好奇心，时常夹杂着对彼此的蔑视”。

在19世纪中期，根据当时一个人的描述，美国各地的德裔居民区通常“总是变成纯粹德国人的小圈子，生死婚嫁皆与外界无交集，尽量不和盎格鲁裔美国人交往”。当时美国共有27家日报在15个城市用德文印刷，此外还有200多份德文出版物，仅辛辛那提一市就有4家德文报纸。

德文出版物的畅销一直延续到20世纪早期，当时共有49家月刊、433家周刊和70家日报为350万德文读者提供订阅服务。

除了语言之外，德意志文化的许多其他特点也被带到了美国。经过几代人的时间，德文慢慢消失，但美籍德国人的不少文化特征都演变成美国生活的一般特征。和圣诞树一样，牛肉香肠、汉堡包和啤酒已成为美国生活方式的必备之物。犹如其他许多具有种族特色的食物一样，热狗也是德裔人在美国的即兴之作（亦如华裔的炒杂碎和炒面），而不是从故土直接引入的。在19世纪的辛辛那提，沿街叫卖的德裔食品摊贩，把用牛肉熏制的香肠往长条面包当中一夹，就做出了后来风靡全美且脍炙人口的所谓“热狗”。麦片粥也是19世纪一位德裔人的杰作，虽说没有热狗那么流行，但也出现在很多家庭的餐桌上。

都市地区的德裔人在19世纪从德国随身带来了许多技术本领。他们从事各种各样的技术行业，其中包括木匠、面包师、铁匠、屠夫、鞋匠、印刷工、裁缝等。在19世纪中期的密尔沃基、圣路易斯、底特律、纽约、泽西城和波士顿等城市，半数或过半数受雇的德裔人是从事技术劳动的工人。另外还有相当多的人从事非体力劳动的营生。非熟练工人很少，在比例上连上述城市中爱尔兰裔非熟练工人的一半都不到。在19世纪中期的费城，打散工的德裔人只占14%，而同在费城的爱尔兰裔人却有1/2~2/3是靠做零活谋生的。

许多德国人带来了酿制啤酒的技能，德裔移民集中居住的地方恰好成了啤酒消费的广大市场。他们对美国人酿制的啤酒感到不满足。密尔沃基在19世纪中期大致有1/3的人口属德裔，他们创办的啤酒厂在19世纪40年代末开始出现。和其他新开张的企业一样，德国人的啤酒厂初创时在经费方面也遇到过困难。但到了19世纪60年代，德国人在密尔沃基办的啤酒厂中有好几家都闯出了成功的路子，知名品牌有柏斯特（Pabst）、施利茨（Schlitz）、布拉茨（Blatz）以及米勒。圣路易斯市及其周围地区也聚居着大批德国人，为另一家德国酿酒厂的创办提供了市场，它的老板是安海斯–布希，生产的是百威啤酒。

虽然在19世纪中期，美籍德国人经营的兴旺企业多属于满足德国移民社区特殊消费的生意，但是随着时间的推移，服务于美国一般大众的德国商号也开始崛起。这种情况的出现，有时是由于德国人特有的产品在社会上被推广开来（牛肉香肠和啤酒是两个显例），但更为常见的，还是因为德国人具备技术才干和管理能力，可以生产出大众所需要的东西。例如，1853年两个德国移民——一位名叫约翰·雅各布·鲍什（John Jacob Bausch），是个眼镜师；一位名叫亨利·洛姆（Henry Lomb），是个商人——合伙创办了博士伦光学仪器公司。这家公司最终成了世界上磨制镜片的最大生产厂家，它的镜片被广泛地应用于眼镜、照相机、显微镜、双筒望远镜，以及其他光学设备。另一位德国移民，约翰·奥古斯塔斯·罗布林（John Augustus Roebling），身怀工程建筑的绝技，在美国发明了缆索，并用这种缆索建起了世界上第一座长跨度吊桥，包括布鲁克林大桥。钢琴的制作是体现德国人把技术引入美国的另一个典型案例，标着斯坦威、柯纳比和施纳贝尔等美籍德国姓氏的这样一些名牌钢琴，至今仍能反映出这一点。

19世纪的德国移民及其后代，在美国的许多工业部门都曾是一流厂家的创始人。一位名叫弗雷德里克·威尔豪泽的德国移民，开始是个木材场的工人，后来发迹，建立了自己的木制品公司，直到今天它仍是同行业中最大的公司之一。一位第二代美籍德国人，名叫亨利·J.海因茨，从十几岁起就开始推销自家园子里种植的农产品。他后来建起了以自己的名字命名的食品公司，所出售的食品种类比公司原先的广告中所宣传的“57种”还要多。借助于德国人的技术和创业精神发展起来的各行各业，充分体现在如下这些厂家的响亮名字中，诸如斯图特贝克和克莱斯勒汽车公司、沃立舍管风琴公司、斯图本玻璃公司、沃纳梅克百货商店、经营石油和其他业务的洛克菲勒集团等。这些人都不是由德国商业大亨摇身变成美国商业大亨的，而一般都是从小本经营起步，是美国给他们提供了施展才能的机会。

德国移民推动的最重大的社会变化之一，就是在美国推广了各式各样天真活泼而且适合整个家庭在公开场合开展的娱乐活动。音乐演奏、野餐、跳舞、打牌、游泳、玩保龄球，以及诸如此类美国人闲暇时爱从事的有益身心健康的文体活动，现在大家都习以为常了。实际上，这些活动都是德国移民在 19 世纪带过来并推广开来的。德国人还组织了军乐队、交响乐团和各种各样的合唱团。

在 19 世纪以前，世世代代的美国人，包括世世代代的美籍德国人在内，都从清教徒的观念出发，对有组织的娱乐活动持怀疑态度，认为在星期天参加这些活动是不道德的。逛酒吧、玩游戏以及其他形式的消遣活动，在他们看来（至少在理论上）是道德败坏者和无赖之徒才干的下流勾当。但是，19 世纪德裔人每逢星期天就会在花园里消遣，全家人围坐在一起，一边听音乐，一边品尝啤酒和椒盐饼干，这和美国式的酒吧大相径庭。游行、表演、在体育馆里锻炼等，被德国人看作任何时候都可以开展的活动，有益身心健康。德国人爱好的这些活动，起初曾引起美国人的惊愕和怀疑。但到后来，德国人的这些“热闹但却有秩序”的活动，“开心而无害的消遣”，使得一般美国人改变了看法。结果，社会上对娱乐活动的清规戒律逐步放宽，越来越多的人开始接受并参与其中，甚至星期天也不例外。1883 年有人曾写道：

> 德国人有个观念，那就是玩个痛快是件大好事。这个观念已在美国人的脑子里扎根。30 年前，在体面人当中，大家普遍认为跳舞、结伴游玩以及表演等是有伤风化的举止，但是现在，除了日耳曼移民尚未涉足的穷乡僻壤之外，谁也没有这种感觉了。

德国人在音乐和体育活动方面，不但在美国开风气之先，而且在这些活动普及开来之后很久，他们在这些领域仍旧人才辈出。也许不无意义的是，为美国获得第一块奥运会（20世纪20年代举行）游泳金牌的约翰尼·韦斯穆勒（Johnny Weissmuler），就是德裔人。他后来因在银幕上扮演人猿泰山而声名远播。第一位游过英吉利海峡的妇女也是德裔人，名叫格特鲁德·埃德尔。没错，这些成就虽然是德裔人在后来获得的，但也应算作19世纪德国人带到美国来的悠久传统的产物。日耳曼传统还造就了许多杰出的音乐家，其中有沃尔特·达姆罗施、布鲁诺·瓦尔特以及著名的进行曲作曲家约翰·菲利浦·苏萨。德国人擅长制作乐器，尤其是钢琴。

教育是德国人做出重大贡献的又一个领域。美国教育机构的形成有他们的一份功劳，幼儿园和大学皆由日耳曼人首创于欧洲，德意志移民在美国办起了第一批幼儿园。他们于1855年在威斯康星州的一个小镇上设立的那所幼儿园，被视为美国历史上的第一家幼儿园。在1873年，圣路易斯市在美国历史上首次把幼儿教育纳入该地区的公立教育体系。圣路易斯是德国人“集居”的一个中心地区，该地早期的幼儿教师几乎全是德裔人。德国人还曾卖力地在美国学校里推广体育课程和职业教育。

路德教德裔人和天主教德裔人都曾在19世纪的美国建立了自己的教区学校，其他德国人则创办了自己的私立学校。在那个时代，普及教育的观念还远没有被人们接受，所以，德国人的这些开拓性工作实在难能可贵。甚至在公立教育体系出现之后，德国人办的学校通常也是较好的。尽管德裔农民（和其他农民一样）有时觉得“书本知识”派不上用场，但德裔人作为一个整体，是最重视教育的种族之一。

在19世纪，马克西米利安·贝立兹教授创立了一系列独特的语言学校。此人于1869年移民来美，身上没多少钱。1878年，他开办了自己的第一所语言学校。他教授语言的方法是如此成功，以至于很快全美各地就建立起以他的名字命名的“贝立兹学校”，这种学校后来在世界各地开办了好几百所。

德国人是组织者。不管是什么地方协会、保龄球俱乐部、工会、企业、合唱团、乐团、学校、剧团，还是教堂活动，他们样样都组织得很好。他们组织过一个名为“特纳协会”的体育俱乐部，分支遍及全美，强调竞赛精神、爱国思想和智力发展。但是，德国人却很少去搞什么政治组织，政治从未使美籍德国人陶醉过。在19世纪20年代“一无所知党”大行其道时，德裔人曾是美国本土人攻击的对象之一。但这种攻击的矛头主要集中在爱尔兰人身上，而且这段历史插曲所持续的时间相对来说也很短。德国人对禁酒的法律和运动，向来是竭力反对的，在这一点上他们和爱尔兰人形成了统一战线。他们也不赞成禁止许多正当娱乐活动的所谓主日“蓝法”。但是，除了这些问题之外，德国人并不怎么涉足政治，至少可以肯定地说，不如爱尔兰人涉足那么深，二者的成就也不可同日而语。

早期的德意志移民几乎是清一色的新教徒，部分原因在于，英国政府阻止德意志的天主教徒移居其北美殖民地。在19世纪，德国移民队伍中的新教徒和天主教徒在数量上旗鼓相当。当时大多数的美籍德国人，不是天主教徒就是路德派教徒。定居在美国东部海岸各州的德国路德派信徒是早期移民的子孙，经过多少世代之后，他们采纳了美国各教派的观念和做法。然而，对于在19世纪刚从德国萨克森一带来美并定居在中西部德裔集中地区的那些更加正统的路德派分子来说，这些观念和做法是难以接受的。所以，这批德国路德派信徒便创立了自己的“密苏里教规会议”，在教义上持更为保守的观点。

德裔天主教徒时常与爱尔兰裔天主教徒发生冲突，后者日渐取得了美国天主教的领导权。爱尔兰人自视比德国人更加美国化，因而有正当理由去掌控天主教会，以使德国人在文化上进一步融入美国社会。而德国人则认为自己在教育程度上高于爱尔兰人，因而对于自己的教区“被一帮爱尔兰蠢汉掌控”感到愤愤不平。最终，教皇本人不得不进行干预，以平息冲突。后来，德裔、波兰裔和其他种族的天主教徒，开始任用本族的人担任教堂和学校的牧师及修女。

19世纪德国移民中有不少人是德国犹太人。他们时常和其他德裔人住在一起，视自己为“信奉犹太教的德国人”，而不像其后从东欧其他地方来的犹太人那样，认为自己是一个完全分离的种族。他们既不讲希伯来语，也不讲意第绪语，而讲德语。他们对德国文化引以为豪，参加受过教育的德国人的社交生活。虽说他们许多人之所以移民来美，也是为了逃避靠维也纳会议而复辟的德意志贵族政权所实施的反犹太主义政策，但住在德意志各邦的犹太人所遭受的苦难，远远比不上在其他地方那样深重，一直到希特勒和纳粹年代，这是千真万确的。在美国，德国犹太人社会是在德裔移民社区内部蓬勃发展起来的，美国第一所犹太教会学校就在德裔人集中的辛辛那提市。在"一战"期间，美籍犹太人的报纸是如此亲德，以至于美国政府在战时那种反德情绪的支配下，曾对之提起公诉。

18 世纪和 19 世纪的美籍德国人，还有一点是大家公认的，那就是他们能在边疆和靠近边疆的居住区内，和经常碰到的印第安人相处得不错。德国人在南部定居的很少，当上奴隶主的就更少了。在美国南部，凡有大批德国人和苏格兰－爱尔兰人落户的地方——最明显的是皮埃蒙特大区，黑人受到的压制，不管是解放奴隶之前还是之后，都不如其他地方那么厉害。此外，南北战争前美国南部地区少数几家反对奴隶制度的报纸也都集中在这一带。在北方，德国人是奴隶制度的强烈反对者。诚然，大部分德国人直到 19 世纪 40 年代初仍是民主党的选民，但在 19 世纪 50 年代当蓄奴成了热门的政治话题时，他们就站到了刚成立的共和党一边。密苏里州住着大批德裔人，正是他们的阻挠才使该州在南北战争爆发时未能加入南方邦联。

南北战争爆发后，南北双方都有德裔人参战，这是因为他们的家在那里。不过，多数德国人是住在北方的。然而，德裔人对南北战争的支持，是不能仅以地域和征兵量来衡量的。甚至在征兵开始之前，宾夕法尼亚州就有 4 000 名德裔子弟自愿请缨加入北方部队，纽约州亦有 6 000 名德裔男儿起而应之。德裔士兵整团整团地组建起来，命令也用德文下达。大约共有 30 万美籍德国人加入了北方部队，有 500 多名北方部队军官是在德国出生的，其中包括 9 名少将和若干准将。

南北战争时期名声最大的美籍德国人当数卡尔·舒尔茨（Carl Schurz）。此人是所谓的“1848 年逃亡分子”之一。这批人为数不多，但皆非等闲之辈。他们在那场想把德意志变成统一的共和国的 1848 年革命流产之后，沦为海外难民，他们观点开明，激进而民主。这批人及其民主观点在 19 世纪中期的美国是有争议的。在美国南北战争之前，卡尔·舒尔茨就竭力宣扬废奴，他和其他“1848 年逃亡分子”当时还号召美籍德国人在政治上支持亚伯拉罕·林肯，南北战争打响后又号召他们应征入伍。舒尔茨后来成为联邦军队的一名将军，在战后的重建时期，他又写了一份著名的关于南方状况的调查报告。虽然舒尔茨是受安德鲁·约翰逊总统的委派赴南方调查的，但当他的报告写好之后，约翰逊总统却试图把该报告打入冷宫，因为他认为其太有利于黑人而不利于南方的白人。然而，总统的这种做法反而使这一报告名垂青史。舒尔茨在战后的活动还包括创办圣路易斯的一家德文报纸，出任美国参议院议员（代表密苏里州）。后来他还当过内政部长，在任内曾敦促美国人以更加人道的方式对待印第安人。之后，他还当过《纽约晚邮报》和《哈泼斯周刊》的编辑。

德裔人在政界从未像他们在工业、科学和音乐方面那样人才辈出。不过在 19 世纪，也有几位德裔政治家颇具名气。除卡尔·舒尔茨之外，彼得·奥尔特盖尔德曾当选伊利诺伊州州长，这是在外国出生的人破天荒地首次出任州长一职。奥尔特盖尔德来美国时没受过什么教育，从做劳工开始，但后来他自学法律成才，当上了法官，并写了一本论证刑法对穷人不够公正的书。作为州长，他后来因亲劳工和赦免草场炸弹案的罪犯（他认为是冤案）而出名。赦免犯人一事断送了他的政治生涯。

19 世纪首屈一指的政治漫画大师，是一位名叫托马斯·纳斯特（Thomas Nast）的美籍德国艺术家。他在南北战争期间创作的亲联邦政府的漫画，曾受到林肯总统的赏识。代表民主党和共和党的大象和驴子的形象，就是出自他的手笔。今天我们看到的那个胖乎乎、白发苍苍的圣诞老人，也是他的作品。最使纳斯特闻名遐迩的，还是他讽刺坦慕尼协会贪污腐败的大头目特威德所塑造的滑稽形象。特威德认为，对他来说，这些漫画比攻击他的那些报纸社论更加危险，“报纸上怎么说，我根本不在乎，因为我的选民斗大的字不识几个，但糟糕的是，他们能看懂漫画”。后来，逃到西班牙的特威德终于被抓获归案，就是因为有个人根据漫画形象认出了他，纳斯特所刻画的特威德那一伙恶棍的嘴脸是如何广为人知的，由此可见一斑。

德裔人对美国的科学和医学一向颇有建树，发明也多。德国的药学家有独到的本领，因为他们受过化学知识的教育。今天众所周知的默克药物公司当初就是由德裔人创办的。有个名叫查尔斯·P.斯坦因梅茨的德国移民，是个腿部有残疾的人，身高不到一米二。正是他以其科学天赋改造了美国的电器工业，因为通用电气公司就是围绕着他和他的许多获得专利的发明创造，才得以建立和发展起来的。

20世纪的美籍德国人

20世纪初期，美籍德国人的处境是令人羡慕的。大体来说，他们都过着体面的生活，在一定程度上已被社会接受和敬重，因为他们进一步地美国化了，他们的文化中也有许多东西被其他美国人所接纳。牛肉香肠、德式巧克力饼、啤酒、幼儿园、体育馆和大学，当时都已成了美国社会结构与民生的一部分，美国学校里也在广泛地教授德语。然而当第一次世界大战爆发时，席卷全美的反德情绪却粗暴地使这些良好的发展趋势产生了变化。

甚至在1917年美国作为交战一方直接介入“一战”之前，美国就被洪水般的反德宣传淹没，特别是来自英国的宣传，因为英国具备语言优势，可以用美国多数人听得懂的英文来阐明自己的观点。美国人的反德情绪，不仅局限于厌恶德国本身，而且殃及日耳曼文化和美籍德国人，因为不少美籍德国人同情自己在欧洲的故国。德国书籍从图书馆的书架上被撤下，德语教学在公立中学里被取消，读者和广告商抵制德文报纸，连门德尔松和瓦格纳创作的《婚礼进行曲》也从结婚仪式的节目单上被划掉了。所有的德国人都被称为“匈奴人”

（虽然匈奴人实际上并不属于日耳曼民族）。伍德罗·威尔逊总统曾轻蔑地说，那些“带连字符的美国人”可能是“身在曹营心在汉”。这句话影响到美国的许多种族，以至于他们对于用连字符称呼他们的做法一直耿耿于怀。

美籍德国人对这些攻击采取了许多回应的办法。有些人坚称自己忠于美国；有些人改名换姓；有些美籍德国人的组织，从其名称上抹去了与德国的联系。例如，凡名称中带有“德裔”字样的银行，都把这两个字改成了“北美”。纽约的“日耳曼尼亚人寿保险公司”改名为“卫士人寿保险公司”。美籍德国人办的报纸逐渐销声匿迹。

当美国加入“一战”与德国交锋时，事实证明美籍德国人并不是“身在曹营心在汉”。千千万万的德裔子弟加入美军与德军作战，并且指挥美军的约翰·J.潘兴将军（John J. Pershing）就是德裔人，其族姓的德文拼写为Pfoerschin，也就是英文化后的Pershing。

20世纪早期，美籍德国人慢慢地被美国社会同化，其速度后来更有所加快。根据来自全美各地的统计资料，在20世纪20年代之前，多数德裔人会和本族人结婚。1908—1912年，纽约市的德裔人有2/3以上是和本族人结婚的，在同时期的威斯康星州，有略多于4/5的德裔人是和本族人结婚的，在这一时期的内布拉斯加州，情况也大体相同。这并非由其他种族的人少造成的，在纽约市，德裔人只占人口的10%。20世纪20年代之后，异族通婚的比例开始升高，所以，在内布拉斯加、威斯康星和纽约这三个州，只有3/5的德国人和本族人结婚，纽黑文市到1930年时德裔人的婚配状况也是如此。但在其他地方，大多数德国人和本族人结婚的情形却一直保持到20世纪60年代。就全美来说，到1969年就只有大约1/3的德裔男子娶德裔女子为妻了。

20世纪有一个美国人可谓家喻户晓，但却很少有人会想到他是德裔人，尽管他是在一个主要讲德语的家庭里长大的。这家伙小时候是个调皮鬼，到处闯祸，父母只好把他交给一家天主教会办的收容孤儿和无可救药者的教养所。在这里，他在几年时间内就成了一名职业棒球运动员。他这时仍然是个年幼无知的孩子，队友管他叫“娃娃”，他的真实姓名是乔治·赫曼·鲁斯。作为波士顿红袜棒球队的左撇子投球手，他曾让对手在美国棒球季度联赛中一分未得——这个纪录至今尚未被打破。但使其声名达到巅峰的，还是后来他加入纽约扬基队，与另一位德裔棒球运动员卢·格里格联手，组成令对手闻风丧胆的最佳击球手搭档之时。在一个季度联赛中，10次最高的安打率中有7次是鲁斯和格里格获得的，10次的总分最高跑垒中有6次是这两个人拿下的，而且是成绩最佳的6次。在那一代人中，这两个人击球得分与击球次数的比值，让任何人都望尘莫及。他们是20世纪20年代和30年代扬基队处在鼎盛时期的核心队员，而扬基队在他们二人加盟之前，从未赢得过锦标。

在其他美籍棒球明星中，最出名的是何纳斯·华格纳。他通常被视为棒球史上的最佳游击手。到1917年退役时，他一生当中在投球、跑垒和偷垒方面的成绩是当时任何人都不能企及的。不过，就参赛运动员的人数来看，德裔人却从未像爱尔兰裔人在这个地区或黑人在另一个地区那样主宰着整个棒球运动。德裔人擅长的是竞技运动项目，尤其是游泳。

具有德国血统的美国人，不断地在政界跃居显赫的位置，但是人数不多，也不具有种族的代表性。赫伯特·胡佛是第一位具有德国血统的美国总统，离我们的时代最近的德怀特·D.艾森豪威尔是第二位。德裔参议员威廉·E.波拉因反对伍德罗·威尔逊总统在“一战”后推行的外交政策而闻名于世，另一位德裔参议员老罗伯特·F.瓦格纳在1935年通过的基本劳工法案——《瓦格纳法案》——上留下了自己的大名，他的儿子小罗伯特·E.瓦格纳因为当选纽约市市长而名噪一时。

随着希特勒和纳粹于20世纪30年代在德国的崛起，德国人掀起了向美国移居的新浪潮，其中包括某些世界上数一数二的学者、艺术家、科学家和作家。他们多是犹太人（最杰出的当推爱因斯坦），但是也有像托马斯·曼和保罗·蒂利希这样一些卓越的德国人，他们并没有犹太血统。还有一些人后来注定在美国成为出类拔萃之辈，其中之一就是那位名叫亨利·基辛格（Henry Kissinger）的德国犹太难民。在人类历史上，知识天才从一个国家转移到另一个国家，这可能是规模最大的一次。单是爱因斯坦一个人的转移，就具有重大的历史意义，正是他使得美国成为世界上获得核能的第一个国家。

正如1848年革命流产之后产生的难民一样，20世纪30年代的这批难民也是情系自由和民主的有识之士，给美籍德国人及整个美国社会带来了一股冲击力。和“一战”前那些德国移民不同的是，这批德国人来美时对德国已没有认同感，而且满怀着激烈的反纳粹情绪。不管是因为这一点还是别的什么缘由，美籍德国人在“二战”前夕并未像他们在“一战”开始时那样，表现出强烈的亲德情绪。一个亲纳粹的小团体——德裔美国人联盟——确实存在过，主要在纽约活动，但它代表不了作为整体的美籍德国人。

“二战”又在美国掀起了一股反德情绪，但其程度却远不及“一战”期间的反德情绪。再也没有人像伍德罗·威尔逊那样提出美籍德国人是否忠诚这样敏感的问题。和“一战”一样，这次指挥美军在欧洲登陆并打败德国的又是一位有德意志血统的将军——艾森豪威尔，他是宾夕法尼亚德国人的后裔。“二战”时美军还有其他许多高级军官是德裔人，包括海军上将尼米兹和空军上将卡尔·斯帕兹，后者执行了将德国城市变为废墟的轰炸任务。

今天的美籍德国人

经历过世世代代的同化之后，今天仍然向人口调查局承认自己属于德意志民族的人，究竟是否具有德国先民子孙的特征，是很难说的。无论如何，自认为是德裔人的美国公民，在1972年大致占美国总人口的13%，其收入比全美平均数高出11%。不像他们大多务农的先人那样，现在只有8%的德裔男子是农场主或农业工人。就平均年龄和受教育的程度而言，美籍德国人与全美平均水平几乎保持一致。

美籍德国人的真正历史，不在于他们为自己获得了什么，而在于他们对美国工业、科学、文化、军事实力和娱乐活动的发展所做出的贡献。因为有了美籍德国人的这么多贡献，由各种不同肤色和种族组成的美利坚民族，才成为一个与众不同的民族，而且是一个兴旺发达的民族。

第四章
犹太人

犹太人不是来自某一个国家或属于某一种文化，而是来自许多国家并分属不同的文化。到达北美殖民地的首批犹太人，是所谓的塞法迪犹太人，他们在此前许多个世纪的时间里一直寄居在西班牙和葡萄牙，其所处状况与后世美籍犹太人所来自的德国、俄国或东欧地区的状况比起来，是大不相同的。不管旁人怎样把他们混为一谈，这些犹太人实际上是属于不同群落的。他们至今也没有完全融为一体。

今天，绝大多数的美国犹太人都是1880—1920年从俄国、波兰以及其他东欧国家移民至美国的犹太人的后代。在那40年当中，曾有1/3的东欧犹太人迁到了美国。

尽管因寄居的国家不同而产生了文化上的断裂，甚至在宗教理论和实践上也存在着分歧，但是，犹太人不仅供奉古代以色列的同一始祖，分享宗教信仰和历史传统的共同内核，而且作为少数种族，不管寄居何处，都曾有过不同程度的长期遭到异族敌视的悲惨经历。其他种族是到美国才变成“少数”的，而犹太人在欧洲各国早就作为“少数”生活过几百年了。

故土

公元 70 年，当罗马帝国的军队占领巴勒斯坦时，古代犹太人就从自己的故土上被驱逐出来，从此开始流落异国他乡。多少世纪以来，犹太人一直散居欧洲各地乃至全球。

基督教在整个欧洲取代了多神信仰之后，犹太人成为欧洲大陆唯一不信奉基督教的民族，故所到之处皆成“局外人”。这就使犹太人在基督教狂热时期（比如十字军东征）或宗教大恐怖时期（比如中世纪时期不时发生的毁坏整个地区的灾祸）处于自身难保的境地。十字军穿过欧洲，向东讨伐穆斯林人，沿途时常停下来屠杀所在地区的犹太人，当地的暴徒也趁火打劫。当毁灭性的灾祸降临欧洲时，好多人认为那是上帝发怒的征兆，祈望通过把他们当中的犹太人赶尽杀绝来平息上帝的怒火。除了这些多少是由偏见和恐惧所引发的动机外，当时也有许多居心不良的人，企图借助消灭犹太民族以捞取物质利益，因为犹太人被视为他们经济上和宗教上的竞争对手或者债主，杀死债主及其合法继承人，就用不着还债了。在那个时代，极端无知的平民百姓容易被老奸巨猾的政界、经济界或宗教界的领导人操纵，反犹太情绪就是这些领导人挑起的。在多少个世纪里，犹太人周期性地遭到迫害、屠杀或大批地从欧洲各国被驱赶出境。

在这些历史惨剧的间歇，犹太人委曲求全，设法在不同文化、社会和经济环境的夹缝里寻求生存的机会。犹太人若想用武力来反抗，就无异于自取灭亡，因为在任何地方，他们在人数上都绝对是寡不敌众的。受外族欺压的爱尔兰人和意大利人，在其各自的国度里毕竟人多势众，可以组织零星的暴动或地下恐怖活动，以对付征服者。外侮造就了爱尔兰人和意大利人的斗争精神，但对于处境截然不同的犹太人来说，外侮却塑造了他们逆来顺受的心理，认为诉诸武力和暴行是徒劳的，在逆境中应当依靠自己的智慧、策略和韧性。当年犹太民族在自己的祖国巴勒斯坦也曾经是个勇武善战的民族，正如现代的以色列人民表现出来的那样。但在他们散居异国他乡的那些漫长的岁月里，情况并非如此。

从许多方面来看，犹太人的境遇在罗马帝国早期的几百年里，要比在帝国晚期衰落及中世纪欧洲兴起的时候好一些。早期的罗马帝国是个信奉多神论和多元化的庞然大物，在相对宽容的帝国内部，各种各样的种族和宗教群体能够和平共处，犹太人只是其中一分子而已。具有讽刺意味的是，给罗马帝国乃至整个西方文明注入一个重大褊狭因素的，正是犹太-基督教的神学思想。在古罗马，许多宗教派别为表示相互敬重而举行仪式或纪念活动是常见的事，但犹太人和基督徒谁也不参加这类活动。对他们来说，这样做就意味着“偶像崇拜”。二者也都曾因政治上的分裂态度和行为而遭到罗马帝国当局的惩罚，但这种惩罚并非后来盛行于中世纪和现代欧洲的那种宗教迫害。

基督教最终大获全胜，成了罗马帝国的国教。随之而来的宗教偏执就表现为强迫人们皈依基督教，惩罚异端分子和不承认基督教为唯一正确信仰的人。在罗马帝国后期的宗教争议中，基督徒之间相互残杀所造成的死亡人数，大大超过了帝国早期多神论时代因信仰而被处死的人数。犹太人也在这种宗教斗争的大批受害者之列。随着统一的基督教教义——罗马天主教——在西方被牢固地确立起来，犹太人在信仰上作为仅存的主要少数派，已经备受孤立了。有关“偶像崇拜”的神学观念，使基督徒不愿向多神论者做出妥协。同样的观念也使犹太人不愿向基督徒做出妥协，反之亦然。

犹太人在宗教上持不同见解，而且态度之严肃在那个时代实属罕见。问题还不止于此。因为他们是在自己的祖国被侵占之后沦落他乡的，到哪个国家他们都是异族，有自己的文化，讲不同的语言，穿不同的衣服，而且一般都住在单独的村社或城镇的一隅。一言以蔽之，他们是身上贴了标签的人，周围那些无知而迷信的居民无论陷入什么样的激情或恐惧，一遇到风吹草动，便自然而然地把犹太人当成攻击的靶子。更有甚者，通常被剥夺了拥有土地和进行其他许多经济活动权利的犹太人，往往以充当中间人为业，譬如小商人和放债者；而从事这种行业的人，几乎在普天下都不受欢迎。在中间人行当比较突出的有少数种族的地方——比如中国人在东南亚，东印度人在乌干达，或伊博人在尼日利亚，这个少数种族就会招致当地民众的痛恨。犹太人就是一个典型例子。

犹太人得到的些许保护，实际上是上流人士（贵族、国王和教皇）给予的。他们这样做，与其说是出于人道主义的考虑或正义感，不如说是为了自身的利益。因为犹太人身怀有用的技艺，而且通常很富有。在许多地方，他们干脆用金钱在当权人物的领地之内买下居住的特权。在统治集团内部，政治气候一旦发生变化，或遇上某个反复无常的当权者，犹太人花血本买来的安宁就随时都有可能结束。即使他们有好几代人在某个地方生活过，甚至时间跨度达几个世纪，犹太人也很少成为当地社会的一个有机组成部分。和当地人通婚的情形也非常罕见。

犹太人通常住在一起，但是在几个世纪内，伴随着基督教的兴起，他们是被迫这样做的。1266年波兰颁布了一项诏令，规定犹太人“不得寓居基督徒之中，而且须将其房舍建在州或镇之隔离出的一隅，互为毗邻”，而且这种隔离的角落“须以树篱、围墙或沟渠与基督徒的共同住地分隔开来”。不少国家都有诸如此类的规定，从而逐渐演化出传统的犹太人“集聚区”。集聚区四周筑起高墙，大门晚间上锁，这种情况延续了大约400年之久。

在欧洲的许多地方，犹太人离开其集聚区就无安全可言。根据各地存在的具体情况，他们也有可能在白天到集聚区之外谋生，有时还会找到赚钱多的工作，偶尔也能遇到荣耀的差事，但他们的个人生活和社交往来却都局限在集聚区之内。犹太人的社区是一个与世隔绝并自理其政的实体，有自己的文化、法律和税收。犹太人的文化及价值观念渗透到每个人的心灵深处，不管是住在意大利、波兰或法国，犹太人的身份永远是犹太人。在这些同种族繁衍的小天地里，遗传方面的恶果之一，就是身心方面具有先天性缺陷的犹太人特别多。

集聚区的生活方式排除了欧洲犹太人从事农业的可能性。他们在到达纽约及美国其他城市之前的好几百年里，就已经都市化了。犹太人在他们最受孤立的欧洲地区，基本上没有受到文艺复兴后现代思想潮流的熏陶，所以他们的文化依然是古老的乡土文化。从东欧大批移居美国的犹太人，就具有这样一种乡土文化背景。

犹太人在欧洲各地的孤岛上，相互之间也偶有联络。各群体都竭力保持着犹太传统，但基本上互不叨扰。这就不可避免地使缓慢发生变化的犹太教和犹太文化在形式上因地而异，从而为后来各个不同的犹太群体来美后产生宗教争议和纠纷埋下了种子。各式各样的迫害所造成的难民，使欧洲各地的犹太人建立了国际联系，由此形成了意第绪语，即一种夹杂着希伯来语和波兰语的德国方言。

欧洲犹太文化的典型特征之一，就是对知识的尊重和景仰。这里指的主要是宗教知识、有关犹太教法典的知识，以及对其意义和内涵的周密而细致的分析。母亲希望自己的女儿能嫁给有学问的人，穷点儿也没有关系。大多数移居美国的犹太人都没受过多少教育，许多人甚至是文盲，但他们却和教育结下了不解之缘。

犹太人中有很多是熟练工人，也有很多是小商贩、放债者，还有少数是大商人和银行家。在某些国家，犹太人当上了税务员或其他政府官员和顾问。和政府掌权人物结成的联盟，给某些犹太人或团体提供了保护，但同时也招致政府的敌人对他们的怨恨，一旦当权政府被推翻，犹太人也很容易成为攻击的对象。

欧洲犹太人的品德，有好多后来都在美国变成了道德规范，其中包括注重清洁整端、乐善好施以及极低的酗酒率。在私人家中安装自来水尚不为世人所知的时代，公共澡堂是犹太人建立的一项便民设施。热心慈善事业是欧洲犹太人历史悠久的宗教传统，甚至在贫困时期也是如此。所以，在美国那种富裕的环境中，大规模的慈善事业势必成为犹太人的关注重点。说来也怪，世人却总是认为犹太人个个都是吝啬鬼和守财奴！在欧洲的多数地区，在历史上多数的时间里，周围民众对犹太人的怨恨，使他们一直处在危险的境地，所以，炫耀财富，甚或显露出发家的迹象，对他们来说都是十分愚蠢的行为。又因为要随时准备好，一旦出事必须马上逃跑，所以犹太人如果用平时的积蓄来购置衣服和家具摆设之类不宜随身携带的大件物品，那是不明智的，明智的办法是将财富变换为金银首饰。和意大利人一样，犹太人吃饭时也喝酒，但很少喝多。喝得烂醉如泥，以至于大声喧哗或有鲁莽行为，这对于朝不保夕的欧洲犹太人来说，容易招致滔天大祸。

沧海桑田，时移俗易。当世界跨入近代后，对犹太人的诸多限制，有些就逐渐放松或被取消了。更加发达的商贸、工业和金融使得犹太人不再像封建社会时那样落伍了，同时也使他们在这些领域所具备的技术和经验显得更加宝贵。英国、法国和荷兰在 18 世纪先后赋予犹太人以政治权利。19 世纪初，其他欧洲国家也开始取消对犹太人的法律歧视。法国对犹太人的政策，随着拿破仑的征战而散播开来，解放了欧洲各地的犹太民族，但拿破仑最终被打败，使得不少地方的犹太人又陷入原来的困境，屠杀和驱赶再度发生。不过，犹太人的政治解放在欧洲各国的进展是不平衡的。1858 年，一个犹太人破天荒地当选为英国议会的议员，但是直到 1885 年，意大利的最后一个犹太人集聚区才被拆除。

凡是对犹太人的限制有所放松的地方，比如西欧，文化和血统方面就会呈现出同化的趋势，衣饰和发型上的区别也会逐渐消失。犹太人开始使用其所在国家的语言，并通晓它们的文学和哲学。犹太教本身更多地采纳了基督教的表面仪式，诸如在祈祷的地方放置风琴，有唱诗班，窗户上安装彩色玻璃，做礼拜的时间由星期六改为星期天等。

此种经过改革的犹太教发端于德国，该国在对待犹太人方面，在当时算是较为开明的一个国家。正统犹太教一直盛行于俄国和东欧，那里的犹太人仍处在与外界隔绝并备受限制的境况下。

在西方，明显具有犹太血统的个人，也可以以非犹太教徒的身份生活在基督教徒中间。这在19世纪有三个著名的例子，他们是本杰明·迪斯雷利、大卫·李嘉图和卡尔·马克思。前文提到过的第一位犹太教徒成为英国议会下院议员之事发生在1858年，而李嘉图早在1819年就进入议会了，迪斯雷利成为议员是在1837年。其实，李嘉图和迪斯雷利根本没有隐瞒自己的身份以“蒙混过关”，而是早就改信了基督教，他们是以基督教徒的身份参政的。同样，马克思也是一位皈依基督教的犹太人之子，受过路德派的洗礼，尽管他父母双方的家庭都信仰犹太教。马克思从不认为自己是犹太人，因为在谈到犹太人时他总是用第三人称。

甚至对那些坚守犹太教信仰的人来说，在较为开明的西欧，这样做也并不意味着他们与周围的人有什么隔膜或失去了国籍。他们可以被视为具有犹太教信仰的法国人、德国人或荷兰人。在东欧，坚持做一个犹太教徒，简直就成了一个异类，有与众不同的宗教崇拜和衣饰。简言之，西欧的犹太人和东欧的犹太人在19世纪大规模向美国移民时，二者之间存在着深刻的社会分歧，甚至还存在着宗教分歧。

赴美的犹太移民

塞法迪犹太人

第一批抵达北美殖民地的犹太人是所谓的塞法迪犹太人，他们有自己的一套宗教仪式（和欧洲其他地方的阿什肯纳兹犹太人的仪式有别）和在西班牙及葡萄牙长期生活的经历，这两个国家比起别的地方，一般来说对待犹太人要更友好一些。在西班牙、葡萄牙两国，犹太人并未被限制在集聚区，有的甚至是大地主、达官显要、银行家和工业家。犹太人主导着自由职业，虽然他们多属工匠、小店主、放债者之流。然而，伊比利亚半岛的犹太人在历史上也并未能完全避免其他地方发生的那种迫害和零星屠杀。在6世纪到8世纪西哥特人统治时期，犹太人的地位在几任国王统治下，曾翻来覆去地变化过好几次——有时被奉为上宾，在政府最高层左右逢源；有时则被撵下台，甚至被迫逃离国境。但是，后来的西班牙各王朝愿意为犹太人提供保护，同时利用他们管理政府机构的本领，并从他们的一般经济活动中受益。

第一批犹太人来到美洲殖民地，是由哥伦布发现新大陆所引发的一系列事件导致的结果。比起欧洲其他地方的同胞，散居西班牙的犹太人多个世纪以来一直生活在相当宽容和繁荣的环境里，但是在1492年，王室颁布的一纸诏书突然将他们逐出国门。在这次大驱赶的背后，有着复杂的政治内幕。离开的犹太人各奔东西，有的人登上了赛维利亚港口的船，当时哥伦布正率领船队从他们身边扬帆而过，去寻找通向印度的航线。那些为了逃脱迫害而皈依基督教的人，有的就成了哥伦布的船员。资助哥伦布探险的基金，有一部分确实是政府从被驱逐的犹太人那里没收来的。既然当初曾经被迫拿出钱来作为发现美洲的经费，日后在美国定居的犹太人比在世界其他任何国家的都多，甚至超过以色列，也恐怕是理所当然的！

许多被驱逐的犹太人首先在邻近的葡萄牙安顿下来，另一些人则去了荷兰或其他安全的地区。阿姆斯特丹的塞法迪犹太社区，曾助小小的荷兰一臂之力，使之成为国际商业和金融的强国之一。葡萄牙在耍尽各种手段把犹太人的钱财榨干之后，最终把他们一脚踢开。其他地方政治力量的变化，例如巴西从荷兰的殖民地变成了葡萄牙的殖民地，也迫使塞法迪犹太人继续迁移。

到了17世纪，英国在北美殖民地的政策给犹太人提供的自由，超过了世界其他多数地方。北美的第一座犹太教堂于1695年在纽约建立起来。尽管塞法迪犹太人的钱财常常在他们抵达北美殖民地之际已经耗尽（或被没收），但他们那种赚钱的本领还在，到了美国照样能再富起来。在美国独立战争时，将

13 个殖民地的犹太人通通加起来，约有 2 000 人，其中多属塞法迪教派，他们当时已很阔绰了，常常对美国的阿什肯纳兹犹太人摆出一副“排斥和傲慢的态度”。一个塞法迪犹太人与一个阿什肯纳兹犹太人结婚，往往要冒着被赶出家门的风险。虽然这两个犹太人群体的宗教仪式只在细枝末节上有所差别，但他们在荷兰和英国是泾渭分明的。尽管他们都信仰同一宗教，但千百年来因居住在不同国度而形成了社会差异。在当代，不管是在美国还是在以色列，塞法迪犹太人的平均智商都不如阿什肯纳兹犹太人。历史上，塞法迪犹太人从来不像其他犹太人那样擅长学术，但经商却是其拿手好戏。比起当代其他国家的犹太人来，塞法迪犹太人在这个赋予他们更多机会的世界上，是更讲求实惠的。

德国犹太人

在塞法迪犹太人进入美洲殖民地后不久，德国犹太人也来了。开始时他们只是零星陆续到达的，像一股涓涓小溪流入了已有的犹太人社区，并学会了塞法迪犹太人的祈祷仪式。随着他们到美人数的不断增多，这批德国犹太人另起炉灶，形成自己的社区，建立起奉行阿什肯纳兹礼仪——尤其是改革了的犹太教礼仪——的教堂。

后来（特别是 19 世纪时）到美的那批德国犹太人，不仅人地生疏，而且更贫困，他们缺乏文化上的适应能力，又来自德意志乡下的小城镇，没见过世面。他们与老一辈的塞法迪犹太人有很大的社会差别，那时后者在美国已站稳脚跟，生活也蒸蒸日上。

来自德国的犹太移民，极大地扩充了美国的犹太人社区，也改变了它的内部构成。1776 年，北美殖民地的犹太人不到 3 000 人，但到了 1820 年，这个数字就增加了 4~5 倍；到 1850 年，又在 1776 年的基础上增加了 10 倍；到 1880 年，犹太人口又在 1850 年的基础上增加了 10 倍，人口数超过了 50 万。其中大多是来自德国的犹太移民。

德国犹太人并不集中居住在少数社区，这既不同于比他们早来的塞法迪犹太人，亦不同于比他们晚来的东欧犹太人。他们散居在美国各地，作为零售商和专业人员分布在他们的服务对象——非犹太顾客中间。有些人在宾夕法尼亚州的农场附近安家落户，有的人在中西部定居下来，常常住在德裔社区，另外一些人则跟着大篷车向西部边疆进发。这批德国犹太人当中有个货郎，名叫李维·斯特劳斯，李维斯牛仔裤就是以他的名字命名的。

在农村和边疆地区，人们寂寞得发慌，来串乡的犹太货郎广受欢迎。这种体验和犹太人在欧洲的经历形成鲜明的对比。以前也曾有美国佬当货郎的，所以美国人习惯于从那些走街串巷送货上门的小商贩手中买些针线、梳子、剪刀一类的日用杂货。

德裔犹太货郎开始时一般都是背着个大货包徒步而行，后来才有买卖做得不错的人驾起了马车。有些货郎最后定居下来，在当地开店。许多犹太巨富都是在美国当货郎发家的，例如古根海姆家族、金贝尔家族和阿尔特曼家族等。

到19世纪中期，犹太人已被接纳为美国社会的一部分，而且大多是德国犹太人。到美国南北战争时，仅纽约一地就有50多座犹太教堂，还有不胜枚举的犹太人市民团体和慈善组织。德国犹太人不仅在自己的社区里表现积极，而且作为商人和银行家，也活跃于美国社会各界。著名的R. G.邓氏信贷评价机构，在1860年发现有374家犹太人的公司具有商业信誉，到了1870年，这样的犹太人公司达到了1 714家。许多犹太人后来果然大显身手，创办出像梅西百货公司和西尔斯–罗巴克百货公司这样一些价值连城的美国连锁百货公司，以及像《纽约时报》这样庞大的新闻机构。1840年有40%的德国犹太人家庭至少雇了一个佣人。犹太人中仍然当货郎的只占1%，而干体力活和做家佣的连1%都不到。

从某种意义上说，犹太人已在此时“到达”美国。从另外一种意义上说，即从数量上来看，他们尚未“到达”，因为真正大规模的来自东欧的犹太人移民潮是在19世纪80年代开始的，他们才是今天多数美国犹太人的祖先。

东欧犹太人

在 13 世纪和 14 世纪，波兰王室鼓励犹太人在其国土上定居，并颁发保护他们的特许状。犹太人成了欧洲地区的先进技术和知识传入波兰的载体。和当时身处其他地方的同胞相比，波兰的犹太人被赋予了更多的自由和社区自治权利，未被限制在集聚区，尽管他们根据犹太教法典的教导，通常仍住在一起。然而，几个世纪之后，犹太工匠和商人的家业逐渐壮大起来，这招致周围贫穷而不识字的波兰农民及其教会头目的憎恶和仇恨。犹太人充当政府的税务员或给地主收租，这更使他们成为当地民众的眼中钉。随着政治气候的变化，犹太人时而受到当局的保护，时而遭到当局的迫害。

在 18 世纪，有犹太人居住的欧洲地区大部分都被俄国人所占领，在此之前，俄国的犹太人寥寥无几，于是俄国人就在刚从波兰人手里夺取过来的那些地方，把犹太人禁锢在他们的居住区。叶卡捷琳娜二世在 1791 年辟出了一个名为“犹太人集居隔离区”的地带，并在周围竖起栅栏，几乎没有什么犹太人能获准走出“隔离区”。犹太人先前在波兰享受的许多权利，都被俄国人剥夺了。后来的历代沙皇，对犹太人的政策皆变化无常，有的沙皇感到犹太人的技术是可贵的，有的沙皇则担心犹太人在宗教和社会两方面与其他俄国人存在差别。19 世纪还曾有借助野蛮而残忍的办法来使犹太人“俄国化”的尝试——将 12 岁（或更幼小）的犹太男孩强行送到希腊东正教的学校里接受为期 6 年的训练，再把他们送到军队里服役 25 年（所有的俄国男性都必须这样做）。犹太人想尽一切办法逃避这种灾殃，甚至包括把自己的孩子弄成残废。为了对付犹太人的逃避，俄国人也使用同样严酷的手段，包括派出绑架者四处搜寻，随时捉拿碰见的犹太人子弟。此项法律在沙皇亚历山大二世时最终被废除，亚历山大二世还解放了奴隶。但是，由于这位沙皇在 1881 年遇刺，他的儿子又颁布了一套新的激烈反对犹太人的法律。

给这位新沙皇的反犹太主义政策火上加油的是，隔离区内各地普遍发生骚乱，当地农民杀害了大批犹太人。其后40年内有200万犹太人——占东欧犹太人的1/3——移居美国。在这40年里，离俄赴美的人当中有75%是犹太人，而到美的犹太人中正好也有75%的人来自俄国。除去从俄国直接去美国的人之外，还有不少犹太人为了逃难，首先在欧洲找个安全之地然后再赴美，他们一般都得到了美国犹太人慈善机构或在美亲人的帮助。

这批犹太移民绝大部分都在美国定居下来了。犹太移民返回故土的比例较其他任何一个大的移民群体都要低。19世纪俄国犹太人约有一半的男子和1/3的女子是识字的，这大大高出俄国总人口的平均识字率。犹太人的都市化程度也相当高，从事农业的人不到3%，经商的人占30%，从事采矿和制造业的占40%，专业人员占5%。几乎有半数俄国犹太人干的工作，与服装生产的某个环节有关。

移民高潮期

东欧犹太人大批来美始于19世纪80年代，在那10年之内，20多万犹太人移居美国。19世纪90年代又有30万人抵美，从世纪之交到“一战”的十几年内，大约有150万犹太人蜂拥而至。

从东欧来的大批犹太移民，潮水般涌入美国那些基本上由从德国来的犹太人组成的社区中。东欧犹太人还大量地“集居”在纽约市，尤其是曼哈顿东南端。犹太民族几千年来在世界上任何一个地方都没有像在这里结集的人数多。已经在美国牢固地扎下根基的德国犹太人，不仅对东欧来美犹太人的数量之大感到诧异，也对他们生活之寒酸感到不可思议。东欧犹太人不仅贫苦——多数人抵美时是穷光蛋，处境比任何其他移民种族都要惨，而且受教育程度很低（有一半人是文盲），比起老成干练的美国化德国犹太人来，举止也显得粗俗。东欧犹太人原来生活在穷乡僻壤，对于德国犹太人来说如数家珍的欧洲主流文化，他们连边儿也没沾上。东欧犹太人连外貌都与德国犹太人有区别：留着长鬓角，戴小圆帽，留胡子，穿老式的俄国服装，妇女顶着包头巾，一举一动都令人联想到德国犹太人早就摆脱了的昔日苦楚。正统犹太教的祈祷仪式仍完整地保留着古老的传统和做法，而德国改革派犹太教早就放弃了这一套陈旧的东西。东欧犹太人的语言，即意第绪语，是一种民间方言，受过教育的犹太人瞧不起它，他们要么使用英语，要么使用地道的希伯来语。

一句话，东欧犹太人使在美的德国犹太人感到十分丢脸。他们人数众多，举止粗俗，高度集居，十分惹眼，难免引起其他美国人的惊恐，并有可能诱发某种反犹太主义情绪，那将对已经悄然获得社会接纳的德国犹太人十分有害。德国犹太人控制的报界，对本族这些难兄难弟持公开的批评态度，说他们代表着“东方的古董”，讲话“嘟囔不清”，而且“衣着不整，爱咋呼，谈吐俗气”，他们的宗教也被称为“中世纪的正统”。有关东欧犹太人的花边新闻充斥着各报纸的版面，各种“失礼行为、夫妻不和、吵架骂街，每日必录”，成了德国犹太人茶余饭后的谈资。德国犹太人还造了一个新名词——“老K”，用它来称呼来自东欧的犹太人。

然而，不管怎么说，犹太民族的慈善传统还是压倒了这一切反感情绪。德国犹太人的各种组织竭力帮助来自东欧的犹太移民，并特别下功夫使他们美国化。为了给“闹市区”的犹太人提供服务，由“居民区”的犹太人出资建起学校、图书馆、医院和社区中心。即便是发展这些人道主义事业，也引起某种犹太人内部关系的紧张。举例说，即使在纽约西奈山医院的病员有90%的人是东欧犹太人时，该院仍拒绝聘用东欧犹太人医生。人民教堂（一个犹太教堂）的祈祷自始至终使用希伯来语和德语，意第绪语成了禁忌。当时曾有人写道：

> 在我们高贵的德国犹太人主持的那些慈善机构里，你可以看到漂亮的办公室和写字台，装潢得都很好，但你同时也可以看到一张张铁青和发怒的面孔，每一个穷汉都被当作犯人来审问，没人瞧得起他们；每个不幸者都感到无地自容，吓得两条腿直打哆嗦，犹如站在一位俄国官员面前。

一旦经济状况允许，东欧犹太人就办起了自己的慈善机构，该项事业始于19世纪80年代末。其中一家慈善机构宣称：在给穷人施舍钱财和面包时，应当承认大家都是一个始祖的子孙，不应以出生地的不同而人为地加以区分。

虽然纽约市用“居民区”（德国）犹太人和“闹市区”（俄国）犹太人这两个词把犹太人一分为二，可谓别出心裁，但这种用词所体现出的区别，却普遍存在于各地。在19世纪中期的芝加哥，德国犹太人认为波兰犹太人是“劣等阶层”。一位芝加哥犹太教教士，在呼吁人们为希伯来联合救济协会捐款时，悲叹道，芝加哥的犹太人“因家财、智力和社会区隔，因褊狭的嫉妒心理，甚至因宗教派系和歧见而闹得四分五裂”，并诘难世人，难道“仅仅因为那些新来的移民在波兰或俄国的土地上首次见到了世界的光明（或黑暗），就嫌他们贫穷，或者认为他们不配做以色列人吗”？尽管这种呼吁使东欧犹太人获得大笔施舍，但捐款的德国犹太人仍然“以怜悯的眼光来看待——当然也怀着善意，但亦夹杂着某种恩赐心理——来自波兰和俄国的同族教友”。像纽约一样，芝加哥的德国犹太人也以从东欧迁来的犹太人为施舍对象，办起了慈善机构。对此，东欧来的犹太人也是牢骚满腹，觉得德国犹太同胞对他们的态度不像话，于是办起了自己的慈善机构。

犹太移民“脸上仍然带着当年在俄国隔离区内被四处追缉时的神色”，很少有人敢跨出自己所在的街区。在和别人打交道时，他们“缺乏自信心和气度”，常常不敢与陌生人搭讪，甚至没胆量与不讲意第绪语的美国犹太人交谈。由于走路不敢抬头（所谓贫民窟的低头弯腰式），加上那副胆小怕事、逆来顺受的模样，他们自然就成了街头小混混捉弄的对象，后者故意奚落他们，骚扰他们，偶尔还拉起他们的长胡子闹着玩。这种任人宰割的态度，激发了德国犹太人对他们的愤慨，责怪他们不争气，让非犹太人以为犹太人都是懦夫。然而，一直在美国的安全环境里飞黄腾达的德国犹太人，从来也没有体验过东欧犹太移民遭受的那些令人发指的欺凌，不知个中滋味，而东欧犹太人对当年受到的欺凌却记忆犹新。

在东欧犹太人和德国犹太人之间，长期存在着“种姓般的区分”。例如，1940年在费城，上层犹太阶级“几乎仍然是清一色的德国人后裔”。在纽约，“居民区”犹太人很少与“闹市区”犹太人通婚。在芝加哥，俄国犹太人建立了“自己独立的社区生活”。来自各国的犹太人之间的通婚，“就像集聚区的犹太人和外部的非犹太人通婚一样，是极为罕见的”。

社会上有所谓犹太母亲保护子女太过分的说法，实际上这些犹太妇女都是从东欧来的。当初在东欧时，犹太人家庭的小孩一旦离开家门，父母就可能再也见不到了。如果人们知道这一背景，就不难理解为什么这些母亲总是热切地希望她们的孩子待在自己身边，抬眼就能看见。在东欧，甚至家住在树林边的犹太人小孩也很少去游泳、钓鱼，或到森林里去玩耍。千百年来形成的生活习惯，在美国一时很难改变。

在19世纪最后的25年里，随着东欧犹太移民的大批到来，美国也史无前例地形成了一股日趋强大的反犹太主义情绪。德国犹太人为此遭受了严重的打击，尽管他们当中许多人在经济上完全有资格加入上流的社交俱乐部，住进豪华旅馆，并享有其他利益或荣誉，但是因为他们的宗教信仰，因为他们有那么多同教同胞移民来美，而失去了这些权利。在日常生活的层面上，和过去那些招工告示曾写明专要“新教徒”以排斥爱尔兰人一样，现在的告示则写明只要“基督徒”。

经济状况

犹太移民涌入曼哈顿东南端的时间，恰值意大利移民浪潮也扑向该处，从而使这块弹丸之地变成了地球表面上最为拥挤的社区之一。在这里刚刚崭露头角的中产阶级居民（德国人和爱尔兰人）开始撤离，以让一贫如洗的新来者搬入。美国历史上这种后浪推前浪，发迹者远走高飞、落魄者继而进入的情况，发生过不止一次，各种族都有两方面的体会。到后来，纽约市总人口的1/6挤在这块占纽约面积1/82的土地上。到19世纪与20世纪之交，曼哈顿东南端平均每英亩[①]土地上住着700多人，其居住密度超过了孟买条件最恶劣的贫民窟。当时有人把这里描写成“纽约最刺眼的一角，是西半球最肮脏的一块地方”。不仅有时整个家庭都得挤在小小的居室之内，还要时常给陌生人提供食宿，以分担房租。即便如此，因付不出房租而被逐出者仍然大量存在，曼哈顿东南端两个司法管辖区仅一年就发生了10 000次房客被逐案件。政府曾打算颁布规定，要求每个新来的移民身上必须有25美元的现钞方可进入美国，消息一传开，马上在曼哈顿东南端的犹太社区引起一片惊慌和愤怒，此事颇能说明当时东欧来的犹太移民的经济状况。因为他们抵达美国时，身上的钱连这个数目的1/3都不到。

犹太移民一般都靠从事各种体力劳动谋生。有的人打零工，每天早上站在马路口，等着有人来雇他们去干当天的活，有技术的工匠则干自己的本行。这些移民找工作的范围，受到他们的宗教和社会习俗的限制。与在他们之前来的德国犹太人不同的是，东欧来的犹太移民无法到全美各地去闯荡，甚至在市区也迈不开步子。他们的正统宗教信仰使他们不能在工厂里工作，因为在那个时代，工厂星期六也要开工，而星期六是正统犹太教徒必须遵守的安息日。他们又因语言不通而难以在其他美国人当中工作和生活，正如他们必须吃按犹太教规烹制的清洁食物，必须去自己的教堂而难以与外族共处杂居一样。一句话，他们必须和其他犹太人在一起居住和工作，其程度大大超过了处在类似同化阶段的德国犹太人。德国犹太人在宗教和文化观念上，不像东欧犹太人那样自己束缚自己的手脚，也从未在纽约形成清一色的犹太人集居区。尽管穷，犹太人却很少去当佣人。1880年在纽约，大约半数的爱尔兰人和意大利人做的是伺候人的工作，甚至德国人中干这一行的也占21%，但在犹太人中只占4%。然而，犹太妇女在家也不清闲。家庭实际上就是工作场所，她们一般都从商人那里找活儿，而后拿到家里大家一起干，包括小孩子。这就是众所周知的曼哈顿东南

① 1英亩=4 046.856平方米。——编者注

端公寓里的“血汗工厂”，在每层楼上都可听到“缝纫机的脚踏板声”。

犹太人在东欧时多集中在服装行业，他们抵达美国时又恰逢大规模的成衣缝制业兴起之际。1880 年，美国男式服装属于成衣的尚不到一半。自家缝制或定做服装，在当时算是惯例，并存在着很大的估衣市场。然而，当艾赛克·M. 辛格推出他那制造完美精良的缝纫机之后，制衣行业一夜之间改变了。到 1885 年，纽约市有 241 家服装厂，其中有 234 家是犹太人开办的。老板大多是德国犹太人，雇用东欧来的犹太人当伙计。一代人之后，按照种族交替的老规矩，东欧来的犹太人“多年的媳妇熬成了婆”，当了这些服装厂的老板，反过来再雇意大利移民或其他种族移民当伙计。纽约后来一直是美国服装工业的中心，业主则大多是犹太人。1890 年，在美国工业界谋生的犹太人中约有半数是制衣工人。

尽管 19 世纪的家庭“血汗工厂”为当时的改革派人士及后世的历史学家所诟病，然而，它毕竟为不愿丢下孩子不管的犹太妇女提供了就业机会，也为那些不懂英文而且不愿离开自己的街区到外面谋生的人提供了一条活路。自然，它也有它的代价：工作时间长，地方拥挤，牺牲了孩子的求学机会，而且所有人拿到的工资，即使按当时的标准来看也很低。屡屡视此为“剥削”而对之大加指责的人，却忽视了这样一个事实，即雇用移民的那些“血汗工厂”的“二老板”本人也从早干到晚，而获取的只是蝇头小利。从本质上说，这是一个使广大美国老百姓能买得起崭新服装的产销制度。在“血汗工厂”干活的犹太人，按当时的物价水平计算，可以从所得中攒下相当的积蓄，从而为自己和子女打下日后发家的基础。鉴于他们后来的成功，谁要是说他们当初没有充分利用那可怜巴巴的机会，未免有无知妄说之嫌。

过半数的犹太移民都从事体力工作，或者“白领”工作，也包括不少使用手推车的小贩。1880—1915 年，纽约市的小贩人数增加了 75%，其中的多数又是犹太移民。犹太移民中一度有 10% 的人是小贩，虽然许多人后来在适应美国生活的过程中另谋高就去了。其他的“白领”工作还包括屠夫、面包师和杂货店老板。只有5%的犹太移民从事“高级白领”工作，而且迟至世纪之交的年代，也只有1%的犹太移民是专业人员。但就所有的犹太移民而言，有2/3的人是熟练的技术工人。

社会状况

尽管犹太人饱受贫困之苦，备受贫民窟生活的折磨，但他们那独特的文化和价值观念，却使得他们避免了某些长期性的后果。他们挤在容易失火的公寓里，很多人得过肺病，但很少有人酗酒；由于他们有讲究清洁卫生的传统，所以能免遭其他某些栖身贫民窟的种族遭遇的某些疾病的威胁。

就体型而言，东欧犹太人个头矮小。当时有人说他们“长得干瘪”，属“欧洲人中发育最不充分者”。这部分可能是因为他们长期生活贫苦，并且有轻体魄而重才智的传统；也可能是他们世代生活在小块土地上长期近亲繁衍的遗传后果。若果真如此，这也可以解释为什么后来在美国人口众多的犹太人社区里出生的东欧犹太人后裔就没有小个子了。

犹太人尽管在体质上有明显的不利之处，但他们的死亡率却比其他种族低，甚至低于居住在十分富裕地段的种族。不管是出于宗教传统，还是由于长期以来都生活在欧洲的都市地区，总之犹太人历来就重视整洁，这是他们死亡率低的原因之一。公共浴室是东欧犹太人的传统设施，到纽约后他们也盖了不少。到1897年，该市半数以上的公共浴室是犹太人的，而那时候，曼哈顿东南端的居民尚不知家用浴缸为何物。室内自来水或几家合用的抽水马桶，在那时算是新鲜事物，根本还未普及，千家万户用的仍是建在后院的厕所。

在如此艰难的条件下，犹太移民仍千方百计沿袭清洁卫生的传统。设身处地替他们着想，再和别的贫民窟居民加以比较，公正地说，他们能这样做，算得上难能可贵了，尽管当时的中产阶级人士曾在这一点上对他们颇有微词。因此，犹太人并没有像早先几十年各大城市的爱尔兰人那样，横遭流行霍乱的侵扰。当然，在一个住着25万劳苦大众却只有300个浴缸的地区，真要做到纤尘不染，又谈何容易。

犹太教关于烧饭做菜的清规戒律，也有助于保持清洁。德国犹太人为东欧犹太人开办的训练项目中，就专门列入了教导他们如何使用肥皂和水这一课，但是任何事物都是相对的。和城市贫民窟的其他人相比，犹太人的特点是更加健康和整洁。

同样，诸如肺病、性病以及父亲抛弃家庭这样一些可怕的灾祸，开始在曼哈顿东南端犹太人当中以惊人的速度蔓延开来，其程度之烈，是他们当初在欧洲较为稳定的环境中闻所未闻的，但若与贫民窟的其他人相比，仍然是小巫见大巫。犹太人也不像其他种族那样酗酒成风，醉酒闹事的犹太人在比例上算是美国最低的。

曼哈顿东南端的居民，仅占纽约市总人口的20%，但死于火灾的人数却占纽约市火灾死亡人数的40%。拥挤不堪的公寓住房使得火灾易于蔓延，密集的人口和堆积如山的家具——连过道里和太平门边都放得满满的——致使遇到紧急情况时连撤离和救援都无法进行。1908年的一项调查表明，曼哈顿东南端的居民家庭，一个房间住两人以下的不到1/10。一半以上的人家都是每个房间里睡三四个人，还有1/3以上的人家每个房间里睡5人或5人以上。

犹太人最突出的一点，还是他们对待教育的态度。尽管没几个东欧犹太人受过良好的教育——约有半数人甚至在抵美时一个字也不认识，他们却是一个千百年来一直敬畏学问的民族。一个有学问的人——哪怕是个受过良好教育的中学生——在其社区都备受青睐。在纽约，成年人也和儿童一样，都抓住免费的学校和公立图书馆的大好条件不放。1912年对俄国犹太人居住地段的公立图书馆所进行的一项调查表明，被借阅过的书籍有53%是非小说类，而馆藏小说中的大部分也都是像托尔斯泰、大仲马和狄更斯这样一些名家的作品。浅薄的畅销之作则无人问津，“搁在书架上，布满灰尘”。

住在这一地区的多数人都是体力劳动者（有技术，但干体力活儿），甚至那些被明确统计为“白领”阶层的人，也常常是使用手推车的小贩、屠夫、杂货店老板，或在其他一些书本知识根本派不上用场的行业中谋生。但他们不仅爱读书，还出席各式各样主旨与他们的日常生计毫不相干的报告会。有一位生逢其时的人后来感叹道：“你可以想象，当时我们身边多么需要一位像赫伯特·斯宾塞这样的人啊！”

犹太移民的子女也在“血汗工厂”或其他地方干活，但很少从早干到晚，因为他们的父母希望他们能受教育。在学校里，教员多是爱尔兰人，而很少是犹太人，而且教室里拥挤不堪。在19世纪80年代末，据估计在低年级，一个老师平均要教87个学生，即便如此，还有成千上万的适龄儿童因教室不够而被拒于校门之外。甚至在世纪之交的年代，60个学生挤在一间教室里、3个人坐在一个座位上的现象仍很普遍。而在19世纪中期，即爱尔兰移民潮时期，纽约市一个老师要教的学生更多。在曼哈顿东南端，不少学校的在校生有90%以上是犹太儿童。为了缓解校舍的拥挤状况，当局曾试图用汽车把犹太学生接送到曼哈顿西区爱尔兰人居住社区的学校就读，这引起了轩然大波，招致爱尔兰人的抗议，犹太人的报纸也就此发表了怒气冲冲的社论。该计划只好作罢。

不少老师在谈到曼哈顿东南端的犹太学生时赞不绝口，但也有些教员感到教这些学生“一般都很吃力”，并且发现他们“很多是来自不讲英文的家庭，礼貌和整洁也肯定是要打折扣的”。这当然在很大程度上取决于和谁来比较，如果拿曼哈顿东南端的犹太人与当时的中产阶级比较，或与其他贫民窟的居民比较，那么结论肯定不一样。一位对犹太人持同情态度的曼哈顿东南端的爱尔兰教员，写过关于该区犹太学童的故事，其中描绘了两种形象：这些学童有时竭力讨人喜欢，有时则是“一帮大声号叫的野小子”。故事的女主人公每天都教导她的学生如何注意个人修养和卫生，每提到使用肥皂和自来水时，总是“十分动情”。

不能把后世犹太人所取得的突出成就——特别是在思想理论界——简单地归功于第一代犹太移民。这些第一代犹太移民的子弟在学校里往往是差生。1910年的一项针对12个城市进行的调查表明，波兰犹太人的在校子女中有

2/3 的人未升到其他同龄儿童所在的年级。当然，在那个时代，人们通常在对自己的子女学业有成有把握时，才愿意供他们继续求学，但即使孩子出众，波兰犹太人也不会积极地送自己的子女去深造。1911 年的一项研究报告表明，在接受调查的 5 431 个俄国犹太人子女中，有 41%的人低于“正常”的同龄人教育水平。造成这种状况的部分原因，可能是他们入学太迟，因为纽约的学校太拥挤，每年都将大批适龄儿童拒之门外。然而，就算是 6 岁入学的俄国犹太人子女，也有 23%的人学业跟不上，这个比例和纽约市全部学区的留级生人数比例相仿，而纽约市几乎所有适龄儿童都被视为学校注册生。及至“一战”时，在美国陆军进行的智力测验中，俄裔（多属俄国犹太裔）士兵的得分，平均来看，低于其他任何族裔的士兵。有鉴于此，当时一位研究智力测验的权威公开宣称，这证明“那种认为犹太人智力超群的流行观念是站不住脚的”。一如许许多多的“专家鉴定”一样，这个结论后来也没有经得起时间的检验。

犹太移民的后代

美国犹太人的向上流动——跨越广泛的经济、思想、社会和政治领域——可谓史无前例又无与伦比。1897—1907 年，曼哈顿地区的犹太人中，当医生的人数从 450 人增加到 1 000 人，药剂师从 45 人增加到 115 人，牙科医生从 59 人增加到 350 人。这些还仅仅是纽约东区千百万犹太人当中的凤毛麟角，但却代表了某种总的趋势。如从更为广泛的角度来看，人们将发现，纽约的犹太人从事“高级白领”职业的比例，从1880 年的 5%上升到了 1905 年的 15%，而小贩人数减少了 75%。在波士顿，甚至是从体力活干起的犹太人，退休时仍是体力劳动者的也只占半数。犹太人向上流动的比例比其他种族高出一倍。20 世纪中期，犹太男性中有 20%的人是专业人员（比全美平均水平高出一倍），还有 35%的人是业主（业主只占美国总人口的 13%）。大部分犹太人是白领工人，而那时其他美国人却大部分仍然是蓝领工人。

随着经济地位的上升，犹太人也开始向其他居住地区扩散开来。年青一代的犹太人会讲英文（时常操两种语言），所以和残存在曼哈顿东南端的欧洲语言及文化的联系，就不那么紧密了。20世纪初，纽约地铁系统的建成，使从纽约的上城区——主要是哈莱姆和布朗克斯——到工作地点比以前方便多了。于是，这两个地区很快就住进了大批犹太人。更加美国化的犹太人也发现，迁居到美国其他地区并不像他们的父辈那样困难。纽约依然是东欧犹太人的居住中心。1892年有3/4的犹太人生活在曼哈顿东南端，但到1903年，就只有半数的犹太人还住在这一带了，而到1916年，住在这里的仅剩下23%。

到1930年，住在布鲁克林区的犹太人数超过了曼哈顿，而到1940年，布鲁克林区和布朗克斯区的犹太人数，分别都至少达到了曼哈顿的两倍。到20世纪50年代，在纽约市的5个区当中，只有斯塔滕岛区的犹太人在数量上少于曼哈顿这个昔日犹太人的大本营。芝加哥的犹太人分布情况也发生了类似的变化，该市西半部原来也是东欧犹太人的“集居”地。在这一带的贫民窟里，凡犹太人集居的地段，与周围比较起来，唯一的不同之处就是酒吧极少。1931年，芝加哥市的犹太人几乎仍有半数住在市区西部，但到了1958年，留在那儿的犹太人就只占6%了，大部分人都已搬迁到芝加哥较为富有的城北地区。

从全美来看，直到20世纪50年代以后，仍有过半数的犹太人住在美国的东北部地区，仅纽约市一地就居住着全美40%的犹太人。住在中西部和南部的犹太人数量有所下降，住在西部的犹太人却增加了不止一倍，住在西部太平洋沿岸的犹太人从1900年到1968年则增加了4倍，即从占全美犹太人数的3%上升到12%。

犹太人的崛起，不仅表现在经济收入较高这一个方面，也表现在受过更多的教育和具有更高的智商等方面。到20世纪中期，1/4以上的犹太男子受过4年或4年以上的高等教育，而全美人口中，具有同等学力的人却连10%都不到。犹太男子的收入要比全美男子的平均收入高出36%。各种研究都证明，犹太人的智商高出其他美国人。犹太人只占全美人口的3%，但在获得诺贝尔奖的所有美国人当中，犹太人后裔超过25%，犹太人在美国作家、科学家、电影制片人和百万富翁的行列中，也是出类拔萃的。曼哈顿东南端的犹太人中还出过不少知名的拳击手、表演家、工会领袖、记者，以及此种地段通常少不了的犯罪头目。范尼·布莱斯、杰克·本尼、马克斯兄弟、米尔倾·贝尔和丹尼·凯等人，是众多犹太喜剧演员中的佼佼者。犹太裔电影业巨子之中有塞缪尔·戈德温（Samuel Goldwyn）和路易斯·B.梅耶（Louis B. Mayer），米高梅（MGM）电影制片厂的名字缩写中，三个字母中有两个取自这二位的姓氏。其他的犹太裔电影业巨子还有大卫·塞尔兹尼克、华纳兄弟和威廉·福克斯。

纽约历史上两家最出名的报纸——其出名的方式截然不同——是由犹太人创办或发展起来的。《犹太前进报》是首家用长期遭世人蔑视的意第绪语方言出版的日报，曾经对纽约的东欧犹太人的生活产生过重大影响。其发行量从1900年的2万份增加到1918年的13万份，在几十年之内，它曾一直是世界上发行量最大的意第绪语报纸。《纽约时报》在1896年被阿道夫·奥克斯买下之后，变成了蜚声国际的新闻机构。有一半犹太人血统的约瑟夫·普利策，创办了《圣路易斯快报》和《纽约世界报》，并设立了普利策奖。

在艺术方面，雅莎·海菲兹和纳什·米尔斯坦都分别是他们那个时代首屈一指的小提琴演奏家，亚瑟·鲁宾斯坦是一流的古典派钢琴演奏家。乔治·格什文以其深厚的古典音乐功底，加之自幼生活在黑人中间，深受黑人音乐的熏陶，创造了一种独特的音乐形式。欧文·柏林和埃迪·坎特也来自曼哈顿东南端。

在科学和医学界，有建树的美裔犹太人当中最知名的当数爱因斯坦、罗伯特·奥本海默和乔纳斯·索尔克这样一些巨擘了。在经济学方面，米尔顿·弗里德曼、保罗·萨缪尔森和西蒙·库兹涅茨是诺贝尔奖得主；在作家当中，对美国文学界有贡献的犹太人可以列出一长串名单，莉莲·海尔曼、阿瑟·米勒、塞林格和索尔·贝娄等人不过是其中的几位罢了；在法学界，有大批犹太裔贫寒之士登堂入室，世谓“从衣衫褴褛始，到身披法官长袍终”，鼎鼎大名的布兰迪斯、法兰克福和卡多佐就是他们中的代表。

犹太人酷爱教育，很显然，对于很多功成名就的个人来说，这无疑是一个必不可少的重要因素。但是，如果认为犹太人在走出贫民窟之初，这个因素就起到了什么了不得的作用，便是夸大其词。东欧犹太人起飞的初始阶段在世纪之交开始显露端倪，而那时还没有犹太人的子女能从纽约市的公立中学毕业。1902 年，首批犹太人子女从纽约的一家公立中学里毕业。及至 1908 年，只有 16% 的犹太人子弟达到了中学毕业的水平，虽然这个比例大大高于爱尔兰人和意大利人，但它却难以解释为什么其余 84% 的犹太人也能展翅高飞。公立学校和公立图书馆对于加速东欧犹太人融入美国社会，无疑是十分重要的，而且帮助他们打开了许多本来无从进入的大门。但是，大多数犹太人在美国飞黄腾达，靠的并不是当学者或知识分子。即便那些腰缠万贯的电影业巨子，他们的一生与有文化教养的知识分子也根本搭不上边儿。相反，他们时常被看作“庸俗、粗野又蛮横”的人。

第一代犹太移民摆脱了贫民窟之后，就有资本将自己的子女送入高等学府深造，而且在比例上超过了其他美国人。但是，享受高等教育对大多数犹太人来说实为家底已经丰厚的结果，而非出于其他原因。对于传统上注重知识但暂时还没有足够的家赀选择其他大学的犹太人来说，纽约的免费市立学院可谓上上之选。然而，恰恰是在犹太人向上流动之后，这些学院里才充满了他们的子弟。这类学校中最有名气的是纽约市立学院，该院 20 世纪 20 年代毕业班的校友中只有 11% 的人是东欧犹太人的子弟。到 20 世纪 30 年代，他们占到该院应届毕业生的一半。在 20 世纪上半期，犹太毕业生多数是德国犹太人的后裔。在纽约的亨特学院，1906 年那一届毕业生中有 25% 的人是犹太人子弟，但多数是德国犹太人的后裔，东欧犹太人的后裔尚不到 10%。

很多犹太人还未到上大学的年龄，就已开始工作了。在 1880 年，38% 的纽约服装工人是不满20岁的犹太人。1914—1915年，纽约市给20岁以下的人发放工作许可证，其中有37%是被犹太人子弟拿走的。

犹太人在美国的成功，与他们还在东欧时就具备的技术、习惯和努力方向有密切的关系。犹太移民普遍身怀一技之长，虽然刚到美国时不名一文，但最终都闯出了一条生路。他们得以集中发挥自身技术优势的行业——服装业——消化了相当大的一部分犹太劳动力，并给后来许多犹太人成为独立业主打下了基础。犹太人尊重教育的悠久传统，激励着犹太人子弟求学的上进心，这种精神不仅对那些进入大学深造的少数尖子，而且对那些受过8年学校教育也有把握跻身当时的白领行列的人，还有那些好歹也因粗通笔墨而能在美国的社会里找个饭碗的人，都是有益的。相比之下，他们的父辈这时仍对美国感到格格不入。

在少数几个领域里，犹太人并不怎么成功，或者干脆说是失败的。这同样与他们抵美之前的传统和经历有关。和美国其他任何一个种族相比，称得上是最成功的犹太人，不管在美国什么地方，经营农业却都一败涂地。和其他移民一样，犹太人也一直受到改革派人士的鼓励，搬出拥挤的大城市，到乡下去务农。认为农村生活更适合东欧犹太人的，往往是城市里的德国犹太人。确有少数犹太人到乡下定居去了，但他们后来全部倾家荡产，这表明他们对务农确实一窍不通。在这种失败的背后，正如他们来美后在城市的许多行业里大获成功一样，都有他们在欧洲时世世代代生活在都市的历史因由。

特别是在来美的早期，东欧犹太人在政界和体坛产生影响的过程是缓慢的，这是他们在东欧时几无任何经验的两个领域。德国犹太人早在19世纪中期就在美国获取了某些政治经验，但是到20世纪初才有极少数东欧犹太人从政——通常是完全屈从于爱尔兰裔政客的下级职位。东欧犹太人“缺乏必要的经验和自信心，而最重要的，还是没有广交社会各界人士的本领”。爱尔兰人远比他们在行，也具备上述这些从政的素质（由他们在爱尔兰时的历史造就的），因而至少到“二战”时，他们一直操控着纽约市的政治，尽管当时纽约的犹太人口超过世界上其他任何一个城市。犹太人的政治思路往往强调意识形态和程序，早期倾向于社会主义，后来又转向自由主义；而爱尔兰人则更多地着眼于获得权力，并且确实干得很成功。即使后来犹太人在政坛上大展拳脚，其代表人物通常也主要是以推进他们那些有实质内容的项目或卓越的管理才能而著称，并非由于他们有什么个人魅力。

另一个对犹太人而言进展缓慢的领域是体育。这也反映出他们长期的传统是重视读书、下棋或演奏乐器，而不强调体育和消遣活动。当肖洛姆·阿莱汉姆说“最佳小提琴手总是犹太人”时，他未必绝对正确，但不可否认的是，在知名的小提琴演奏家当中，犹太人所占的比例高得出奇。但犹太人出身的运动健将就寥寥无几了。在拳击和棒球运动方面，爱尔兰人捷足先登，很快就占领了这两个阵地，叱咤风云达几十年之久，而第一批杰出的犹太裔拳击手到“一战”时才崭露头角。犹太裔棒球运动员直到20世纪20年代才打进主要的球队，当汉克·格林伯格于1933年加盟底特律老虎队时，仍然被视为新鲜事。此外，还有其他几个犹太裔棒球明星，例如艾尔·罗森和桑迪·柯法斯等，但与他们之前的爱尔兰人和德国人，或他们之后的黑人和拉丁美洲人相比较，犹太裔棒球运动员的人数还是很少的。

犹太人在美国的崛起，绝不是没有遇到过阻碍。美国的反犹太主义虽然从未达到欧洲那样的程度，但它仍然是阻止犹太人担任许多职位——包括在一流的银行和律师事务所里工作——的一个因素，也是他们成为许多大公司管理人员的绊脚石。在这一点上，他们再次得益于在欧洲世世代代作为少数种族的切身经历。他们长期以来惯于受到各种限制，知道这些障碍是可以克服或避开的。犹太人寻找或创造出属于自己的机会，而不是怨天尤人、自暴自弃，或为了改变别人而耗尽自己的精力。他们基本上开创了美国的成衣制造工业，取代了家庭缝制和向裁缝定做服装。从某种程度上说，他们发展了电影制片业，创造了意第绪语戏院和“甜菜汤旅馆”，以便犹太演员可以先在此登台亮相，再走上娱乐圈的大舞台。他们建起了自己的律师事务所和银行。由于“二战”

前一直被排斥在名牌大学的教授队伍之外，他们就尽可能地钻研学术，在政府供职，并形成了一个造诣极高的人才库，以至于许多大学最终发现，再不聘请他们去执教，将造成无法弥补的损失。

理解犹太人引人注目的崛起历程，有助于理解社会的总体进步。犹太人在美国是白手起家的，并没有诸如金钱或知识这样一些似乎是必备的条件（他们比其他移民更加贫困和无知），也不精于政治。社会也没有特别地“接受”他们，或给他们提供经济方面的机会。然而，犹太人内在的价值观念和传统精神，让他们在美国的经济环境里如鱼得水，其成功自不待言。他们不仅带来了特别的技术，也带来了千百年形塑的那种适合于城市工商业活动的生活方式。有时，犹太裔的工人看起来和别的工人没有什么两样，实则不然，他们中不少人是商人和学者的子孙。他们家庭过去的生计虽被俄国反犹太主义的政策破坏了，但他们仍保留着昔日成功所带来的经验、信心和主动精神。犹太人即使住在贫民窟时，他们的贫民窟也与众不同，酗酒、凶杀和意外死亡的比例普遍低于别的贫民窟，甚至低于所在城市的总体水平。和其他种族相比，犹太人子弟的逃学率和犯罪率都偏低，但（到20世纪30年代）智商得分却较高。与其他别的低收入种族相比，犹太人的婴儿死亡率较低，组织和社团却很多。选举国会议员时，低收入犹太人参加投票的比例，超出了高收入的新教徒和天主教徒。一句话，即使身居贫民窟，犹太人也具备中产阶级的社会模式和价值观念。尽管宣称贫民窟会改变人们价值观的著作可谓汗牛充栋，但犹太人一直保持着自己的价值观，他们把这种价值观带进了贫民窟，后来又带出了贫民窟。

简而言之，不管是从犹太人来看，还是从其他种族来看，或志得意满，或步履维艰，皆不单纯是以美国的国情可以解释清楚的。成功或受挫的许多原因，都可以追溯到他们自身很久以前的历史。

社会状况

格外重视家庭向来是美国犹太人的一大特点，尽管和其他美国人比起来，他们的家庭规模一直在急剧地缩小。和其他人不同的是，犹太人在其生命的某一时刻总会结婚，离婚的却不常见。在20世纪30年代，犹太人和异族通婚的比例为5%~9%。到了20世纪五六十年代，犹太人和异族通婚的比例因地而异，在纽约市大致为8%，在加利福尼亚州的马林县为37%，在艾奥瓦州则超过50%。虽然犹太人和异族通婚的比例在上升，但仍远远落在其他种族的后面。一般来说，凡在犹太人社区很小又靠近大量非犹太居民的地方，他们和异族通婚的比例就往往偏高。但亦不尽然，纽约的犹太人社区算是够大了，但他们和异族通婚的比例也在上升。无论如何，和其他从欧洲来的种族相比，犹太人和异族通婚的比例并不算高。

犹太人的家庭规模，已经随着时间的推移发生了显著的变化。在19世纪末20世纪初的那些年里，犹太人的家庭人口数一般比多数其他种族的家庭人口数要多。但到20世纪中期，犹太人的家庭就进入了规模最小者的行列。1910年，30多岁和40多岁的犹太妇女平均每人有5.3个孩子，相比之下，全美同年龄段的妇女平均每人却只有3.4个孩子。但是，比起黑人、爱尔兰人或意大利人，犹太人家庭的孩子较多，与长期处于高生育率状态的墨西哥人水平相当。到1969年，犹太妇女平均每个人生育的子女减少了一半多，即2.4个，低于此时全美的平均数3.4个。这样一来，犹太人口就出现了年长者众而年轻者寡的局面，以至于与其他任何一个少数种族相比，犹太老年人所占的比例都偏高。现在美国犹太人的平均年龄是46岁，比黑人、印第安人、波多黎各人或墨西哥人的平均年龄要高出一倍以上。这使得在高端行业中就业的犹太人显得特别多，因为这些行业都需要丰富的经验和知识。

尽管犹太人和异族通婚的比例较低，却向来与其他种族保持着和睦甚至是合作的关系。这种睦邻传统当然也是从欧洲带来的，在欧洲，不必要的敌意有可能危及犹太人自身的生存。在美国，犹太人和德国人及意大利人历来相处得很融洽，参与并资助过黑人民权组织。爱尔兰人和各种族都发生过冲突，当然也包括犹太人，但当别人不愿雇用爱尔兰裔工人时，犹太老板仍会雇用他们，尽管爱尔兰老板并不以同等的做法来回敬犹太人的好意。当黑人迁入他们的地段时，犹太人向来不怎么加以抵制，哈莱姆一带在20世纪初曾经是犹太人的地盘。

在政治上，犹太人历来倾向于接受，至少是附和“弱者”的观点，尽管他们自身在经济上早已不是弱者了。社会主义和自由主义构成了美国犹太人的两大政治主流。早期犹太移民的社会主义、无政府主义和工团主义观念，随着他们摆脱了工人阶级的身份而上升到中产阶级地位，也已让位于广义上的自由主义观念，尽管犹太人当中的偏激分子仍然特别多。早在19世纪，当共和党被认为比民主党更加开明时，犹太人属共和党，例如他们曾是林肯的支持者。他们到20世纪20年代都一直投共和党的票，伍德罗·威尔逊在1916年曾把他们拉到民主党一边。在1920年，有11位国会议员是犹太人，其中10位是共和党，1位是社会主义党。但在1922年，以民主党身份当选国会议员的犹太人超过了以共和党身份当选的犹太人，这在20世纪尚属首次。1940年，90%的美国犹太人投了民主党总统候选人富兰克林·罗斯福的票，1944年也是如此，1948年杜鲁门竞选时仍是如此。此后20年，投民主党总统候选人票的犹太人，在比例最低的1956年也占60%。犹太选民党派所属的变换，与两党对自由主义和保守主义的取舍恰好相吻合。对纽约犹太人的一项调查发现，75%的人是登记在册的民主党人，半数人自称属于“开明派”，只有不到25%的人自称属于“稳健派”。和犹太人属于相同收入档次的美国人，则大多倾向于保守观点，拥护共和党。这一点，仅凭犹太人在美国的经历——尤其是他们的经济地位已有显著提高——为依据，是难以理解的。但是，假如把目光投向犹太人千百年来着意照顾同族穷人的宗教传统，投向他们在欧洲各地作为备受迫害的少数种族的历史背景，问题就很容易得到解答。

犹太裔候选人时常能取悦于犹太选民，但因双方都是自由派人士，所以非犹太裔候选人也能取悦于犹太选民。休伯特·汉弗莱在1968年就比阿瑟·戈德堡争取到了更多的犹太人选票。在1962年，共和党人雅各布·贾维茨在犹太选民中的得票数也输给了一位爱尔兰裔的民主党候选人。

与犹太人的品行十分不相称的现象之一，就是20世纪上半叶出现的犹太帮歹徒。自公元70年之后的大规模疏散以来，任何形式的暴力行为对犹太人来说都是可憎的，尽管古代以色列也曾有伟大的勇士。拳击运动在英国兴起时，犹太人甚至不准本种族的拳击手死后葬在他们神圣的墓地里。大体上说来，纽约东南端的犹太社区算是太平的，坐班房或被监禁的犹太人很少。犹太人一般多是犯罪案件的受害者而非被告人。但在第二代犹太人当中，正如在其他移民种族之中一样，出现了一批强硬顽固的恶棍。在1909年，有3 000名犹太裔不肖子弟被押赴纽约的青少年法庭受审，其后，犹太裔成年歹徒就成了臭名昭著的犯罪分子，卖淫的事也出现了，这使纽约曼哈顿东南端犹太人社区的居民大惊失色，因为他们不管是在欧洲或在美国都看不惯这种丑恶现象。但在曼哈顿东南端的第二代犹太人当中，冒出了一批皮条客、小偷以及流氓和犯罪团伙的头目。到20世纪20年代，阿诺德·罗斯坦是“纽约黑社会的无上首领”。臭名昭著的“谋杀公司”是一个专门的杀手组织，其头目都是犹太恶少。在基本上由犹太人把持的纽约成衣制造业部门，在遇有罢工时，劳资双方都借用流氓的力量，这些流氓甚至摇身一变当上了公司和工会的领导人。

与犹太人子弟操守不相称的另外一个行业是拳击。在20世纪初期，本尼·伦纳德和巴尼·罗斯是两个家喻户晓的犹太裔拳击运动员。他们很多人在拳击场上使用爱尔兰人的姓名，因为后者已在拳击运动方面建立起巨大的声望。随着经济地位的提高，犹太裔拳击运动员也和犹太裔歹徒一样，逐渐销声匿迹。这两种都是玩命的行当，但凡有其他出路的人，皆不愿混迹其间。

对后来的美国犹太人来说，最惨不忍闻的事件发生在美国境外，那就是纳粹在德国的崛起和其后那场有600万犹太人惨遭不测的大屠杀。这场亘古未有的大屠戮，不仅手段之残忍及受害者数量之众实在骇人听闻，而且格外令人惊诧的是，它竟然发生在德国这个先进的现代国家。犹太人此前在德国的处境，向来比在欧洲其他地方要好些。也就是在一代人之前，即“一战”期间，美国的犹太人出版物一直帮德国讲话，以至于遭到美国政府的调查，并以在战时为敌国张目的罪名而被提起公诉。奥利弗·温德尔·霍姆斯提出的“明确而现存的危险”定罪原则，就是“一战”时在审理涉及犹太裔作者的案件——阿伯拉姆诉美国案和申克诉美国案——时提出来的。

既然连德国都会翻脸，向犹太人下此毒手，想赶尽杀绝，那犹太人怎能放松警惕而悄悄地与其他民众融为一体呢？做个犹太人已经不是人生的一个偶发事件了。持同化论观点的犹太人曾劝说同种族人变为“具有希伯来信仰的德国人”，这种简单化的尝试已经沦为可悲又可怕的笑柄，使世界各地的犹太人痛切地认识到，当务之急是加强犹太民族的认同感和凝聚力。纳粹对犹太人的种族灭绝政策，虽说是亘古未有的，却也向世人强烈展现了这样一种历史现象，即对犹太人是时而和解、时而排斥、时而庇护、时而驱赶。犹太人时而昌盛发达，时而惨遭屠杀。犹太人在西班牙、波兰和俄国，历史上都有过这种变幻莫测的遭遇。

一桩性质完全不同的事件——也发生在美国境外——使美国犹太人大大加强了种族认同意识，并深感欣慰，这就是现代以色列国家的建立。作为世世代代散居异国的民族，长期仰别人的鼻息过日子，犹太人终于再次有了自己的祖国。创立和捍卫新的以色列国家的勇武精神，有力地改变了犹太民族在“集居”区和篱笆墙内偷生时给世人留下的那副绝望而胆怯的可怜印象。曾在美国支持过许多本种族市民组织和全美犹太组织活动的犹太慈善机构，也向新的以色列伸出了援助之手。不少美国犹太人甚至到以色列去大显身手，从密尔沃基去的果尔达·梅厄夫人就是其中一个。

今天美国犹太人的认同感并非昔日旧世界那种犹太宗教意义上的认同感。大多数美国犹太人今天并不尊奉传统的犹太安息日，对参与犹太教会的活动也不算热心。他们的认同感带有种族的性质，尽管这种认同感从历史上来看脱胎于一种特定的宗教。

今天的美籍犹太人

犹太人的家庭收入比全美平均水平高出72%，在美国的种族当中算是最高的。没错，犹太人的平均年龄和受教育程度都偏高，但仅仅这两个因素还不足以造成如此之大的差别。即便不具备这两个因素的犹太人，平均所得也比别人要多。由受过4年或4年以上的高等教育且年龄在35~44岁的男子做家长的犹太家庭，其收入比全美平均水平高出75%。部分原因在于，犹太人不仅受到更多的教育，而且受到更好的教育，读的是高质量的大学，选的专业也多在博大精深的领域，比如法学、医学和科学等。由受过不满9年的教育且年龄在35~44岁的男子做家长的犹太家庭，其收入仍然高于其他种族条件相当的家庭。简而言之，这里存在着统计数据无法涵盖的素质和文化上的差别，这些差别也明显地影响犹太人的发展。第一代犹太移民家庭曾让妇女和孩子工作以增加收入，现在这种情形于犹太人家庭已不复存在。今天，不止一个人挣钱的犹太家庭，在比例上低于全美的一般家庭。甚至无人工作的犹太家庭，在收入上也高于其他无人工作的家庭。正如在其他方面积累起来的有利条件一样，犹太人从这种或那种投资中获得的收入显然要更高。

从某种意义上说，犹太人是美国成功故事的典型代表：在逆境中从一无所有到腰缠万贯。此外，一如那些在美国找到了自己祖籍国反而被剥夺机会的其他种族一样，犹太人是自豪而爱国的美国人。但是犹太人的历史远比美利坚合众国的历史要久，内容也更加丰富。在其他的时代和其他的地方，犹太人也曾登上财富和权势的顶峰，但皆被不可捉摸的反犹太主义狂潮毁灭。故此犹太人难以成为既存权力体制的安闲成员，不管他们拥有多少该权力体制的显赫标志。尽管很富有，但犹太人在政治上一般都偏左。激进派人士当中，犹太人特别多，虽然多数犹太人并非激进分子。正如一位杰出的学者观察到的，“100个犹太人当中，可能有5个人是激进分子。而在10个激进分子当中，则可能有5个犹太人”。

犹太人在支持自由派候选人方面，立下了汗马功劳，而不管这些候选者是不是犹太人。甚至当乔治·麦戈文在1972年的大选中被广大选民唾弃，只获得38%的民众选票时，他却赢得了65%的犹太人选票。作为罗马天主教的自由派人士，德里南神父在1970年竞选国会议员时，获得了64%的犹太人选票。相比之下，只有2%的犹太选民在1972年的大选中支持总统候选人乔治·华莱士，华莱士甚至在不是白人的选民当中赢得的选票（3%）也高出这个比例。

“肯定性行动”计划在20世纪70年代的实施，导致某些犹太团体与他们传统的激进派和自由派盟友——包括黑人民权运动组织——分道扬镳。该计划就就业、晋升或大学招生在数量上规定了要达到的“目标和进度时间表”，使犹太人回想起过去美国为了限制他们的权利所实行的配额制度，这种制度亦曾在欧洲更为严格地实施过。况且，经过几代人的奋斗，犹太人的地位大大提高了，现在在高校教授队伍当中，在政府高层领导岗位上，在各行各业及工会领导层，犹太人所占比例都格外高。以人口多寡来“分摊”的原则，不管其动机如何，都必然会损害到他们目前的利益。

犹太人到现在的成功是罕见的，但绝对不是独一无二的。例如，圣公会教派的信徒在收入上就比犹太人高。正是美国犹太人在相对较短的时间里弥补了社会和经济方面的巨大差距，才使得他们的发展史是如此的光彩夺目。

Ethnic America

A History

第五章
意大利人

今天的美籍意大利人，多数是从意大利南部移居美国的那部分人的后裔。在意大利，高度工业化的北部和以农业为主的贫困的南部，在经济上和地理上存在的差别，如同文化、价值观念和传统方面的地区性差别一样，都是十分突出的。

当年那些到美国去的人，大多住在意大利南部地区的乡村里和小镇上，一般来说，不是自耕农就是农业工人。他们开始向美国大批移民，是在19世纪末和20世纪初。来自意大利的移民在1880年首次突破1万大关。1890年达到5万人，1900年超过10万人。在20世纪之初的移民高峰期，每年约有25万人从意大利移居美国。在“一战”期间，意大利人移居美国的数量急剧下降，但从1921年起，直到美国制定新的移民法以阻止人们从世界各地大批涌入美国之前，又回升到每年20多万人。及至今天，仍有相当数量的移民——每年2.5万~3万——继续从意大利来到美国，超过任何其他欧洲国家。意大利人向其他欧洲国家迁徙的数目，与其穿过大西洋移居西半球的数目相比，几乎不相上下。全部加起来，意大利人背井离乡移居异国的数目，超过任何一个国家的外迁人数。

意大利

意大利半岛的悠久历史，可以追溯到基督之前的罗马共和国和罗马帝国，然而作为一个国家，意大利相对来说又是年轻的，它仅始于1861年。这一年，意大利各省在历经多个世纪的分裂后首次统一在一个政府管辖之下。离开这个相对年轻的国家而到达美国的那些人，当时只认同自己是那不勒斯人、叙拉古人或加拉布里亚人，只是到了美国之后才明白自己是“意大利人”。就语言和地理环境而论，意大利是一个四分五裂的国家。好多地方的土语，外地来的人根本听不懂。有人说过，“不仅是每个地区，即便是每个小镇，都觉得本身具有自成一体的独特文化，其百姓对几英里之外的人都感到极为陌生”。各个村庄，即使鸡犬之声相闻，语言和文化也相去甚远。在地理上，该国被亚平宁山脉一分为二，形成了许多相互隔绝的山谷，西西里岛和撒丁岛是其两大岛屿。

国家

在意大利南部，可耕地少而零散，致使许多村社相互阻隔，这反过来又加剧了它们在语言和其他文化方面的差距。此外，这里也很少有可为贸易和交通提供舟楫之便的大江大河。在向美国大量移民的时代，诸如广播、铁路和航空这类现代通信和旅行工具，在意大利南部尚未出现，或者说尚未起到显著的作用。及至20世纪中期，意大利南部的某些村落仍然处于与世隔绝的状态。

如同爱尔兰人和其他种族所走过的道路一样，祖籍国的状况继续影响着在美国传承了几代人的美籍意大利人。从20世纪美籍意大利人的居住模式、四分五裂的组织，以及投票模式等方面，人们仍可以看到当年意大利地方主义和地区主义的影子。

意大利南部的气候和地形造成了该地的贫困。气温虽说相对还算适中，但降雨量偏低而且只集中在少数几个月份。作物生长季节却逢干旱——“旱情可能持续6个月或更久”。雨季到来时，往往又是大雨倾盆而下，造成水土流失。作物生长季节缺雨反过来又限制了肥料的使用。丘陵地带的土质吸水性差，一旦下雨，势必形成湍急的水流，一泻千里；一度覆盖着意大利南部的浓密森林被毁坏之后，既加剧了水土流失，又使沟壑、池塘积满死水，滋生疟疾。在欧洲，意大利是疟疾闹得最凶的国家，其南部又是意大利受疟疾危害最严重的地区。疟疾除了直接造成痛苦和死亡之外，还带来了经济上的损失。因为土质最肥沃的低地同时也是疟疾最易传播的地方，故此，农民和工人不得不住到山坡上，以避开夜里出来咬人的带有疟原虫的蚊子。这样一来，他们白天有不少时间就得花在下田和回家的路上，时常要往返好几英里，实际干活的工夫却没多少。

尽管意大利南部大多属于丘陵和山峦地带，但其间高原的高度恰恰不利于农业生产。一方面这些高原太高且崎岖不平，所以不宜种庄稼，另一方面却又太低，因为无法积雪。倘能积雪，春天就可融化，形成缓慢而平稳的水流，滋润农田。除了缺乏欧洲其他某些国家普遍存在的有利条件之外，意大利农田的土壤在冬天也得不到大自然的恩赐，因为没有严寒使其出现结冰和之后的解冻过程，所以不能使土质变得松软。意大利南部的农民完全凭人力及耕畜来完成松土的繁重劳动。

意大利自然条件的先天不足，既表现在农业方面，也表现在工业方面。高山和丘陵占据了该国陆地面积的75%。只有一半的国土属可耕地，可耕地又大多集中在北部。在南部，高山一直“绵亘到海外，所以可耕地只局限在山村周围、高原和海岸边的平地”，而海岸边的平地一般又都十分“狭窄”。不管是从质还是从量上来看，意大利还缺乏冶炼钢铁——现代工业的支柱——所必需的煤和铁矿石。

历史加重了大自然造成的问题。意大利南部长期是历代争霸帝国和王朝的战场，至少是从罗马帝国时代以来，这些帝国和王朝在意大利半岛上反复较量过。在中世纪，该地曾有两百年的时间频繁遭到入侵，侵略“不时发生，甚至每年一次”。在各个不同的时代，意大利南部被形形色色的外族人征服过，包括伦巴第人、阿拉伯人和诺曼底人。当地民众生来就是外来者烧杀抢劫、奸淫掳掠和被奴役的对象。在意大利，“各民族的鲜血融汇在每一条河流里”，正如意大利语是各个不同历史时期在这个半岛上来去匆匆的许多外族人语言的大杂烩一样。

意大利文化复兴的硕果是意大利北部的产物，对南部的影响很小。哥伦布、但丁、米开朗琪罗和罗西尼都是北意大利人。意大利南部的农民对罗马帝国的历史——“光荣归于罗马”——丝毫不感到骄傲，因为他们的祖先在那时长期沦为奴隶，罗马的光荣没他们的份儿。那场由斯巴达克率领 9 万奴隶进行的造反行动，就爆发在意大利南部。多少世纪以来，这里还发生过无数次的起义和叛乱，但都被残酷地镇压下去，因为当地人民不够团结，无法形成协调一致的区域性运动。

意大利北部可谓得天独厚，辅之以人和。春天和夏天，当庄稼需要水时，这里正值雨季。北部有“好几条由阿尔卑斯山积雪融化而形成的水量相对稳定的河流”，这些河流“为工农业生产提供了可观的水源和动力”。此外，至少在意大利人大批向美国移民期间，北部还存在着“一个世界上无与伦比的灌溉体系”。说到意大利北部的农业，那是“满田浓绿繁茂”，产出“各色作物”。南部那种森林被毁以及其他自然或人为的灾害，在北部不太常见。

在 20 世纪中期，约占意大利人口和耕地 40% 的南部，其产出只占全国的 20% 左右，北部人均收入比南部大约高出 2/3~4/5。19 世纪时，意大利南北两个地区的文盲都很多，但南部的文盲（占人口的 84%）比例大大高于北部（占人口的 59%）。

在意大利的南北两个地区，人的差别可以和地理及经济上的差别等量齐观。下面让我们看看这方面的情况。

人民

南意大利人不仅有着与众不同和悲惨的历史，其贫困的程度在西方世界也是少见的；他们还有一套独特的价值观念和行为模式，其中不少一直体现在美籍意大利移民及其后裔身上。

南意大利人所遭受的屈辱和蹂躏，不仅仅是有一套不公正或压制性的法律被强加在他们头上。因为缺乏强大的中央政府，地方上的贵族和领主直接主宰着百姓的命运，他们主观武断、刚愎自用。对民众来说，不仅要遵守一般的法律，还要讨好那些手中握有大权的人。此种传统的后遗症，即便是在20世纪中期意大利南部的乡村里仍可观察到。

> 当蒙提格拉诺的一位绅士在集市上买下一个瓜或一篮西红柿时，他连口都不张，就将它们递给离他最近的农民小孩、妇女或男子。后者也会顺从地把瓜或西红柿送到前者的家里。这位绅士可以让任何一个他认识的农民为他效劳，但双方从未想过这种效劳要给予报酬。
>
> 农民想献殷勤，讲礼貌，因为他心里有数，将来有一天，这位绅士将在恩顾或加害之间做出适当的取舍。

意大利南部的农民不单是贫困和无权，而且被人看不起。当地的一位小说家曾借他书中的人物之口说道：

> 在万物的头顶上有个上帝，他是天上之王；
> 在上帝之下，是托尔罗尼亚的王子，他是地上之王；
> 在王子之下，是王子的卫兵；
> 在卫兵之下，是卫兵的狗；
> 然后什么也没有，什么也没有，什么也没有。
> 最末才是农民，
> 可农民不算人。

甚至农民自己也真的以为他们是“有别于他人的异类”。在意大利南部这样一个等级高度分明的社会里，对于一个农民或农工来说，无论是在工作上、自我进取方面，还是在公共和政治事务上想发表点儿意见，或表现出任何主动性，都会被视为大逆不道。太主动不可能得到好报，反而会招致那些高高在上的权贵——农民实在得罪不起这些人——的愤恨。农民自己心里明白，必须老老实实地卖力干活，永远听从指挥，不可越雷池一步。后来，美国老板不无沮丧地发现，美籍意大利人身上仍然带有这种消极性格的烙印。

直到向美大量迁徙的时代，多数意大利民众依旧是农民——其中少数人拥有小块农田，多数人不是租别人的地种就是在别人的地里干活。就那些在 19 世纪和 20 世纪之交移民来美的意大利人而言，其中有 77% 的人是农民，专业人员连 0.5% 都不到。

尽管就历史的创伤和极度的贫困而言，意大利人和爱尔兰人是难兄难弟，然而他们在某些方面却又彼此不同，因此他们在对待创伤和贫困时各有各的对策和适应的办法。爱尔兰人所受到的压迫，来自与其持有不同宗教信仰的异族，所以在回应时具有强烈的全民族意识，而意大利农民则长期遭受宗教信仰相同的本种族人（或与本种族混血的人）的压迫，这种情形使他们不能团结在一起，而是采取极度利己的做法——完全仰仗直系家庭的其他成员。两国的行政当局都被认为是不合法的，但在爱尔兰形成的那一系列严密组织却从未在意大利南部出现，意大利人最信得过的人很少超出近亲的范围。南部意大利人的反击方式——种族间报复和黑手党——也都是以对方的家庭为目标的。

南部意大利人长期维系着格外强大的家庭纽带，以此作为他们唯一可以依靠的社会组织。按照西方世界其他多数地区的准则来看，南部意大利人对家庭的依附太过分了——超出了国家、宗教和道义对个人的要求。感情、忠诚和道德几乎只存在于家庭的范围之内。例如，意大利的民族主义只对北部人才有重大意义，是他们在 19 世纪统一了意大利，也是他们在 20 世纪成了墨索里尼的主要追随者。南部意大利人认为教会组织和自身有距离，甚至对它采取玩世不恭的态度。相比之下，爱尔兰人笃信宗教，教会也和民众一样长期受到欺压。

甚至在20世纪，南部意大利人的哲学也还一直被人称作“与道德无涉的家族主义”——尽量扩大直系核心家庭的眼前利益，维护家庭的荣誉，并为此不惜付出一切代价。

在被视为对这种家庭以及意大利南部的生活方式构成威胁的因素当中，就有教育这一项。教育是在统一之后由北部意大利人引入和掌握的。1877年，意大利首次通过了实施义务教育的法律。该项法律遭到反对和抵制，甚至有人引发骚乱并焚毁校舍。农民认为受教育不能提供向上流动的机会——实际上在那样一种等级森严的社会里，农民的这种看法恐怕不无道理。教育被视为对家庭神圣性的一种侵犯，是把一个儿童作为一个孤立的个体抽离出来，教给他们与其家庭观念相左的一套价值体系。对于贫困潦倒的平民百姓来说，失去一个孩子做帮手或出外挣钱的机会，实在是一种不堪忍受的损失。

在南部推广教育的尝试，其所获成功的进程是缓慢而不平衡的。及至1900年，南部意大利的文盲比例仍达70%，高出同期英国、法国或德国的10倍还不止。爱尔兰人确实也缺乏教育传统，往往对之漠不关心，但尚不至于像意大利南部人那样极端地敌视教育，并在家中公开地诋毁它。这种态度后来顽固地体现在了美籍意大利移民的身上，并在某种程度上遗留给了他们的后代。

捍卫家族的荣誉，也包括保护年轻女子的贞洁。尽量把姑娘们关在家里，出门时其男性亲属会刻意保护她们，在必要时也会为她们报仇。在公开场合调情，在罗马是司空见惯的，南部意大利人却对此嗤之以鼻。进入20世纪，意大利南部的私生子在比例上连北部的一半都不到。那不勒斯周边地区的私生子比例，只相当于罗马周边地区的1/5左右。

意大利人对人生的基本态度，反映了意大利南部的现实。意大利南部的农民多属宿命论者，相信运气，这和天下所有的庄稼汉都是一样的，因为他们是靠老天爷吃饭的。20世纪中期进行的一次心理学实地实验表明，意大利南部一个村庄里人们的态度和意大利北部人的态度大不相同，两者又都和美国人的态度不同。意大利南部乡下的村民普遍有一种大祸临头感，并且认为任何能获得的好处，不是来自命运的赏赐，就是来自大人物的恩典，而与个人的主动性或长远计划是风马牛不相及的。南部意大利农民讲话时，几乎不使用将来时态。对鬼神和宗教的态度也反映出类似的影响。意大利南部人对宗教和灵性的观点是，并不一定要遵循一套既定的规矩以求最终得救，而是去讨好眼前那些捉摸不定的力量——守护神、撒旦，巴结诸如“毒眼”或神奇的数字这样一些非基督教的魔力。鬼神的力量一旦不灵验，比如维苏威火山爆发，它们就很可能被抛在一边，和乞求时只从个人出发一样，都是短期行为。

虽然世界上有这么多东西是个人无法控制的，但这绝不意味着对个人能控制的东西也要采取不负责的态度。在意大利南部，人们苦干、节俭，小心翼翼地保护着自己家庭的利益和荣誉，并参与五花八门的宗教和巫术活动，以求上苍赐福驱邪。他们的文化观念强调男女对家庭所担负的重任。好汉并非要逞匹夫之勇，那样是自找麻烦。譬如，偶尔的争吵应当避免，但严肃的战斗一定要进行到底，不容含糊。南部意大利人奉行的准则是，客气但坚定地警告对方不可轻举妄动，一旦对方置之不理，继续寻衅，则毫不留情地进行报复，这与爱尔兰人那种极易被激怒却又能瞬间和好的风格形成了极为鲜明的对照。

意大利人对饮酒也持同样严肃的态度。尽管饮用葡萄酒的意大利人很普遍，但是酗酒以至于失去自我控制的人却十分少见，美籍意大利移民及其后裔仍保持着这种适可而止的饮酒习惯。这种局面可能是因为意大利的土质和气候适合于生产酒劲儿相对较小的葡萄酒，而爱尔兰的土质和气候则适合酿制烈性酒。

意大利北部人的态度和价值观念，向来更接近于其他欧洲人或美国人的态度和价值观念。在他们看来，意大利南部人的作风，有的属于古怪，有的属于落后，有的属于野蛮，有的则属于莫名其妙。意大利北部人对其南方同胞的屈尊——甚或成见——可以追溯到意大利建国的早期，直到他们抵达美国时也没有消失。如同等级森严的社会种姓制度一样，地区性的贵贱等级也是极为分明的，托斯卡纳人在最上层，西西里人在最下层，“身居意大利中部的那不勒斯人蔑视北方弟兄们向他们摆出的那副屈尊俯就的面孔，但一提起南方的同胞，他们马上就会表现出不屑一顾的神情”，甚至在到达美国之后，“西西里人仍遭到其他意大利人的排斥”。

在美国的意大利人

在意大利南部人大规模向美国移居以前，意大利人就有过向邻近较为富庶的欧洲国家（法国、德国和瑞士）以及南美（主要是巴西和阿根廷）迁徙的历史。在 19 世纪，从意大利移民去南美的人超过去北美的人，尽管这一趋势在 20 世纪发生了逆转。意大利移民的来源和性质，曾随着时间的推移而发生过重大的变化，数量和目的地亦不尽相同。

1820—1850 年，移居美国的意大利人最多不超过 5 000 人。在 19 世纪 50 年代的 10 年里移居美国的意大利人约为 9 000 人，在 19 世纪 60 年代的 10 年里，这个数字增加到 12 000 人。他们大多是意大利北部人，因为数量仍属微不足道，所以没有引起美国公众的关注，尽管当时本土主义之风颇盛。这些意大利人当中，只有约 1/7 的人是劳工，其余多属工匠和小商人。他们散居在美国各地——在纽约，他们以贩卖水果出名，在加利福尼亚他们种植葡萄来酿酒，而不像后来抵美的意大利南部人那样，大批集聚在少数几个港口城市。这批人在意大利南部人潮水般地涌入之前，已经在一定程度上被当地社会接纳，手头上也很宽裕。

内部差别

在同一个种族内部，先期到达的人和后期到达的人，二者之间的关系乃是多数美国少数种族历史上的一个关键因素。一般来说，先期到达的人已经处于有利的地位，除去物质方面的优势之外，还表现在他们对当地社会的法律、社团、行为准则和文化有所了解，并已在某种程度上被当地社会接受，懂得如何与当地人打交道。这些有利条件能在多大程度上缓解后期抵美同胞在过渡阶段遇到的困难，取决于是哪个种族，以及哪个历史时期，不可一概而论。有的人将本种族的后来者看作兄弟，热情而自豪地表示欢迎，并认真地引导他们去适应美国社会的行为规范；有的人则公开对本种族的后来者诸多挑剔，以避免这些未经美国文化洗礼者的不良行为会招致对他们整个种族的责难。这是两种极端的态度，中间者的做法不一而足。意大利北部人就曾公开指责意大利南部人，而且态度之激烈实在是美国其他任何少数种族都望尘莫及的。好多意大利北部人“宁愿自称是美国人”，也不愿遭到本土主义者对意大利南部移民的那种欺辱。他们一口咬定，意大利南北两个地区的人并不同宗，以至于美国政府后来也在人口调查中把他们分开统计。资料显示，这两个地区的人之间的差别确实不小。

在 19 世纪和 20 世纪之交的美国，来自意大利北部的移民只有 12% 是文盲，来自南部的移民却有 54% 是文盲。意大利北部移民中参加工会的占 40%，意大利南部移民中参加工会的只占 11%。虽然在大规模移民结束之前，在迁居美国的 500 万意大利人当中，从北部来的只占 15%，但获得专业职称的美籍意大利人大多是从北部来的，或者虽来自南部但却不是农民出身，这种状况一直持续到 20 世纪三四十年代。即便是在工厂和矿山就业的美籍意大利工人当中，北方人也比南方人挣钱多，而且文盲少。

移民返国

来自意大利南部的移民，确实是独树一帜的。迁徙美国后又大批返回祖籍国的现象，首次发生在来自意大利南部的移民当中。这在当时美国的历史上固然是独特的，但在意大利的历史上却算不上稀奇。从 1875 年到 20 世纪初期，从意大利外迁到世界各地的移民，暂居者多，久留者少。此期迁徙到欧洲其他地区的意大利人，回国者占 90% 左右。从美国返回祖籍国的难度相当大，但是，当时已有轮船可乘，返国是可行的，比起风帆船时代的爱尔兰人，早已今非昔比，那时漂洋过海，走一个单程都可能葬身鱼腹。意大利移民从美国返回祖籍国的比例起伏不定，人数比例大致保持在 11%~73%。大多数返回故土的意大利移民，是在抵达美国后 5 年之内回流的。

要直接了解究竟回流者当中有多少人从一开始就只准备暂居一段时间，或究竟有多少人是由于失望才返国的，虽然现在已无法弄个水落石出，但是仍可以寻找到不少蛛丝马迹。迁徙者当中男性所占的比例——不管是在一国之内流动或向国外移民——是判断他们打算永久定居还是暂时或试探性旅居的一个线索。意在永久定居者，在搬迁时往往携带妻小，因而两性人数比例相当，爱尔兰人和犹太人当初就是如此。但是，意大利人早期迁居许多国家时，有近 90% 的人是男性，随后男性比例为 80% 左右。从意大利来美的移民中，小孩所占的比例低于来自任何其他国家的移民。自美返国的意大利人当中，约有 2/3 的人当初并未携家眷同来。有相当可靠的证据表明，他们来美从一开始就是暂时的，或试探性的，返回故土既非失败亦非失望的表现。不少回流的人都在美国挣了一笔可供回国后购置田产或充当体面公民的钱财。

大批人返国的情况对仍然留居美国的意大利人和意大利本国，都产生了重大的影响。从美国返国的人，不但给意大利带来了物质财富，也引入了他们对世界的不同看法，包括对教育的格外重视。而在美国这一边，对返回意大利的期待心理减弱了走向美国化对移民的刺激。这对于那些仅打算在美国做短期旅居而后来又不得不推迟返回，及至最终只好永久定居下来的意大利移民来说，就构成了一个总是无法摆脱的障碍。有资格获得美国公民身份的意大利移民与真正变成美国公民的实际人数，在比例上远低于其他移民种族，掌握英文的人数也极少。此种状况亦见诸其他进出美国频繁的种族，例如居住在美国东北部的法裔加拿大人和住在美国西南部的美籍墨西哥人，都是这样的。

美籍意大利人讲话的一个特点，是生造混合词，即半是英文半是意大利文。他们这样做，有时完全是因为意大利农民的词汇里原本就没有相对应的单词，如把car（汽车）说成carru，把factory（工厂）说成fattoria，把refrigerator（冰箱）说成frigidaira等。

居住模式

美籍意大利人的居住模式，反映出他们在意大利时的地区主义格局。从意大利同一个村庄或省份来的人，往往“集居”一处，社会交往也局限在本村老乡或同省人的范围之内。在一个特定的美国城市里，可能有几百个意大利人的互助组织——每个组织只为意大利某一特定地区来的人服务，而不可能联合起来为全体“意大利人”提供方便。这种奇怪的状况不只存在于美国，也存在于阿根廷的大批意大利移民当中，从意大利某一地区来的人同样打不进从意大利另一地区来的人所组织的互助社团中去。在美国，意大利人的互助社团往往以该社团成员在祖籍国时居住的那个村庄的名字或那个村庄的守护神的名字来命名。美国老板从切身经验中体会到，雇用来自意大利不同村庄的意裔工人在同一个公司干活，是自找麻烦，那必将引发暴力事件。

在某一特定的街道上，可能集中居住着不少那不勒斯人或西西里人，然而在美国任何一个城市的大型居民区里，意大利裔人很少能构成多数。其他的移民种族——爱尔兰人、德国人、犹太人等——通常会和意大利裔移民共居一个居民区。外国移民居住区通常很少有美国本地人夹杂其间，从这个意义上来说，意大利移民离群索居自绝于外界社会的情况，和其他同时代的移民是相同的。不过，在选择居住地方面，意大利人绝不是随遇而安的。在1880年和1910年，意大利人的“与世隔绝”状况（从统计数据与理论上的随机定居数据的差距来看）甚于其他移民，也甚于同时期的黑人。

与家庭甚至与同村人的密切关系，阻碍了意大利移民和外界社会发生有益的接触。反过来，全体意大利移民相互间缺乏强烈的认同感，又使得他们不敢与其他种族发生摩擦。美籍意大利人与各种族都能和睦相处（这与爱尔兰人的状况形成鲜明的对照）。大约同时于19世纪晚期抵达纽约的犹太人和意大利人，相互之间从未发生过严重的暴力事件，甚至未在政治上形成强硬的对峙。同样在波士顿，“犹太人和意大利人相处得也很好，胜过他们任何一方与爱尔兰人的关系”。在全美各个城市里，美籍意大利人与欧洲其他各种族相处得都不错，即使有肤色的差别也没有妨碍此种和平共处的格局。意大利人在纽约唐人街一隅长期与美籍华人混居，几乎很少发生龃龉或冲突。在美国南方，美籍意大利移民对南部维持传统的肤色界限根本不当回事儿，以至于他们自身成了南部本土白人攻击的对象，被指责破坏了“白人至上”的观念。纽约的美籍意大利人一直和格林威治村的先锋派分子及异端文化相安无事，尽管他们本身很少或根本就不参与其活动。

意大利人能和他人和谐共处，但这并不意味着他们能被他人同化。例如，意大利移民的择偶对象几乎从不超出本族的范围，即使是第二代的意大利裔人仍然大致如此。首先，意大利移民通常在故国的本省——甚至本村——同乡中择偶。一桩意大利移民的婚事，几乎总是一个意大利人与另一位有本族血统的人之间的嫁娶，而不会是一个北部意大利人和一个南部意大利人结为秦晋之好。进一步说，即便发生了与异族通婚的事，与其说是向种族融合迈出了一步，还不如说是个案罢了，这些人因飞黄腾达而从本族社区中抽离出去了，仅此而已。美籍意大利人的社区仍然保持着原来的风貌，后来发生的个别人与异族通婚的现象，基本上对它没有什么影响。

工作

19 世纪晚期大批迁入美国的意大利人，有半数是劳工，相比之下，同期的美籍德裔人只有 1/7 是劳工，美籍爱尔兰人也只有 1/3 是劳工。他们中很少有人从事在意大利惯于从事的农业，原因是他们所定居的那些港口城市几无农业可谈。在很大程度上，意大利移民踏上了先前爱尔兰移民走过的老路。他们是工厂的工人、矿山的矿工，或在建筑工地上抡锹挥锤，包括参与修建铁路和地铁。在纽约，很多意大利人专门以捡垃圾为生，也有人以擦皮鞋为业（纽约州擦皮鞋的人中有90%以上是意大利移民）。来自意大利南部的移民，从事专业工作的只占其总人数的不到0.5%。意大利移民当中，小业主的人数似乎比爱尔兰移民中的小业主人数要更多一些，但这两个移民种族中的小业主人数都不算突出。

意大利南部人在美国的就业模式，从各方面都反映出他们在祖籍国时的背景。来自森林被毁的意大利南部的移民，极少有人在美国从事伐木行业，但却有很多人选择从事与运送石料有关的职业，因为在缺乏森林的意大利，石头是常见的建筑材料。与在祖籍国时一样，意大利移民中从事捕鱼业的人也很多。

在19世纪和20世纪之交的年代里，来自意大利南部的移民主要做海员、泥瓦匠、裁缝、鞋匠和理发师，外加十多万劳工，但是他们之中当上医生、律师和教员的人，加在一起尚不足100个。

和在意大利南部的老家时不一样，意大利移民中的妇女在美国也外出工作，但几乎从不做女佣。这和不从事无专长职业就去当家佣的爱尔兰裔妇女或黑人妇女的就业方式是有明显区别的。去做佣人并住在雇主家里，就像19世纪的爱尔兰妇女那样，这一方面违背意大利南部人的传统，因为他们历来不让女人抛头露面，以杜绝两性暧昧关系的任何可能性；另一方面这也与意大利南部人的家庭观念不相容，因为他们认为妇女是贤妻良母，照顾家庭是她们的天职。家庭“血汗工厂”是解决女人既要工作又不离开家的一个折中办法，这种办法也使得孩子们从小就学着干活，这是移民美国的意大利南部人的另一个生活特征。哪一个移民种族也不像意大利人那样，常常有意让自己的子女辍学，留在家里干活或外出打工，这是尽人皆知的。

意大利移民的酗酒率低，这是他们从祖籍国带来的传统。所以就这一点而言，美籍雇主对他们印象很好，认为他们比爱尔兰人自制力更强，上班守时，工作可靠。然而，美国雇主也抱怨说，意大利移民工人缺乏主动精神，因而需要为此付出昂贵的监工费。缺乏主动精神，也是意大利南部社会背景的反映，在那里，主动精神只会惹麻烦而得不到好报。总的来说，美国雇主并不满意意大利移民劳工，主要是因为他们需要有人监督，在管理上开销较大。意大利裔工人的日均产出赶不上其他种族的工人，包括当时的爱尔兰人和黑人，所以他们的工资也相应较低。但是，任何事情都是相对的。在阿根廷，意大利移民工人的劳动效率就被认为比当地人要高。这可能反映出意大利北部移民大批来到了阿根廷，也可能反映出美国和阿根廷的劳动标准有差别。

1910 年，美籍意大利男子的年收入低于美国本土的白人男子或黑人男子。

在早期移民时代，人们观察到的奇怪现象之一就是，意大利裔工人身形瘦小，或者说缺乏体力。这种现象当时很普遍，但后来却有所不同，从而促使人们发问，美籍意大利人的体格是否随着时间的推移而发生了变化。更好的营养可能是一种解释。不过，当意大利工人在铁路修筑线上、工地上或其他一些非熟练行业里取代了爱尔兰工人的时候，他们并不比爱尔兰人更穷苦，而爱尔兰工人却从未被看作缺乏体力的羸弱之辈。还有一种解释似乎更加可信。世世代代居住在孤立的小村落里，许多人之间难免有某种血缘关系，尽管这种血缘关系可能有些遥远，而且一般人意识不到，但是，一旦他们开始和自己村落之外的人通婚，其后代的体形就会高大起来。这是一种遗传现象。移民一代的意大利人，虽然和来自同村或同省的老乡结婚的特别多，但随着时间的推移，他们开始在更加广泛的意大利裔社区里寻找嫁娶对象。这样，美籍意大利人甚至用不着和异族通婚，其后代就具备了使自身体形增大的遗传基础。美籍爱尔兰人在择偶时从未受到内部分裂和地理因素的限制。

包工头制度是伴随意大利移民的另一个特殊现象。所谓包工头，指的是意大利劳动力的招募者、组织者和监督人。包工头形成的各个联络网，可延伸到美国好几个城市，甚至一直通到意大利本国。包工头为铁路、建筑公司或其他需要非熟练劳工的厂家，提供大批意大利移民，并为之充当翻译和工头，使得这些劳动力能更有效地为美国老板卖命。美国老板若直接与这些意大利人打交道，因为对其情况一无所知，社会将存在不少麻烦。对移民工人来说，包工头可帮助他们联系上雇主，提供赶赴这个陌生国度各地区的交通服务，提供他们吃得惯的食物，提供信贷、银行业务以及其他杂七杂八的服务。雇主先付钱给包工头，包工头再付钱给工人，当然要除去包工头自己的费用、花销、垫付款、房租和信贷利息。

包工头制度从19世纪80年代意大利南部人大批迁美开始，大约到“一战”为止，一直广泛地存在着。这种制度不仅被应用到美籍意大利人身上，也在某种程度上被应用到从南欧和东欧来的其他移民身上。在19世纪末，包工头们控制着2/3的纽约劳工。在同时期的芝加哥，有超过1/5的意大利人在为某个包工头干活。费城的工头在该市招揽意大利人到周围的农业区去做季节工。在包工头制度下，白手起家的意大利移民得以扩散到全美各地，与其同胞一道生活和工作，文化上相互熟悉，并通常能在积蓄了按当时标准算是一笔可观的钱财时返回故国。也有不少人就在首次做契约劳工的地方安家落户，在当地建立起美籍意大利人的社区。这些社区至今仍存在于奥马哈、盐湖城、纽瓦克和底特律等城市。

在某些意大利移民中，父母会让自己的孩子给包工头当学徒，包工头就将这些孩子送到乡下去劳动，或让他们在城市里当报童、小贩，或在马路上演奏乐器，挣几个小钱。

由于雇主或司法当局对包工头订立的各种合同很少或没有进行监督，又由于劳工对美国通行的房租标准、旅费开支或工资所得的利息减免政策根本不了解，包工头时常都捞足了油水。包工头一般是些强悍而贪婪的人，身上带有武器，也可能会有其他武装分子的支持，以便保护其在劳工身上预先支付的这笔投资。有的甚至对没有完成预定任务的劳工——不管成人或儿童——施以肉刑。由于本身也有意大利南部的背景（时常和他们手下的工人来自同一省份），这些包工头知道，工人是不会去当局告发自己遭到欺诈或凌辱的，更不用说组织起来与他们作对了。不过，这种制度还是受到了改革派人士的关注，引起了他们的警觉，于是他们组织了一场运动，坚决要将其根除，并得到意大利政府和美国当局的支持。但是，这些努力基本上是失败的。尽管通过了禁止劳工承包制度的法律，意大利移民却很少承认他们是出了钱才找到工作的。他们对包工头制度利弊得失的衡量，显然与改革家的衡量大不相同。虽然改革派的努力没有阻止包工头制度的存在，但它却被时代逐渐淘汰。随着美籍意大利人日趋熟悉美国的语言和文化，有本领去自谋职业，能适应美国的工作环境，包工头提供的那些方便对他们来说就越来越没有什么价值了。20 世纪初，这个制度很快就消亡了，但其残留的痕迹直到 20 世纪 30 年代仍然存在，并主要体现在年龄较大的工人身上。

社会组织

在美国和在意大利南部一样，家庭对于意大利人来说，是压倒一切的关键组织。确实，家庭几乎是能够要求人们效忠的唯一组织。

在关于忠诚的“竞争”方面，宗教并不是家庭的有力对手。尽管大部分意大利移民都是天主教徒，但天主教堂在意大利对他们并没有形成强大的约束力，意大利普遍存在反对教会官僚主义的风气，由爱尔兰人把持的美国天主教与他们的关系就更加疏远了。在意大利南部，教堂的祈祷礼仪很少有人参加，除非遇到圣诞节、复活节等重大节日。在美国，意大利裔天主教徒给教会的捐款，按人头计，只相当于波兰裔、爱尔兰裔或德裔天主教徒的 5%~10%。爱尔兰人和南部意大利人时常在对天主教教义的看法上发生冲突。南部意大利人的宗教观念不那么刻板，节日礼仪偏重热闹，注重对守护神和圣母马利亚的尊崇，而不拘泥于意识形态上的正统性，对圣餐或念珠祈祷也不在乎。

正如南部意大利文化的其他内容一样，宗教是高度个人化的。没有几个意大利人愿意去当教士，而在由爱尔兰人操纵的美国天主教内部，意大利裔教士也极少有升迁的机会。在移民时代，意大利人子女极少在教区学校上学。这些学校即便设在意大利移民街区，也由爱尔兰裔修女来掌管，正如教堂一般都控制在爱尔兰人手里是一样的。譬如在芝加哥，意大利裔的学龄儿童在教区学校就读的不到 5%，而在纽约，意大利人的子女进入公立学校的人数是进入教区学校人数的 7 倍。相比之下，爱尔兰人子女在公立学校和在教区学校读书的人数，大致是相等的。用意大利文出版的报纸，公开倡导不要到教区学校去读书，理由是宗教教育应当在家庭里进行。

某些爱尔兰裔神职人员甚至对意大利民族表示反感。有个人就宣称："意大利人不如我们聪颖。"有的教士在布道台上称意大利人为"黑不溜秋的人"，叫他们到后排与黑人坐在一起。意大利移民也与许多公立或私立的慈善组织保持着距离。这又是意大利南部人价值观念的反映。独立意识使意大利人耻于向别人求援，受了冤枉不求助于警察为之伸张正义，遇到困难也不求助慈善机构。遇到这两种情况，意大利人宁可自谋出路。意大利移民中的男子，倘若是单身，即便饿着肚子也是"找到任何工作都愿意干"。只有在家眷迁来之后，他们才会在走投无路时去求助慈善机构，以免老婆孩子跟着受罪。意大利移民全家被迫接受慈善施舍之日，就是他们到了"奄奄一息，贫病交迫"之时。此种对施舍坚持不受的态度，随着时代的前进似乎有所改变，特别是在 20 世纪 30 年代大萧条时期实施大规模救济计划的时候。但即使在今天，美籍意大利人仍保持着这一与众不同的特点。

在一个崭新的经济和社会环境里，意大利移民易遭不幸。出于自卫的目的，他们建立了互助会。根据其成员在祖籍国的不同村籍和省籍而组成的互助会数量众多，山头林立。这种状况亦可见诸阿根廷的意大利移民当中。在 19 世纪末期的阿根廷，仅布宜诺斯艾利斯一地就有 20 个这样的互助组织。在芝加哥，意大利人的这种互助会在 1910 年有 400 个。在同期的纽约，意大利人的这种互助会则多达 2 000 个。他们从未合并起来，成为一个为全体美籍意大利人服务的互助总会。但不管怎么说，这些互助会算是一种比意大利南部人的共济范围更广泛的合作形式，在那里，像这种承担家庭之外义务的做法，可谓闻所未闻。一位研究意大利社会的知名学者曾经指出："要在意大利南部找到英文里'社区'的同义词是困难的。"甚至意大利南部的犯罪集团也是以家庭为中心来展开的，后来到了美国仍是如此。

和包工头制度一样，美籍意大利人的互助会可算是向现代意义上的组织——一种由陌生人组成的社会组织结构，该结构自身所确立的宗旨使这些陌生人聚集到一起——迈进了一步。通用汽车公司、红十字会、政治运动、工会或体协等，都是这类组织。意大利南部人一般尚未缔造过这类组织。他们的那些团体都是由彼此熟识的人组成的，一般来说，相互之间或者有血缘关系，或者有教父教子关系，或者（像在美国）有来自同一省份的同籍关系。但是，要把陌生人组织起来进行大规模的互助合作，不管是在意大利或者在美国，对于意大利南部人来说，都是困难的。在意大利南部，正式的组织通常都是由外部力量建立起来的，这种外部力量就是意大利政府或罗马天主教教会。全国范围内的美籍意大利人的组织，其形成时间一般要比其他种族的全国性组织要晚，而且通常根本不像犹太人的布内–布里茨反诽谤同盟（B'nai B'rith），或黑人的全国有色人种协进会（NAACP）那样进行着有效的活动。

意大利移民积极参与其他人所建立的工会，并在组成美国服装工人协会时发挥过作用，但总的来说，他们建立的组织极少。甚至在为共同的目的而采取联合行动时，他们也会打个人的小算盘，对不属于本家或本地的陌生人信不过。意大利人的这种作风，在意大利南部以及在现代美国都可以看出来。

犯罪和暴力

作为一个移民种族，意大利人的犯罪率偏低，而且他们所犯的罪一般都属于赌博、斗殴之类，而非盗窃、诈骗或武装抢劫一类的职业犯罪活动。19 世纪的意大利移民，曾被描述为“诚实不亚于鲁莽”的人，也就是说，别人不招惹他们，他们一般是安分守己的；比起别人来，他们不太会“捅娄子”。他们不像爱尔兰人那样动不动就吵得不亦乐乎，打架对意大利南部人来说，是件了不得的大事。意大利移民身上常常带一把刀或一杆枪，谁敢攻击他们，那是要冒生命危险的。有人认为，他们在 19 世纪大批迁入移民居住地段之后，那里的打斗事件就减少了。在爱尔兰人称霸移民“集居”的贫民窟时，无端殴打陌生人或向过路人行窃，乃属司空见惯的事，然而一旦碰上陌生人是个不肯让步又手持尖刀的意大利人时，搞这类欺侮行人的小动作就十分危险了。

职业犯罪活动在意大利南部是一门高度发达的艺术，特别是在黑手党的老巢西西里。大多数意大利移民并不参与这类活动，虽然他们也受到连累，被无辜地打上黑手党的印记，殊不知他们自身就是黑手党的主要受害者。在美国，有组织的犯罪活动，此时尚未发展到后来在禁酒运动时那样的猖獗程度。更何况，在意大利移民来美的那段时期，美国有组织犯罪的头目大多是爱尔兰人和犹太人。各移民种族代际传承下来的在职业和居住区方面的结构，后来也体现在有组织的犯罪上。

意大利人和其他移民种族一样，较高的犯罪率都发生在第二代人中，而不在第一代人中。在纽约市，美籍意大利人的犯罪率在两代人的时间里增加了一倍。

格外值得一提的是，在意大利移民当中，有一项特定的罪孽是不存在的。1890 年的一项调查发现，在纽约或费城，几乎没有“意大利妓女”。正如美籍意大利人生活中其他许许多多的现象一样，这一点同样反映出意大利南部的社会风气和价值观念。

意大利移民的后代

随着时间的推移，意大利人的不少价值观念和行为模式，都在美国的环境影响下发生了变化，但仍有一些原封不动地保留了下来。与其他移民种族一样，学校里灌输的是美国的价值观念和行为方式，孩子们由于在两个世界里长大，也就讲两种语言，受两种文化的熏陶。这固然有利于他们向上流动，却也在家庭里造成了两代人之间的冲突，而且时常造成个人内心的矛盾。

家庭依然具有压倒一切的影响，仍是忠诚的归宿。离婚、分居或抛弃妻室，在意大利人当中仍属罕见，这与早先的爱尔兰人或 20 世纪的黑人形成了鲜明的对比。居家朴实无华仍旧是美籍意大利人的风尚。此外，意大利人的家庭大体上也还是父亲说了算，尽管在日常生活中，具体的事多由母亲做主，包括如何支配丈夫挣得的大部分收入。

在叙述美籍意大利人的发展史时，人们容易忘记为这段历史付出的代价。约瑟夫·罗普里阿托曾令人信服地描述过意大利人的苦楚："愤怒的爱尔兰人；傲慢而惊慌的'美国人'；贪得无厌又诡计多端的包工头；不可靠的职业；逃不脱的工伤事故；在老板的大声呵斥之下，从早到晚弯腰低头，抡动铁锹干个没完；带有种族侮辱色彩的玩笑和脏话；贫民窟斗室之内的恶心气味；子女生病；孩子放学回家后希望知道为什么做个'热那亚人'是不好的……"等，意大利人什么痛苦的事都碰到过。

教育

美籍意大利人对接受正规教育是很迟疑的，认为它会威胁到家庭的价值观念，并使孩子失去就业的机会，无法赚钱贴补家用，在经济上划不来。不管是在美国还是在意大利，意大利人都高度重视实用知识，但正规教育却被认为是不实用的。在意大利南部，对于迁居美国的那些阶层的人们来说，正规教育确实是不实用的，从来美的第一代移民所从事的那些职业来看，正规教育的实用性也不怎么明显。在那时候，他们所能找到的工作机会根本就超出了他们的经验或可以领会的范围。《教父》一书的作者马里奥·普佐本人就是意大利移民的第二代，他曾说过：

> 母亲希望我能在铁路上找个书记员的差使。这是她的最高理想，达不到这一点她也是有思想准备的……她一字不识，在意大利时是个农民，她认为只有贵族子弟才有可能当上作家。

家庭对正规学校教育的支持不力表现在许多方面，比如逃学率高，放学后要干活，一到法定年龄（如果不是更早的话）就立即退学，等等。此种风气不仅反映出父母的想法，孩子在学校里也有其难处。意大利移民的孩子在美国的学校里，从言语、衣着到其他许多文化特征等，都使得他们成为别人嘲讽的对象。诚如当时流传的一句话所言，学校的教员也对招收这些孩子入学感到“遗憾和不安”。挣钱的诱惑力还体现在这样一个事实中：在芝加哥，出生于美国的意大利人子女，其辍学率甚至比在外国出生的意大利人子女还要高，而后者在就业方面是不如前者的。

按照早期意大利移民的狭隘观念，“要上学而不愿工作的儿子是个‘坏儿子’，要读书而不愿帮助母亲做事的女儿是个‘坏女儿’”。受教育意味着和家庭决裂。坚持深造的个别学生，内心感到矛盾和自责，这会妨碍他们和那些升学受到家庭和朋友支持及鼓励的人进行竞争。在这种背景下，人们就不难理解为什么意大利儿童时常在班上年龄偏大，而且偏大的程度超过其他多数主要移民种族的孩子。1911 年发布的一项研究表明，意大利南部移民的子女有 63% 的人，比所在年级的“正常”孩子年龄大。部分的原因在于，有半数以上的意大利儿童是 7 岁或 7 岁以后才入学的，但即便是在 6 岁入学的儿童当中，也几乎有半数人的成绩落在正常班级其他儿童的后面。

一般来说，移民子女离校辍学是常见现象，但这种现象在意大利人的子女当中显得特别突出。1908 年，纽约八年级的意大利学生人数，只相当于三年级的 1/3。对意大利子女来说，意大利移民子女的状况部分地反映出教育设备之不足。学生只有在达到给定年级的标准时才能升级，这种“超龄生”和“留级生”比比皆是。当然，和各移民种族的子女相比较，意大利儿童中的“超龄生”和“留级生”的比例偏高。在那一时期，读完中学的俄国犹太人子女占 16%，德裔子女占 15%，爱尔兰裔子女不足 1%，而全纽约市的意大利裔子女中读完中学的却连一个也找不到。到 1931 年，纽约全体中学生中读到毕业的占 42% 左右，而美籍意大利人的子女读到中学毕业的却只占 11%。

意大利裔子女在公立学校的成绩是如此之差，致使当时许多“专家”断言，他们在遗传上和智力上是属于“劣等”的。在那一时期，意大利裔的成年人和少年在智力测验中的得分都很低（不比今天的黑人高），但是随着社会和经济整合程度的加深，意大利人的智商得分在近几十年来有所提高。自20世纪50年代以来，美籍意大利人的智商得分一直在全美平均数的上下浮动。

随着社会—经济方面的进步，意大利人内部也产生了差别。在起色不大的美籍意大利人当中，求学甚至在20世纪50年代中期仍被视为可疑之举，学生没兴趣上学和家长认可的逃学是两个主要问题。今天，能上大学的美籍意大利人不如在一般美国人当中那样普遍，尽管差距已不如过去那么大。即便是在那些到高等学府去深造的美籍意大利人当中，传统习惯仍在各方面留下了它的痕迹，例如，阅读习惯差，觉得脱离了家庭的轨道似乎就“背叛”了家庭等。传统上对教育所持的功利主义观点，可以从美籍意大利学生所选择的专业上看出来，他们一般都报考“实用”或应用专业，比如男的读工程，女的选师范。

工作

第一代意大利移民绝大多数都是非熟练劳工，而第二代人则在职业阶梯上爬高了一步，其就业的范围和领域呈现出多样化的局面。

1905年在纽约的第一代意大利移民当中，从事白领工作的人的比例因其居美时间的长短而异。但不管在美时间的长短，有40%的人属非熟练工人。居美时间不足25年或达25年的意大利移民，从事高级白领工作的人微乎其微（不到2%）。居美达25年以上的意大利移民，有14%的人从事高级白领工作，但这个比例不但反映了时间因素，也反映出一个事实，即1880年之前迁居美国的意大利移民大多来自意大利北部。对那些居美不足25年或达25年的人而言，从事一般白领工作的比例有一个变化幅度，具体说来，居美时间在7年以下的人，从事白领工作的占9%，居美时间为15~25年的人，从事白领工作的高达24%。在波士顿的意大利移民当中，几乎有2/3的人在1910年是低层次的体力工人，但这批低层次的体力工人在他们的职业生涯后期，其比例下降到38%。该市1910年从事白领工作的意大利移民只占12%，但在这些人退休之前，这个比例升高到 37%。

代际的职业变化也反映出美籍意大利人地位的上升。在纽约，1916 年约有一半意大利裔工人是干体力活的，但到 1931 年，这个比例降到了 31%。意大利人的职业也开始呈现出多样化的趋势，有人当上了电工、油漆工、承包商和工头等。到 20 世纪 20 年代，意大利人开始在服装行业取代犹太人，而后者已经更上一层楼了。

意大利人也进入了市政管理人员的行列，数量不多，并大多从职业阶梯的最底层干起。19 世纪 90 年代在芝加哥，当清道夫的意大利人有 100 多个，还有人当上了下水道挖掘工、垃圾搬运工，也有人在各种建筑工程或维修部门找到了差事。19 世纪末，有三个意大利人在芝加哥当上了警察，其后不久又有几个人当上了消防队员，人数虽然不多，但一直在增加，20 多年之后，就增加到了好几十人。19 世纪和 20 世纪之交，在芝加哥做小学教员的意大利人仅有 10 个左右，但到 20 世纪 20 年代初，这个数字就缓慢而稳步地上升到 42 人。在意大利裔人口显得多得多的纽约，当教员的意大利人在 1905 年也只有 200 多人，1915 年增加到 400 多人。相比之下，早在 19 世纪末，在纽约公共工程中当市政职工的意大利人就有 8 000 人之多。同样在旧金山，意大利裔的市政职工多是清道夫（有人说他们在这里“享有垄断权”），下水道、自来水管道和煤气管道的挖掘工，他们也在桥梁、运河及港口等建筑工地上和维修场所干活。在全美其他城市，也存在类似的情形。

一如栖身于贫民窟的其他种族，美籍意大利人也不断地受到改革派人士的怂恿，让他们到农村去扎根。正如犹太人、爱尔兰人或其他种族的人一样，意大利人基本上对此也不感兴趣。多数人没钱购置农场，不少人打算返回意大利，很少有人愿意到那些与世隔绝的农场上去孤零零地了此一生，尤其担心在那里甚至连遥远的“邻里”都听不懂他们的语言，更不用说理解他们的生活方式了。当然，也的确有某些意大利人下乡了，他们是集体去的，大多数人是在农忙季节跑到乡下去打零工，有的人则办起了乡村企业。

在加利福尼亚，许多意大利北部人成了种植水果、蔬菜和酿制葡萄酒的企业家。在世纪之交，加州的意大利人有半数从事农业生产，这与全美各地的意大利人普遍都在都市就业的情况形成了鲜明对比。通过为加州的农业投资提供金融服务，A. P. 贾尼尼建立起日后发展成为世界最大银行之一的美国银行。另一个由意大利北部人早在1860年就开发出来的农业区在威斯康星州，他们做得十分成功，并很好地融入了当地的社会生活。在其他州也有意大利人办起来的小型农业社区，尤其是在得克萨斯州、阿肯色州、路易斯安那州和纽约州西北部。定居在这些地方的多属意大利南部人，他们发家的速度慢，遇到当地民众的抵制也多。但是，他们在意大利擅长耕作贫瘠土壤的经验，使他们敢于购买被美国当地人视为“无用”的贫瘠土地，并将之变为良田。这样，许多开始时十分贫穷的意大利南部人后来就成了地主，既为国家增加产出，他们本身也逐渐富裕起来，最终被接纳为这些地区社会的一分子。

和在其他领域中一样，意大利人在农业上获得成功的一个关键因素是，他们比别人更加卖力的苦干精神。许多意大利裔农场主都是从农场劳工和交谷租农干起的。由于缺钱，他们只能购买低价的荒地和肥料、垦伐林地等，这些都需要他们不分昼夜地苦干、打零工，全家操劳，长年积攒，才能最终把借贷还清。在某些地区，比如在纽约州的奥斯威戈县，意大利人后来终于在当地的水果和蔬菜种植及经销方面拥有了压倒性的优势。

在职业类型上，意大利人赶上了爱尔兰人，在业主人数所占比例上，前者则超过了后者。在1909年，波士顿的意大利人中有22%是经商的，相比之下，爱尔兰人中经商的人只占5%。到1950年，这两个种族的职业分布几乎一样。到20世纪60年代末和70年代初，美籍意大利人的收入已经超过了爱尔兰人，而爱尔兰人来美的时间却比意大利人早30多年。

意大利人多年来借以发家的那些渠道，一般都不要求受过正规教育。美籍意大利裔工人逐渐掌握了技术，其工资所得也超出了单凭他们的正规教育所能达到的水平。勤劳肯干一直是他们发家的强大力量，普遍很低的酗酒率也使老板觉得他们是可靠又可取的雇员。有趣的是，滴酒不沾的意大利人在当时（乃至现在都）极少，他们吃饭时都会把盏小饮一番（有时连小孩也喝上一点儿），但喝醉却是禁忌。

按美国的普通标准来衡量，苦干精神和强烈的“事业”心不能混为一谈。所谓事业心，它涉及一系列具有既定目标的前进步骤，通常从大学就开始了，其感情投入的程度也时常会和对家庭的承诺相冲突。此种职业进取精神在美籍意大利人当中逐渐形成风气，但进程是缓慢的。为家庭多干、苦干，向来是意大利人的一种气质，为工作而牺牲家庭，则为意大利人所不认同。美籍意大利人世世代代都乐于在文官体系中供职，上班时间固定，并认为恪尽职守自会得到报偿。而耗费精力和时间的职业，比如当经理或做学问，意大利人向来不敢问津。

社会组织

与意大利人的崛起相伴而生的，不仅是经济上的分化，还有他们在社会地位上的差别。甚至在各阶层中，家庭一词的意义也变得不完全相同了。在意大利裔的中产阶级人士当中，亲戚之间的拜访频率仅略高于一般的美国中产阶级。但意大利裔工人阶级走访亲戚的频率，仍是其他美国工人阶级的两倍。属于意大利中产阶级的人开始重视教育，并且在“二战”后，有越来越多的人将其子女送到教区学校就读。由于意大利人当上了教士和修女，学生家长已不像早期的父母那样，害怕其子女会在教区学校里“变成爱尔兰人”。

多年来，家庭的人口不管从相对或绝对意义上来说，也都发生了变化。在1910年，美籍意大利人家庭的平均人口仍在美国家庭人口的平均线之上，但到20世纪60年代，美籍意大利夫妻的子女数量已经比其他美国人少了，且只相当于早期意大利夫妻所生子女数量的一半。在1910年，35~45岁的美国妇女平均有3.4个孩子，而同一年龄段的意大利裔妇女则平均有5.5个孩子。到1960年，此指标的全美平均数是3，而对美籍意大利妇女来说，则只有2.4。曾是美国各种族中家庭人口数最多的意大利人，现在则和犹太人一样，成为家庭人口数最少的一个群体。

随着意大利人在整个经济和社会方面的崛起，他们也开始了有组织的犯罪活动，并于后来在这个领域里发展到独霸一方的地步。在意大利人参与其中之前，有组织的犯罪行为在美国早就存在了。一直到20世纪20年代，犯罪团伙的头目仍多是爱尔兰人或犹太人。美国宪法禁酒修正案付诸实施之后，有组织的犯罪活动大规模地发展起来，而此时又适值意大利后裔大批加入犯罪团伙的行列。偷运私酒及违禁开设秘密的酒馆（通常又和赌博或卖淫者相勾结）成了赚大钱的生意，而且是竞争性极强的生意。意大利裔的犯罪头目在这种暴虐殊死的竞争中，具备两条足以成功的长处：第一，他们在贩运私酒时能克制自己，不致酗酒；第二，正如家庭忠诚对一般意大利人的生活是关键因素一样，他们在营运私酒时，全家人能守口如瓶，毫不走漏风声。从事一种事关生死的买卖时，头脑清醒和家庭忠诚是格外重要的两个条件。

和其他方面一样，意大利人进行有组织的犯罪活动，也与籍贯有密切的关系。大多数从事有组织犯罪的意大利家庭，都来自西西里（现在仍然如此）。西西里的黑手党传统给美籍意大利人的犯罪辛迪加提供了结构框架，然而美国的黑手党却既非西西里黑手党的分支，亦非对其简单的移植。有组织的犯罪是美国的既存事实，自有其一套体系，美籍意大利人实际上不得不经过一番较量，才能打入其中。美籍意大利裔的黑手党分子，大多有共同的祖籍，这一点可由这样一个事实加以证明：即便是在20世纪20年代的禁酒时期，美籍意大利人作为一个种族，总体上的犯罪率仍比其他美国人低。

对于美籍意大利人来说，正如对其他一些因缺少发家资本或教育传统而无从在商界或学术界平步青云的种族一样，体育、娱乐圈和政界，也像犯罪活动一样，都能给他们提供向上流动的渠道。美籍意大利人进入体坛的时间要迟于爱尔兰人，而且从未在这方面像爱尔兰人那样取得过压倒性的优势。但是，像乔·迪马吉奥、洛基·格拉齐亚诺、文斯·伦巴第、约基·由拉和洛基·马齐亚诺这样一些响亮的名字，确实代表着意大利人对体育界的重大贡献。在音乐界，包括古典的和通俗的，意大利人在美国也和在欧洲一样，是无可匹敌的。他们在古典音乐方面出过像恩里科·卡鲁索、阿尔图罗·托斯卡尼尼、安娜·莫弗，以及贾恩·卡罗·梅诺梯这样一些大家。流行歌曲明星有弗兰克·辛纳屈、佩里·科莫、迪安·马丁和托尼·本内特，这些人只是著名美籍意大利歌唱家那一长串名单上的几个罢了，其中许多人改用了英国式的名字，如康妮·弗兰西斯或鲍比·达林等。

美籍意大利人在政坛上发迹较慢，但最终也造就出市级、州级和全国性的政界名人。第一位意大利裔政界大员是菲奥雷洛·H.拉瓜迪亚，此人是深知底层民众生活并有巨大号召力的极少数"改革派"人士之一。缺乏从政经验，缺乏种族内部凝聚力，是影响意大利人取得政治成就的两大障碍。直到20世纪初，意大利选民区在政治上仍由爱尔兰人当其代表。此种状况开始时并未遇到挑战，后来当意大利人崭露头角时，才巧妙地使选区分化，并逐渐控制了自己的选区。经过几十年的奋斗之后，意大利裔政客才掌握了与爱尔兰人或其他更富于政治经验的种族成功地进行较量的本领。卡尔明·德萨皮奥在1949年首次以意大利裔的身份当上了纽约坦慕尼协会的领袖，尽管意大利人早就是该市人口最多的种族之一了。然而意大利裔的候选人仍不像其他种族的候选人那样，总能赢得本族人的选票。甚至连闻名遐迩的拉瓜迪亚市长在1941年与爱尔兰裔对手（威廉·奥杜瓦尔）竞选连任时，也未能赢得纽约多数意大利裔选民的选票。20世纪70年代，犹太裔的纽约市市长候选人（阿布·比姆）也比其意大利裔对手赢得了更多意大利人的选票。

今天的美籍意大利人

今天，美籍意大利人在收入、教育、智商得分和其他许多指标上面，都与其他美国人大体相仿。最近的人口统计研究表明，意大利裔家庭的收入稍微超出美国的平均水平，但这些意大利裔家庭大多都居住在城市地区，而大城市居民的收入（以及生活开销）是普遍偏高的。近年来，意大利裔家庭的收入比其他美国家庭的平均收入高出 12%，这一事实可能只反映了地区性或城乡差别。但无论怎么说，对于在 20 世纪第一个 10 年收入仍只相当于全美平均数 45% 的意大利人而言，能赶上全美平均数就已经相当不简单了。

值得一提的是，意大利人的崛起基本上并未借助于人们通常视为必经之路的教育或与教育相关的职业。时至 1969 年，35 岁以上的美籍意大利人比起同年龄段的其他美国人的平均受教育年限，几乎要少两年，上过大学的人数也不到其他美国人中上大学人数的 2/3。他们在专业人员当中或在其他高级职位上，人数很少。在纽约市，意大利裔的专业人员在比例上还不如黑人高。在纽约市立学院和大学里，意大利裔的教授人数一直很少。到 1972 年，年青一代的意大利人（25~35 岁）在受教育年限上赶上全美平均水平，在大学毕业率方面接近于全美平均水平。这种教育上的进步在很大程度上是意大利人经济状况获得极大改善的结果——父母有条件让子女去读大学，而这显然不是改善的原因，因为经济改善早就实现了——意大利人的收入在 1968 年就超过了全美平均线。

美籍意大利人不仅苦干，也能攒钱。早期的意大利移民——大部分都是打算把家眷接过来或攒钱回国成家立业的男子——积攒下所得的一半是普遍现象。避免挥霍一直是意大利人的一个特征，强调自立是他们的另一个特征，这表现在许多方面，包括拒绝接受政府给予他们的法定救济，甚至在收入低微时也保持良好的银行信誉，不热衷于政治或投机事业。

在这种背景之下，人们可能就会理解意大利人和黑人之间的今昔关系所发生的微妙变化了。早期的意大利移民对黑人所表现出来的敌意较少（特别是在美国南方），然而目前，意大利人对黑人的看法与其他白人相比，是很不妙的。黑人领袖所强调的种族进步之路，恰是美籍意大利人所排斥的道路，后者认为靠政府救济和特殊照顾违背他们的价值观念。这两个种族的生活作风也相互冲突。双方都视对方的言语和肢体语言是故意的侮辱，而实际上，在两种截然不同的文化里，这些都有完全不同的内涵。下述事实又加剧了二者之间的冲突：

和其他白人的惯常做法不一样，意大利人在黑人迁入其地段时，恰恰不愿意搬走，坚持住在原地（哈莱姆至今还有一个意大利人的社区），从而使他们比其他种族有更多的机会和黑人发生摩擦。美籍意大利人和波多黎各人之间也有类似的问题，但与美籍华人却并非如此。华人虽然肤色不同，但其价值观念和生活作风却与意大利人并无相悖之处。意大利人和中国人相处得很好，远胜过他们与爱尔兰人的关系，爱尔兰人的生活作风——特别是在 19 世纪——就是 20 世纪城市黑人生活作风的摹本。总而言之，笼统地用“种族主义”这个字眼来解释，无法找到族际敌对关系的缘由。

意大利移民及其后代尽管如此强烈地抱着祖国的文化特征不放，却未能因此形成美裔意大利人强烈的种族认同感，致使移民后代对意大利的民族感情更弱了。在日益美国化的过程中，美籍意大利人也多少意识到他们在美国是个单一的种族群体，对祖国意大利也有某种关切感，但与美籍爱尔兰人对爱尔兰或犹太人对以色列的极高关心程度相比，实在不可同日而语。美籍意大利人曾一度对本尼托・墨索里尼的崛起感到欣喜若狂，不过在 20 世纪二三十年代，意大利裔之外的美国人也曾有同样的情绪，当时报界对墨索里尼的有利报道就可证明。但从未有人当真要把墨索里尼的意识形态移植到美国来。在“二战”时，美籍意大利人欣然地参加了美军进入意大利的战斗，并未产生爱国心方面的矛盾感。他们在美军中的存在很可能催生了意大利民众对美军的友好态度。

美籍意大利人新近的种族认同感，与某些其他种族那种抱成一团的态度或在政治上清一色地选举本族人的做法，仍然存在着极大的差别。意大利裔候选人仍不能像其他种族的候选人那样，完全可以指望依靠本族选民的选票。1965 年在争取提名为审计官候选人的预选活动中，马里奥・普罗卡西诺将本族的选票丢给了犹太裔竞选对手，其之所以能获得提名，只因为他在犹太人选区反倒赢得了多数选票，岂不怪哉！在后来的一次选举中，普罗卡西诺获得了意大利裔选民的支持，但那显然不是因为他有个意大利式的名字，而是因为他在某些问题上的立场对意大利裔选民的利益十分重要。在 1962 年的马萨诸塞州州长竞选活动中，意大利裔候选人约翰·伍尔普在与他的老对手、盎格鲁–撒克逊裔的恩迪科特·皮博迪的角逐中，只赢得了 51% 的意大利裔选民的选票。

意大利人在政治上的成功来得相对较晚。意大利人第一次当选为参议员是在 1950 年，第一位意大利人被任命为内阁成员是在 1962 年。某些意大利裔候选人赢得过本族选民的多数选票，某些犹太裔候选人照样能赢得多数意大利选民的选票，约翰·肯尼迪于 1960 年竞选总统时曾在马萨诸塞州获得意大利人 85% 的选票。一般说来，在意大利选民当中，民主党比共和党更得人心，但两党的极端自由派——如 20 世纪 60 年代的纽约市长约翰·林赛——都在争取意大利选民投票上遭遇惨败。

尽管纽瓦克和费城等地的黑人与意大利人之间的政治（及其他方面）对抗，曾被广为宣传，然而这些肤色及种族间的冲突，是他们对社会问题（比如警察权力和控制犯罪等）看法上的强烈分歧所致，当然与族际敌对情绪也难以截然分开。在 1968 年，对民权运动持反对观点的总统候选人乔治·华莱士仍在纽瓦克获得 21% 的意大利裔选民的支持，在克利夫兰获得 29% 的意大利裔选民的支持，在全美获得 10% 的意大利裔选民的支持，相比之下，除去南部，他只获得全美 8% 的选民的支持。但是，就在同一年，竞选马萨诸塞州美国参议院议员的共和党黑人爱德华·布鲁克，获得该州意大利裔选民 40% 的选票，比该党的总统候选人理查德·尼克松在马萨诸塞州赢得的意大利裔选民的选票还要多。1970 年在纽约，一位竞选州府公职的候选人，在纽约州西北部获得大多数意大利裔选民的支持，而在纽约市他就不行了，因为该市的黑人和意大利人在地方问题上是壁垒分明的。与 1928 年南部（这里的天主教徒极少）不投阿尔·史密斯的票以此反对天主教徒的情形相反，意大利人和黑人在政治上的对抗，看来主要发生在那些因利益或价值观念发生现场冲突而使他们各执一端的地区，而不主要是因为存在一般的种族主义。一般的种族主义应当适用于不管附近有无黑人的任何地方。

美籍意大利人长期以来对学校、民居计划和其他局外人硬性制订的“美国化”计划，尽管感到愤懑并进行抵制，但他们却以自己的速度和方式，变成了地道的美国人，尤其以爱国主义著称。在“一战”中，当士兵仍以种族划分编制时，美籍意大利人应征入伍的比例要高出其他种族，最终的牺牲人数在比例上也高于其他种族。尽管他们只占美国总人口的4%，但在战时的伤亡人数却占到美军伤亡人数的10%。

从长远看，事实证明，美国确实是从意大利来到这里的那些人的机会之邦。但是，把机会变成现实，也的确要付出艰苦的劳动并具备持久的毅力。某些早期的意大利移民用他们的双手获得了新生，当他们举起自己的双手说“美国就在这儿，这就是美国”时，他们对此已做了最好的总结。

Ethnic America
A History

第3部分

来自亚洲的美国人

Ethnic America

A History

第六章
华人

“华侨”的存在是一种世界现象，从东南亚到加勒比海的广大地区都有他们的踪迹，美籍华人只是其中一部分。截至 1930 年，已有 800 多万中国人背井离乡，迁居世界各地。这些海外华人在民众极为贫困的当地社会里，时常顺利地成为店主、商人和银行老板，从而引起本土人对他们的忌恨，受到政治迫害和零星的暴力骚扰，与犹太人在欧洲的长期遭遇如出一辙。中国人常被称为“亚洲的犹太人”。海外华人从事的职业和犹太人极为类似，他们在许多不同的国度里，过着自己独立的文化和社会生活，这也和犹太人相同。中国人的技能和组织本领，使他们成为许多贫穷国家的有价值的外来户，而家境富足又使他们成为政治上受打击的对象。所以，这些国家的政府对华人的态度，一直就是爱憎兼具的。许多拉丁美洲国家对中国移民的态度，向来是时而鼓励，时而限制。时至 1966 年，所罗门群岛政府还就是否要驱逐所有华人的问题进行过辩论。在印度尼西亚和墨西哥，都曾发生过对华人的大屠杀。目前在马来西亚仍存在着就业配额制度，限制作为少数民族的华人找到理想的工作或其他发展经济的机会，以袒护马来人。在越南共产党接管政权后被赶出越南的许多“船民”都是华裔。

美籍华人历来是世界华侨大军中一个极小的组成部分。他们的经历清楚地体现出他们带来的文化与他们在美国所处的环境这二者之间的相互作用。

中国

中华民族悠久的历史和文化，可以追溯到基督降生之前几千年。中国曾在很长的一段时间内一直是世界上经济、技术和社会组织最先进的国家。中国在11世纪所达到的经济发展水平，让任何一个欧洲国家在18世纪之前都望尘莫及。现存最古老的一本印刷书籍，是公元9世纪在中国印刷出来的。中国的铸铁术比欧洲要早1 000年。在10—12世纪的宋朝，中国就有了钢铁工业，生铁年产量达十多万吨。马可·波罗在中国发现了一个有200万人口的城市，而当时欧洲最大城市的居民也不过区区5万人。时至16世纪，中国人仍拥有世界上最高的生活水平。

海外华人的出现和这个伟大文明的衰落是相关的，两者皆自明朝开始。由富有改革思想的知识分子所主宰的政府，对经济和社会，特别是对大规模的商号，实行全面的控制。在明朝统治的最后一个世纪，中国人开始外流，形成首批规模颇大的华人社区。这些海外华人的技能和组织本领，使他们到处都能吃得开，但却加剧了明朝的衰落。

“二战”前移居美国的华人，绝大部分来自中国南方的一个省份，即广东省。而且，他们的籍贯非常集中，多属广东省7个地区之一的台山。在中国这样一个地域差别很大的国家里，这一点是很重要的。因此，那批美籍华人的语言是台山方言，类似广东话，但它和中国通用的语言相去甚远，以至于他们与其他华人移民难以沟通。尽管长期以来，中国的书面语言是相同的，但口语的差别相当大，存在着许多互不相通的方言。“二战”后移居美国的华人一般说普通话，这在他们和原有的在美华人之间造成了隔阂。

和意大利一样，中国的地方主义源于其地形。山脉和丘陵分割了这个国家，它的两大河流（北方的黄河和南方的长江）的流域很不相同。中国人虽属同一个种族，但这并未妨碍他们按各自所处的区域、所操的语言和所具备的文化背景，将自己视为各不相同的群体。中国人在那极为动荡的历史中所留下的遗产，就是忠于本国本土的家族，将其视为个人唯一可以依靠的归宿。誓死向家族敌人讨还血债，在中国是根深蒂固的传统，这也和意大利的情形相似。

在近代中国，地方和中央政府的软弱无能，导致出现了各种强权和暴力的自治中心，比如家族、军阀和秘密社会等。近代中国的秘密社会组织，或"堂"，正如意大利南部的黑手党一样，曾一度是抵抗和报复外来军阀压迫的力量，获得了广泛的民众支持，但他们同时也成了专门从事敲诈勒索的犯罪分子。这些秘密组织或堂，成为包括美籍华人在内的海外华人社区的一个共同特征。

随华人来到美国的中国文化的另一特点，乃是对知识的尊重。帝制时代的中国，千百年来都通过教育和科举考试来选拔其文职官员，有学识的人备受尊重。美籍华人经历几代人的时间才能在美国获得和充分利用高等教育，但在机会到来之前，他们就已做好准备了。虽然中国作为一个整体，过去主要是一个农业国，但是广东省的台山地区却是一个多山而贫瘠的地方，没有发展什么农业。那里的老百姓一般从事贸易，做中间人、推销员和商人。许多人到了香港，在那里结识了欧洲人，并得知1849年在加利福尼亚发现金矿的消息。真可谓鬼使神差，由此开启了华人向美国迁徙的历程。

第一代华人移民

许多华人是作为合同工或依靠向美籍华人组织借钱才来到美国的，这些组织在美国对华人起到一种监管的作用。和别的那些完全不熟悉美国语言和文化的移民一样，中国劳工经常在由自己的同胞监管的集体里干活。中国人体形虽然比美国人瘦小，但在农业、铁路修建和其他繁重的体力劳动方面很能吃苦。而且，他们对薪水的要求低，生活俭朴，能从美国人认为是微薄的收入中攒下钱来。正是这些品质，使得中国人被白人视为竞争对手，对其又恨又怕。

到 1851 年，加利福尼亚州已有 25 000 名华人。到 1870 年，美国有 63 000 名华人，几乎都分布在西海岸。1880 年，大约有 6 000 名华人来到美国；1881 年，华人到美人数又增加了 1 倍；1882 年，又增加了 4 倍。后来，一项旨在排斥中国人的移民法，把华人的流入量一直控制在千人之下，直到 1890 年才回升到 1 716 人。

最初的华人移民几乎都是男性。这和其他种族的情况一样，表明移居美国只是尝试性的，而不是永久性的。许多人与其说是移民，不如说是旅居者。早期来美的华人，约有一半没有定居下来。1880 年，华人离美的人数已超过入美的人数。这部分是由于他们本来就有在美国赚了钱就回国的打算，部分是由于他们在美国的不愉快的经历。

美国人对待中国移民的态度是苛刻的，有时甚至是粗暴的。华人既不是白种人，也不是基督教徒。而在当时，这两条缺一不可，无论哪一条都足以构成致命的弱点。华人的长相、衣着、饮食都与美国人不同，并遵循着对美国人来说完全陌生的习俗。无论是从文化上还是从生理上，他们都被看作不能够被同化的种族。美国人视其为竞争对手，因为他们吃苦耐劳，工资却很低，这将会拉低美国劳工的生活水平。美国工会长期不遗余力地站在排斥华人移民的前列，想把华裔居民赶出美国。1885 年在怀俄明州的一个煤矿，华工因罢工而遭到屠杀。只有最重、最脏和最低下的工作才给他们干。铺设通过加利福尼亚州，穿越内华达山脉后进入犹他州的那段太平洋中央铁路路轨的劳工，多数是华人。那些试图淘金的华人，个个都被美国西部淘金营地的白人给赶跑了。1885 年，加利福尼亚州的一个华人社区，由于受到一伙暴徒的武力威胁，那里的居民全部被迫离开。几乎与此同时，华盛顿州的西雅图和塔科马两市也赶走了当地的中国人。类似的事件还在温哥华和阿拉斯加发生过。

除去这些引人注目的迫害之外，偶发的骚扰事件也是普遍现象。剪掉中国男子脑后拖着的长辫子，是个很时兴的恶作剧，而这对那些不幸的华人男子来说，后果是很严重的。因为按照清朝的法律，没有辫子，他们不得回国。刚到旧金山的华人移民，往往被当地的街头流氓“护送”到唐人街，路上遭到他们的“无端辱骂和殴打，被投掷碎砖块和烂水果，简直是一片爱尔兰醉鬼狂欢的气氛”。而在这些骚扰之后，则是随时可能发生的更为严重的暴力威胁，白人暴徒在西海岸和落基山脉地区，不时地焚烧和洗劫唐人街，在所到之处滥杀无辜。1871 年在洛杉矶，一伙白人歹徒一夜之间射杀、绞死了约 20 名华人。

除了受到街头无赖和歹徒的袭击之外，华人还受到体面阶层的另一种形式的打击。1882 年的《排华法案》大大地削减了华人移民来美的数量，其他新的法律先是禁止在美华人入籍成为美国公民，接着又把公民身份当作从事多项职业甚至拥有土地的先决条件。1854—1874 年，有一条法律禁止中国人在法庭上提供不利于白人的证词，这实际上等于公开宣布可以任意凌辱华人，华人遭到抢劫、伤害和攻击时，法律是不管的。

中国赴美移民的大门几乎彻底被关闭，这给在美的华人带来了深远的灾难性后果。因为早期的华人移民差不多都是男性，所以对绝大多数在美的华人来说，过正常的社会或家庭生活的一切希望都落空了。许多华人在国内有妻子儿女，终生难以见面。由于就业机会受到严格的限制，许多人付不起回国恢复正常生活的盘缠。来美国的旅费尚可以待抵美后做苦工去偿付，但从美国回国——是到欧洲路程的两倍多——则是一件很困难的事。作为旅居者来美的许多人，就这样被永久地困在了美国。另一些本打算和家人在美定居的人，现在既不能把家人带来，本人也无法成为美国公民，真是进退两难。

自从实施严苛的移民限制以后，私运中国人来美成了一桩很大的买卖。一些人为了移民而偷渡来美，包括女人，一些女人沦为妓女。为娼者有的是出于自愿，有的则是被迫。

当时曾出现过一个习语，叫作“未必属于中国佬的机会”，意思就是说，事情无望了。

中国人在夏威夷的经历，比在美国本土要好得多。波利尼西亚人和白人开始时的友好关系，在各种族间（包括混血人种之间）已经营造了一种比较融洽的气氛。中国移民中单身的男子特别多，他们有些人与夏威夷女子联姻，而在美国本土，华人与白人女子的婚姻在社会上和法律上都是被禁止的。1884 年华人人口曾占夏威夷人口的 22%。在以后的年月里，其他种族移民大量涌入夏威夷，从而降低了华人的比例。到 1898 年夏威夷并入美国时，《排华法案》也随之延伸到这块领土上。

经济状况

举凡华人被容许立足的地方，都属于那里的职业急需人手而白人又不愿意去干的地方，例如矿区的厨师和洗衣工，或城里人家的仆人。早期的华人也做田间农工，早出晚归，工资却很低。1870 年，加利福尼亚州 1/10 的农场劳工是华人，到 19 世纪 80 年代中期，过半数的农场劳工都是华人。事实证明，在农田里干活，华人比白人更勤劳，也更认真。在修筑铁路时，华人很能吃苦，集体铺轨时有坚韧不拔的毅力。10 000 名华人劳工帮助修建了太平洋中央铁路。

在美国的华人和在其他地方的海外华人不大相同。商人、银行家和受过教育的华人，并不到美国来忍受侮辱、歧视和暴力。来美的是那些贫困的、受教育不多的，而且经常是年轻并缺乏经验的中国人。

随着时间的推移，中国人离开了或被赶出了矿区、农田和铁路。他们大多在加州的一些城市里安顿下来，也有一些人往东部搬迁。那些雇用华人的美国老板，时常受到骚扰和威胁，所以华人就业无门，只能自谋出路或者去做家仆。在几十年的时间内，他们的主要职业就是开洗衣店。中国餐馆是另一个就业渠道。这些餐馆大都坐落在华人社区或唐人街，竭力让人感到他们不是在与白人竞争。及至1920年，在美国有一半以上受雇的华人仍在洗衣店或在餐馆干活。洗衣店的数量远远超过餐馆的数量，因为洗衣店不需要很多的本钱，也不需要懂多少英语就能开。尽管被严格地限制在这两种职业领域里，华人还是借此获得了成功。华人的手工洗衣店成为美国社会不可或缺的一部分。中国餐馆供应的食品也是如此。炒杂碎、炒面、炒饭，虽然样样都不是地道的中国菜，但却成了美国人喜爱的佳肴。除此之外，唐人街上还开了华人食品杂货铺，提供各种符合华人口味的食品。

即便是在他们狭小的圈子里，华人仍然遭受着法律的骚扰。华人开办的或按中国方式经营的商铺，被课以特别税和附加费。例如，在19世纪的旧金山，对那些不用轻便马车将洗好的衣服送给顾客的洗衣店所征收的执照费，就要比一般洗衣店高得多，而且，中国人用扁担挑着篮子送衣服的方式，也被认定是违规行为。

面对无处不在的歧视，中国人的反应是退避三舍，尽量不惹人注目，这和身处隔离区或篱笆墙之内的欧洲犹太人很相似。唐人街发展了自己的社会组织，并推举出领袖来处理内部事务，除非万不得已，绝不求助于当地的美国机构。这种情形在亚洲和其他地区的华侨中也是普遍存在的。在美国，华人领袖故意避开法庭和政治舞台。这样做之所以可行，部分是因为美国的华人都住在自成一体的社区内，大家都来自中国某个省的同一地区。在这些飞地上，他们原原本本地保持着中国的传统文化价值，而这一套在中国本土却正在瓦解。

美国唐人街的领袖，其权力的来源不是政治威望，而是他们的财富和有借用武力的门路。当时美国社会给华人提供的经济机会很少，社会机会更加谈不上，在这种情况下，控制民间团体的华人老板清洗政治上的激进分子或闹工潮的人的方法很简单，只要不给他们工作或信贷，就足以使他们走投无路。华人内部组织可以决定何人可在何地工作，何人可在何处开办企业，以及通过什么办法来筹集资金等。

经济和社会压力有武力做后盾。存在于中国和其他海外华人社区的秘密社团或堂，也存在于美国的各唐人街。19 世纪，秘密社团的杀手用斧头做武器去行凶，于是在美国英文里出现了“斧手”一词，这个词现在可指代进行各种罪恶活动的人。但秘密社团的斧头，渐渐演变为左轮手枪和机枪，这可算是华人被美国社会同化的一部分吧。

各个堂具有划定的开妓院、赌场和鸦片馆的范围，早期唐人街的大多数居民无家可归，身边也没有女人，所以赌嫖和吸食鸦片在他们中间十分盛行。各堂之间不时爆发零星的暴力冲突，19 世纪唐人街爆发的“堂战”尤其血腥。进入 20 世纪后，堂战仍不时打响，一直延续到 1931 年。尽管发生过轰动报界的耸人听闻的堂战，但大多数美籍华人素来是安静平和的。

社会状况

也许早期中国移民的最大悲剧，就是这个如此重视家庭的民族被剥夺了在美组建家庭的可能性。1882 年，美国单方面地压低中国人移民美国的数量，结果造成华人两性比例失调，其程度之严重，超过任何别的种族。1860 年，在美华人的男女比例约为 20∶1，到 1890 年更上升到 27∶1。时至 1930 年，这个比例仍为 4∶1。很明显，在这种情况下，许多早期抵美的华人无法繁衍后代。这意味着，华人作为一个种族群体，融入美国文化的时间被耽误了。在美国出生的第二代华人几乎没有，直到 1940 年大多数美籍华人仍然不是在美国出生的，所以无从通过学校来学习英语和美国习俗，更谈不上像其他种族那样有孩子来帮助其父母去适应美国文化了。华人男子常被困在美国，既不能过正常的家庭生活，又因为贫困而不能返回中国。在一个既不为人所需而他们自己也不想待下去的国度里，数以千计本来就没有打算终生留居美国的华人，孤独地度过了他们的一生。

犹如在中国，某些家族在美国的华人中势力很强大。家族的领袖既有经济实力又有社会影响。一个华裔商人通常掌握着一个家族的领导权，在商号附近为其族人提供住宿，给他们以接济、关照和庇护，也帮他们打开门路。因为在美国华人人数比较少，一些家族就联合起来成为一个大家族。家族保守生意上的秘密，并限制新商号、洗衣店和餐馆的开办。不同的家族统治着美国不同城市的唐人街。

除了家族之外，还出现了各种各样的互助组织，这些组织起到了就业介绍所、轮流借贷协会、调解机构和社会团体的作用。因为这种互助组织有多项功能，所以它们能赢得华人的尊重或认可。没有这种组织，这些流落异国他乡的苦命人就将失去许多必需的服务和享受。各种华人互助组织最后终于合并为华人慈善总会，一般称作“六公司”，形成唐人街的统一声音，并为在美国的所有华人说话。

来自家族、六公司和堂（既独立又能管教本堂成员不违反其他华人组织的规矩）的道德、经济和政治压力，使美国的唐人街成为高度自我封闭的社区。

在 19 世纪最后的 25 年里，唐人街不仅对华人，而且对那些醉心于嫖娼、赌博和吸毒的白人来说，都是罪恶的渊薮。华人把鸦片引进美国。经常光顾唐人街红灯区的白人，都是些流氓和恶棍。唐人街帮派的暴力行为本来就随时都可能爆发，这批白人歹徒的到来，进一步加剧了那里的危险性。当时，唐人街那种破旧不堪、藏污纳垢和暴力横行的状况，恰好被反华分子用来作为限制华人入境的口实，尽管造成这种状况的主要原因，正是当时实施的排斥华人移民的政策。

华裔移民的后代

随着时间的推移，为数不多的美籍华人女性生养了第二代。第二代人的数量仍然有限，但他们长大后还是稍微缓解了华人两性比例严重失调的状况。然而，从那时起直到“二战”结束，美籍华人中男多女少的状况一直没有得到根本改观。还有一批数目不详的中国女子被偷运到美国（其中一些人明显是作为妓女被贩卖来的），混在一大批于排华时期被偷运到美国的华人当中。大家都知道，许多唐人街居民直到1960年还必须有意躲避人口普查员，害怕其非法移民的身份被发现，一些华人富商千方百计不让他们的妻子抛头露面，更不准许她们和其他华人男子接触。结婚的华人男子所占比例甚小。20世纪初在纽约，结婚的华人男子本来就很少，且过半数是与异族联姻的。在此后的几十年里，由于华人女性逐渐增多，这个比例才有所降低。随着已婚华人男子数量的增加，和异族通婚的比例在20世纪二三十年代逐步降到1/4左右。华人男子娶来的异族女性大多是白人。

虽然大多数华人男子独居，但他们实际上并非光棍汉。1910年，生活在美国的华人男子中已婚的人超过单身的，只是大多数人的妻子不在美国罢了。

尽管嫖妓、吸鸦片、赌博在唐人街盛行，华人男子还是给他们在中国的家庭寄回了可观的汇款。由于大多数美籍华人来自中国一个省的特定地区，从美国寄回来的汇款就集中到这个地方。这个地方就是台山，台山因而成了中国最富裕的地区之一。该地铺起了马路，安装了电灯。这里的教育设施直到20世纪中期新中国成立时，一直是广东省最好的。这些学校就是用美籍华人汇来的钱修建和维持的。台山民政项目的资金也是从美籍华人那儿募集来的，洗衣店老板、餐馆工人和其他华人都掏过腰包。按照美国标准，这些人仍处在贫困之中，但按中国标准，他们已经很富裕了。1938—1947年，每年从美国寄往中国的汇款平均数额达700万美元。

随着滞留在唐人街的华侨旅人年事渐高而去世，另有一些较为幸运的人筹集了足够的钱返回中国，他们的亚文化也就逐步瓦解了。由于这些落魄者人数的减少，唐人街的犯罪率开始下降。1900—1927年，在美国被逮捕的华人，有2/3所犯下的是与旅侨密切相关的三种罪行，即嫖妓、吸毒和赌博。20世纪50年代末和60年代初，在肯塔基州列克星敦吸毒治疗中心接受治疗的华人，有70%的人出生在中国，有90%以上的人在美国的洗衣店和餐馆里干活，有60%的人年过50。同期旧金山华人的自杀率，是全美平均数的三倍，死者几乎都是出生在中国的华人。这只不过是美国法律和歧视行为导致华人付出悲惨代价的一部分而已，这些法律和歧视行为使第一代华人几乎没有任何办法在美发财致富，又无法回到中国和亲人团聚。

1930年，美国政府对移民法进行了修改，允许少量仍在太平洋彼岸的华人妇女来美和她们的丈夫团圆。1943年，美国撤销了1882年的《排华法案》；1945年，新通过的立法允许数量有限的中国移民来美，这些措施改善了两性比例的不平衡状况，使得这个注重家庭的民族的移民能过上比较正常的家庭生活。新来的移民大多数是女子，又多处在适婚的年龄。短短几年，8 000多名华人男子把妻子接来美国。其中一些人历经了几十年的分离之后重新团聚，时常相对无语，未料此生还能见面。许多男子回中国结婚，按照传统的方式，请媒人说亲。甚至这个时期在美国结婚的华人，由父母或媒人做主选择对象的也占了很大比例，当然这种联姻均在不同程度上征得双方的同意。

经济状况

尽管早期美籍华人的就业机会十分有限，唐人街仍能照顾自己同胞中的贫困者。甚至像1906年旧金山大地震和20世纪30年代的“大萧条”这样一些浩劫，都没能迫使华人向公共救济伸手求援。虽然1906年强烈地震之后的大火烧毁了唐人街，造成许多人无家可归，但旧金山华人得到的接济远远低于按人数应得的份额，申请公共援助的人更少。该地的华人社区组织从其他城市的华人那里筹集资金给受灾户提供救济，使其重建家园。

即使在20世纪30年代初，当“大萧条”达到顶峰时，也极少有华人接受联邦政府的失业救济。1933年，芝加哥有10%的白人接受联邦失业救济，华人则只有4%。在纽约，接受这种援助的白人有9%，华人却只有1%。其他城市的情况也大体相仿。一些华人家庭协会在门厅放一桶米饭，以便挨饿的人前来领取他本人和家人所需分量的食物，并在他情况好转时再主动送还。

19世纪华人与白人直接竞争时的那种反华情绪，在华人退缩到自己的土地，既不进行竞争也不加以反抗之后，那种狂热的势头大减。唐人街此后成了旅游胜地。华人组织谨慎地保持着唐人街的观瞻，尽可能地自己处理贫困和其他问题，几乎没有再触发过政治抗议。

个别的华人，特别是那些在美国出生因而属美国公民的年青一代华人，被送往高校深造，悄悄地进入一些专业领域。这些开拓者以自身的事例，有力地回击了美国人普遍存在的那种认为华人是不可同化的异族的世俗偏见，并证明华人应当在更大程度上被接纳。华人这种静悄悄的渗入战术，加上美国种族主义普遍退潮，尤其是反华情绪的低落，致使华裔专业人员的数量有所增加，不管是从相对比例还是从绝对数字来看都是如此。1940年，加利福尼亚州只有3%的美籍华人是专业人员，而白人比例则为8%。到1950年，华人的比例翻了一番，增至6%，白人的比例增至10%。在其后的10年里，华裔专业人员的人数提高了三倍，达到18%，超过了白人15%的比例。奇怪的是，夏威夷对华人的敌视程度从不像美国本土那么严重，但华裔在夏威夷的进步和白人相比，不管从相对还是绝对的角度来看，都要逊色得多。在1900年，华裔和日裔的专业人员比例尚低于黑人，东方人做家仆的比例也超过黑人的一倍多，由此可见华人后来的发展程度是何等可观。

受过高等教育的华人，作为首批打入美国社会的楔子，其数量是很少的。1940年，在25岁以上的华人中，受过高等教育的人所占比例不到2%。但在这批为数不多的人当中，有80%的人进入了专门领域，大部分在科研岗位上。在这之后的20年里，随着接受高等教育的华人青年数目的增加——达到总体就业人数的20%，他们进入的专业领域的数量相对来说是稳定的。1960年，半数以上的专业美籍华人在从事科研、财会、工程、制图和高校的教学工作，过半数的华人大学教员教授工程或自然科学专业。

然而大体上来说，华人最初的经济起飞，不是借助于从事专业工作，而是立足于唐人街自身的商业活动。华人无法获得美国一般银行和其他金融机构的贷款，但这并不能阻止华人企业的兴起。一种轮流借贷的“标会”是华南人当中的传统组织，通过它可以筹集资金用来投资。这种筹资方法本身很简单，每个成员轮流使用所有其他成员投入的会款。其成功的秘诀在于赖账的人极少。一种强烈的个人和家庭的荣誉感，使得任何成员都不会拖欠会款，如果某人欠账，他的家庭就要代付。这种集资办法并非华人所独有。关键在于，中国人的价值体系——特别是家庭的荣誉感——使这种办法行得通，而赖账则将毁坏整个计划。直到 20 世纪 50 年代，“标会”一直是唐人街集资的主要手段。

“二战”时劳力短缺，这为华人提供了许多新的工作机会。许多华人抛弃了唐人街的传统行当，转而投身于这些新的工作。勤奋的工作习惯和无须老板监督，这是第一代来美华工的特点。歧视性的障碍一旦拆除，这些品质就成了劳工市场上起决定作用的有利条件。到 1960 年，华人从事专业工作和经商的人数，已经超过了从事体力劳动的人数。1959 年，美籍华人的平均收入超过了其他美国人。

随着经济地位的明显上升，美籍华人的居住地开始分散开来。大多数美籍华人已不再住在唐人街，唐人街的居民只剩那些早期移民当中因无法返回中国而被困在美国的上了年纪的华侨，以及那些重蹈早期华人贫困经历的新一代华人难民。这些难民在中国餐馆或轻工业部门干活，工时长、工资低。上了年纪的华侨和新来的难民的存在，凸显了两个矛盾的事实：一是尽管美籍华人作为一个整体，工资高于全美平均数，但是唐人街低收入的华人却特别多；二是尽管美籍华人作为一个整体，所受教育的水平（和质量）高于一般水平，但美籍华人当中的文盲比例却远远高于全美平均数（是黑人的好几倍）。

社会状况

和其他种族不同，美国的华人人口在过去几十年呈下降趋势。1890 年，美国有 107 000 名华人，而 1920 年只有 61 000 名。华人中有的去世了，有的离境了，却很少有人来填补缺口。但人口下降的趋势最终扭转了过来，因为妇女的比例增长了，越来越多的华人子女在美国出生。1930年，美籍华人的数目增长到75 000人，到1950年，甚至超过了1890年华人人口高峰期时的107 000人。

19世纪末和20世纪初破烂肮脏的唐人街，随着美籍华人人口构成的变化开始旧貌换新颜。老华侨上了年岁，有的已经逝世，有的返回中国，从而使唐人街的妓院、赌场和鸦片馆无人光顾。唐人街餐馆的开张和旅游业的兴起，使华人感到有必要压制暴力和清除污秽，因为这些现象会降低华人社区对游客的吸引力。除此之外，缓慢但稳步增多的家庭数目，又形成了一股新力量，他们反对唐人街的犯罪和暴力。这股新力量虽然人数不多，但队伍却在日益壮大。

在20世纪最初的几十年里，唐人街内部的权力平衡，不利于作恶多端的堂。六公司责令其成员拒绝向堂支付保护费。唐人街的居民开始和警察合作，追捕和起诉犯罪分子以及那些长期包庇堂的腐败警察。这都是先前闻所未闻的。无法加以根除的有伤风化的活动（赌博是广东人根深蒂固的陋俗）则被迫转入地下。在那些想吸引观光客的华商的压力下，仍在营业的赌场被孤立在游客的视野之外，也不准对华人社区之外的陌生人开放。

华人领袖主持了唐人街的重建工作，他们用现今唐人街典型的宝塔形建筑来装饰自己的地带。面貌一新的唐人街，旅游业兴旺发达。华人的节庆和游行活动受到警察的保护，并成为招揽大批非华人观光客的市政项目。

新兴的旅游业就像摇钱树，于是许多堂放弃了犯罪勾当，转而开办为旅游业服务的餐馆和商店。许多组织还摈弃了“堂”的名称，改名为各种“商会”。

尽管巧妙的、有组织的犯罪活动仍存在于唐人街，但一般的美籍华人还是非常守法的，这和美籍意大利人的情况相似。因此，唐人街有组织犯罪的减少，意味着那里的犯罪发案率普遍有所降低。1946年进行的一项调查表明，纽约唐人街在8年多的时间里，只有一人因酗酒被捕，因谋杀或其他重大罪行而被逮捕的一个也没有。

出生在美国的新一代华人子女，遇到了与其他移民后代一样的语言障碍，有时他们到偏远的学校去上学（比如19世纪末20世纪初在旧金山），或就读于华人集居区那些华人子女占绝大多数的学校。在清一色的华人子弟学校或跟其他种族混杂的学校里，华人子女的学业都很出色。对华人的一些早期研究表明，他们的智商低于全美平均数。但到20世纪30年代，华裔少年的智商就等于或高于全美平均数了，而且后来一直如此。纽约唐人街的老师对华裔学生的评价是，和白人学生相比，“他们品行好，听老师的话，独立性更强”。在美国出生的华裔青年自然不会受到《排华法案》的掣肘。当时，这些法律禁止非美国公民从事各种职业和行使各种权利。新一代的美籍华人进入了一个与其父母面对的完全不同的世界，他们具备充分的条件在这个世界里大显身手。

随着数量可观的第二代美籍华人的出现（尽管迟了一些），移民种族中常见的代与代之间的紧张关系也产生了。传统上由父母包办的婚姻是在美国生长的华人后代与家人产生矛盾的焦点。但是双方的妥协，使家庭成员仍能紧密地联系在一起。按照美国标准，“父母权威”仍然是通例，和其他美国人相比，华人父母在感情上与其子女差异更大。长期以来，华人青少年犯罪率很低，尽管早期在唐人街充满犯罪行为时，为数不多的华人子弟也曾深深地卷入其中。

美国人对中国的普遍同情，特别是中国遭到日本入侵之后，使得美国人更愿意接纳华人。华人被视为一个安静而有秩序的种族，居住在一个不发生问题的社区里，或至少其问题难得引起外界注意的社区里。

在中国文化中，妇女的作用历来都是从属的，至少对外是如此。但是，即便是在中国本土，中国男子也博得了世界上最怕老婆的名声。在美籍华人当中，单是男女比例失调这个现状就足以使女人易于占上风。尽管华人丈夫对外是一家之主，但是妻子决定家中大事的现象很普遍，而且不限于家务事。

虽然传统的华人家庭人口较多，而且后来那些在美国的华人家庭也是如此，但是到1970年，每个华人妇女却平均只生育两个孩子。在35~44岁的华人妇女中，受教育不到9年的人平均育有3.5个孩子，而那些受过高等教育的妇女，其所生子女数则不足3个。

“香港华人”

1949年新中国成立之后，一些中国内地人涌入当时的香港，其中许多人最终辗转来到了美国。美国移民法的不断修改，使得美国的华人人口在20世纪60年代几乎翻了一番，从237 000人增加到435 000人。新来的华人，不少就在大多数美籍华人已经或正在离开的唐人街定居下来。1960年，在旧金山的全美最大的华人社区，每平方英里的人口密度是该市平均人口密度的3倍，三年后又增至6倍。纽约、洛杉矶、波士顿和芝加哥的华人人口，在20世纪60年代均增加了1倍以上。每年大约有20 000多名中国人从香港和台湾地区合法地进入美国，而且据估计，每年还有同样数目的华人非法入境。

这批新移民与老移民大不相同。传统的华人社区是由来自中国一个特定文化地区的人们组成的，他们带来的文化虽然在中国已被改变，但它在美国却被精心地保留下来。唐人街不仅有牢固的核心家庭，而且有诸如家族、堂和六公司这样一些盘根错节的社区组织。香港华人不属于该文化的一部分，他们既不会说，也听不懂流行于美国唐人街的台山方言。同时，他们也不会讲英语，因而也不易融入美国社会。虽然都是从香港来到美国，但他们在中国的籍贯是各不相同的。

几十年来，大多数美籍华人都来自同一个省的同一个地区，现在，他们也开始像来自地方主义与中国一样盛行的国家（意大利）的移民那样，受到内部分裂的困扰。那些在美国已站稳脚跟的华人，对新移民和他们的诸多问题感到恼火，不仅抱怨他们直接造成的问题，而且觉得这些新移民给所有美籍华人带来了麻烦，连累了自己。

“香港华人”不仅来自中国内地的不同地区，而且在香港已经部分地西方化了。传统的中国价值观和约束力——特别是家庭——在他们中间已经不像在美籍华人中那样强大有力。来自“香港华人”家庭的青年和来自传统美籍华人家庭的青年，二者之间的差异尤为显著。传统的华人青年忙于学校功课，有时公立学校放学后，还得去华人学校补习，或者到自家开的商铺帮忙。在美国化的进程中，尽管代与代之间难免会发生冲突，但传统的美籍华人青年很少会惹上警察或法官，而新来的“香港华人”青年，却常常在学校里和马路上捅娄子。他们瞧不起中国餐馆和商铺为没有专长的人提供的“低下”工作，于是就在街头闲荡，参与流氓帮派活动。

于是，在全美各大商埠的唐人街，从纽约到檀香山，犯罪和暴力显著地增多。“香港华人”青少年帮派分子侮辱和骚扰唐人街赖以生存的游客，他们还参与毁坏他人财物、暴力袭击以及敲诈、偷窃、恐吓和谋杀等犯罪活动。正如其他种族的青少年帮派成员一样，他们“穿着花里胡哨的衣服，在唐人街招摇过市”。帮派之间爆发格斗时，常有双方成员横尸街头。1973 年，纽约的唐人街发生了约 200 起青少年帮派谋杀案，这在上一代华人中是没有过的。在旧金山的唐人街，仅一个青少年帮会就有 400 名成员，一些华人青少年帮派还在各个城市设有分支。

“香港华人”中的成年人很勤劳，并承受着巨大的压力。作为没专长、未适应美国文化和非法的新近入境者，他们拼命干活，工资却很低，住在十分拥挤又破败不堪的房子里，屋里到处都是老鼠和蟑螂。一些人为了能够移民美国，当初曾用大笔金钱贿赂香港官员，或花钱买通走私者帮他们偷渡到美国，现在只好勒紧裤腰带还债。

许多香港华人不得不忍受不合法的低工资、超过法律规定的工作时间和非法而恶劣的居住条件，因为他们本人或其家庭某些成员是非法居住在美国的，如果当局知道，他们将被驱逐出美国。每年有 6 000 多名非法移民被遣送回去。

在纽约的唐人街，有一半以上的男子在餐馆里干活，有 3/4 的妇女在服装店里踩缝纫机，贫困家庭的数量是该市平均数的两倍。因为长时间地工作，特别是多在晚间营业的餐馆里干活，许多移民家庭的成员在一起进餐的机会很少，一个星期也没有几次。家里没人管，孩子是在马路上长大的。在其他城市，“香港华人”的生活情形亦大体如此。

尽管“香港华人”中的成年人到美国找到了比在香港更好的经济机会，但“香港华人”中的青少年却并不拿自己的命运和中国内地或香港地区的同龄人比，而是和其他美国青少年，包括受过良好教育、家境富足的传统美籍华人中的青少年的命运相比。“香港华人”中的青少年还把传统的美籍华人视为房东和雇用他们父母的老板，他们的父母比其他美国人挣钱少，但付出的劳动却很多。他们对美国人极为反感，这在华人社区内形成了新的摩擦根源。

唐人街社区的领袖人物，在处理“香港华人”的问题时一直进退维谷。因为唐人街在很大程度上依赖旅游业，公开讨论贫困、犯罪和暴力等问题，将会减少游客数量，从而影响当地居民的生计和华人领袖的生意。他们很不愿意申请联邦政府的各种反贫困计划项目，也不想请政府介入社区事务，因为这样一来，社区内不合法的状况，特别是非法移民、住房和工作条件等问题，无疑就会暴露出来。他们通过出钱收买或吓走“香港华人”青少年帮派分子的办法，寻求内部解决问题。在纽约，许多华人餐馆免费让帮派分子吃饭，一些唐人街的企业还付给他们“保护”费。旧金山的一些堂雇用青少年帮派成员作赌场的看门人或去对付其他帮派。

受到唐人街“香港华人”青少年帮派威胁最大的，并不是传统的美籍华人，因为他们大多不住在唐人街，而是观光客和唐人街急需的游客。街上的歹徒使游客望而却步，特别是当他们辱骂白人、抢劫或骚扰游客时。即使帮派活动不是专门针对观光客，他们的存在也影响了旅游业。旧金山唐人街的一些堂站出来还击青少年帮派分子，他们向那些参与“有害于我们社区商业和社会生活的有不轨行为者”公开发出警告。其后不久，5 具被捆绑着的青少年帮派分子的尸体，就被发现漂浮在旧金山海湾。比较保守的华人领袖鼓励警察采取更加有力的措施，包括随时可以用警棍敲打年轻歹徒的脑袋。唐人街的领袖并不抱怨所谓的“警察暴行”，相反，他们鼓励警察在马路上即时主持正义。他们只关心如何最大限度地减少此类或其他任何不利于唐人街的消息在公众当中引起的议论。有时，对那些可能危害到唐人街赖以生存的脆弱的旅游业的消息，他们恳请报纸不要报道，另一些时候，他们则干脆贿赂记者保持沉默。

今天的美籍华人

今天的美籍华人，在收入方面优于一般的美国人，职业地位也较高，有1/4的美籍华人在科学和专门领域工作。尽管曾经遭到美国历史上其他任何移民都未曾遇到的最严重的歧视和暴力，华人还是上升到了今天的地位。在很长一段时间里，他们被局限在狭小的就业范围之内，但他们在这些行业中取得了成功，后来当机会终于到来时，他们又开始向别的领域扩展。华人今天的成功，基本上取决于这样一个简单的事实：他们比别人干活多，并受过更多（也更良好）的教育。大约1/5的华人家庭有三个或更多的人在挣钱，而相比之下，这样的波多黎各人家庭的比例是1/13，印第安人家庭的比例是1/10，白人家庭的比例是1/8。华人只在工作和受教育方面占有优势，和其他美国人相比，他们在其他方面并无优势可言。也就是说，对一个有既定数目的就业成员和家长受过既定程度教育的华人家庭来说，收入仅相当于这类美国家庭的平均水平，有时还略低于平均水平，试看下列统计表。

男子为户主的美籍华人家庭的收入状况

（以同类美国家庭的收入为100%）

户主受教育程度	单收入家庭（%）	双收入家庭（%）	有三份或三份以上收入的家庭（%）
中学以下	98	98	97
中学	92	105	100
大学（读一至三年）	80	94	106
大学（读四年）	82	99	106
研究生（读两年）	75	86	148
研究生（读两年或两年以上）	93	96	107

资料来源：《公用抽样数据》，美国人口普查局，1970年。

东方学者、科学家和工程专家的学术造诣，一般都比黑人和白人高出一大截儿。换句话说，比较起来，更多的东方人（这里指日本人与中国人）获得过博士学位，特别是那些著名的高等学府的博士学位。东方学者发表的作品也多于白人和黑人。

著名的美籍华人中包括三位诺贝尔奖得主，都是物理学奖。另一名美籍华裔物理学家——一名妇女——在“二战”中帮助研制了美国第一颗原子弹。在建筑领域，贝聿铭的杰出设计闻名于世，他的著名作品包括波士顿的汉考克大厦和约翰·肯尼迪图书馆，以及位于华盛顿哥伦比亚特区的国家美术馆那引人注目的附加建筑。

许多美籍华人在商界财运亨通。早在 1939 年，一个名叫乔·宋（音译）的华人移民劳工开了几家联号商店，因此成了加利福尼亚的第二巨富。小杰拉德·蔡（音译）如今是华尔街一家拥有 4 亿多美元资产的公司的总裁。另一美籍华人C. Y. 董（音译）是世界上最大的独资造船主之一，他曾为建造一艘船花了 300 万美元。

在政界，华裔直到 20 世纪中期才初露锋芒。最早担任公职的美籍华裔当中有个名叫 W. F. 翁（音译）的人。他 1946 年在一个由白人占主导地位而华人仅有 13 个的选区，入选亚利桑那州的立法机关。最著名的美籍华裔政要是海勒姆·冯。冯于 1959 年之前在美国领地夏威夷的立法机关任职达 14 年之久，1959—1976 年，他是代表夏威夷州的美国参议员。

作为一个群体，美籍华人一般家境富足，而且受过良好的教育。但是，唐人街却贫困不堪，华人文盲率也高于一般美国人。这种怪现象源自群体内部的明显差异。很久以前就从台山地区移民美国的华人，其子孙不仅保存了中国的价值观念，并极为成功地在文化上融入了美国社会。新近到达的“香港华人”，具有不同的文化背景，他们在香港接受了西方的价值观念和作风，但却没学到那些在美国经济生活中能取得成功和实现理想的技能。“香港华人”尽管在美国已经生活了平均 17 年的时间，并和在美国出生的华人有相同的学历和优越条件，但前者的工资收入仍比后者要低 1/4。老一辈的“香港华人”拼命工作，以便维持生计并求得发展，而“香港华人”青少年却时常对自己的处境满腹牢骚，对社会不满，因而发生越轨行为，包括涉足恐怖活动和谋杀。由于必须维护唐人街的旅游事业，华人领袖们只好哑巴吃黄连，千方百计地将这些问题大事化小、小事化了。

现在美国华人男性仅比女性多 11%，而且此种两性不平衡现象主要存在于早年来美的老一辈人当中。在适婚年龄段的美籍华人当中，两性数目已大体平衡。和在其他许多领域一样，这一点也反映出华裔有很大的进步。美籍华人的家庭都很稳定，约占总数 90%的华人家庭是完整的家庭。近 80%的 35~45 岁的华人男子，已经结婚并和妻子生活在一起。和性别失调时期异族通婚率很高的情形相比，现在有 87%的华人男子娶的是华人女子。离婚的美籍华人不到 10%。

在某种意义上，美籍华人作为一个群体，已在职业和居住方面融入了美国社会，但他们仍然保存着自己的价值观念和种族认同感，这堪称在极为不利的情况下所取得的可观成就。

Ethnic America

A History

第七章
日本人

日裔美国人的历史，是一个悲喜交加的故事。在移居美国的众多种族中，很少有哪个种族的人像日本人那样坚定执着地争取做模范公民。日本人遭受的冷眼和遇到的隔阂堪称最甚，包括“二战”时被投进了拘留营。可是，日本人比其他种族更出色地战胜了所有困难，在经济、社会及政治各方面都取得了巨大的胜利。

日裔美国人的历史，大体上受到美国人对华人的所有态度、偏见及歧视的影响，华人到达美国要比日本人早 30 年左右。这两个种族在一般人印象中被笼统地视为“东方人”或者“黄祸”，尽管事实上他们一直是两个截然不同的种族。日美关系也影响了日裔美国人的历史。但是，说到底，日裔美国人那段非凡的历史，取决于那些漂洋过海的日本人身上所具有的非凡气质。

日本

日本向美国移民始于 19 世纪后期，当时日本正处在一个关键时刻。德川家族的军阀统治于1868年被推翻，取而代之的不仅是一批新的政治领袖，还有一整套新式的价值观念和民族雄心。1868年发生的明治维新，标志着现代日本的开端。日本从一个千百年的封建闭塞之邦转变成一个具有现代工业的国家，加入了国际上的商业、文化交流和战争。

日本长期以来曾是世界上最孤立的国家之一。第一部《大英百科全书》于18世纪问世时，西方所知道的日本只占了一句话的篇幅，即仅仅标明其所处的经纬度。直至19世纪中叶，只有长崎这一港口城市才被允许与外界保持十分有限的接触。日本的孤立状态于1854年被强行结束。当时，佩里将军率领一支美军海军进驻东京湾，诱使日本政府签订了一个条约，该条约赋予美国人有更大的进入日本的自由。此举不仅使日本有机会接触西方的思想和技术，而且揭示了一个痛苦的事实，即日本当时比西方落后到何等程度，其闭关自守的代价又何等之大。从某种意义上说，它为日本此后100年的政治发展确立了发展方向：赶上并超过西方。日本对西方的感情很复杂，既憎恶其傲慢，又欣赏其赖以称霸的成就。明治时代的日本是一个对西方完全着了迷的国家，正是在那个时代，日本移民到了美国，也正是那个时代的日本文化和价值观，在日裔美国人社区中占据着主导地位，直到日本本国发生重大变化之后很久，此种情况仍然如此。在别的时代移居其他国家的日本人带去的文化则与此大不相同。正如一位20世纪的日本作家所说："如果你想看大正时代的日本（1912—1926年），请去巴西；如果想见识明治时代的日本（1868—1912年），请去美国。"

日本对西方的态度

明治时代的日本，于1876年开始在中学里开设英语课，并允许建立基督教教堂和学校；日本领导人和知识分子对美国及美国生活方式公开表达强烈的好感。美国被描述为"人间天堂"，并因为它结束了日本的闭关状态而被视为"恩人"，美国的自由被赞美成既令人羡慕又值得仿效的东西。日本政府发行的教科书把富兰克林和林肯树为典范，让日本孩子向他们学习，其程度远远胜过对本民族英雄的崇拜。也许从来没有哪一个民族像明治时代的日本人那样，给自己灌输了如此之多的美国生活方式。明治时代迁居美国的那批日本人的子孙后代，一直把赢得美国人的接纳和尊敬作为奋斗的主要目标。

日本人在明治维新时期对西方的洞悉，一方面使日本人感到自惭形秽，另一方面也引发了极端的民族主义情绪。这种情绪时常被日本人看成是一种心理上的补偿。明治维新时期，在日本出版物中，妄自菲薄和妄自尊大常常是两大并行的主题。例如，19 世纪 80 年代，一位日本作家直率地断言，日本人“没有能力”；另一位作家写道：“日本国民的理解力迟钝，体格弱小。”而极端民族主义、传统主义以及军国主义，则是与此针锋相对的三种情绪反应。把天皇奉为大和民族的神圣领袖，是明治后期的产物，当时对天皇的崇拜尚未达到后来那种盛行的程度。当对天皇的崇拜达到登峰造极的地步时，美国的日本移民已是成年人了，他们对崇拜天皇以及日本极端民族主义的其他方面，均持强烈的批评态度，以至于许多美籍日本人的著作在日本被禁。

日本人对 1895 年打败中国、1905 年打败俄国表现出的激动情绪，也在某种程度上体现了他们内在的矛盾心理。日俄战争是一场一个亚洲国家首次战胜一个西方国家的战争。由于日本“战胜了古老而又伟大的中国”，一篇日本报纸社论这样写道，“胆怯的日本人现在坚信，他们并不比其他民族低劣”。在这之前，日本看待“西方的文明国家，就如身无分文的穷小子看待腰缠万贯的大富翁一样”，也就是说，“表面上他们讲大话，说他们是人，我们也是人，但是在内心深处，他们害怕西方的力量、强权和知识，并听天由命地认为他们不可能与西方抗衡……”时至 1899 年，日本信心十足地收回了当初让给西方国家的治外法权，并在 20 世纪初做好了向沙皇俄国挑战的准备。

经济状况

就国内而言，日本在明治维新时期面临的难题是，既要维持传统方式的控制，又需废除封建主义，有选择地采纳西方观念，包括资本主义和现代技术。这一过程势必带来社会动荡和政治紧张。关于财产和契约的现代概念，给了农民以行动和择业的自由，但也使地主在有利可图的情况下可以随时把佃农从土地上赶走。旧的武士阶层被赎金打发掉了，随着他们在经济和社会上的地位日趋没落，那些为武士服务的商人和手艺人也跟着走了下坡路。新兴的出口市场给一些行业带来兴旺，比如丝绸和产茶。但是，进口方面的竞争却使得另一些行业日益萧条，比如棉布生产。占总人口 80%的农民，继续处在德川幕府的苛税重压之下，也继续像在德川幕府时代那样屡屡起来造反。

人口及迁徙

在经历这些经济和政治变化的同时，日本人口迅猛增长。在超过 1/4 个世纪的时间内，日本人口增长了 30%，1900 年时达到 4 400 万。这一方面是由于卫生条件得到了改善，使死亡率下降，另一方面是由于出生率上升。新增加的人口从农村流入城市，农业人口大体保持不变，而城市人口却急剧膨胀。中产阶级的平均生活水平上升了，但失业率和自杀率上升的局面表明，当时许多人受到社会动荡的冲击是很严重的。

在明治幕府当政时期的日本，人们不能再像在封建时代那样简单地遵循现成的工作和生活方式。他们不得不寻找工作，以图在世界上找个立足之地。许多人去海外寻找机会，因为海外的生活水平比日本高出许多。当时美国工人的工资为日本工人的 5~10 倍。虽然日本人历来是不肯背井离乡的，但明治时代新的经济状况却使得日本国内的迁居现象到处可见，有些人进入城市，有些人成了在日本国内漂泊不定的流动工人。乡土观念与流动的工作方式之间的冲突，使外出谋生的人最后还是重归故里。许多人为了寻找经济出路而远离家门，在国内奔波或闯荡到国外，但最终还是叶落归根，回到家乡和家人及邻居住在一起，与先人葬在一起。离开家乡，奔赴一个陌生的国家不被看成是移居，而被看成是一种旅居，就像意大利人和中国人那样。可是，虽然许多日本人实现了回乡的夙愿，但也有许多人没有这样做，这也和意大利人及中国人类似。

做出移居的决定，哪怕是暂时性的，并不是一个随机的个人决定，因为目的地也不是自己选好的。在日本，正如在许多别的国家，首批移民的特定目的地及经历大大影响了后来人的移居模式，这种现象甚至在战后日本还存在。例如，来自战后日本三步村的赴加拿大的移民，有 90% 的人在加拿大的一个特定地区定居下来。移居美国的冲绳人有 90% 以上去了夏威夷，只有 8% 的人到了美国本土。而早些时候，从同一地方来的冲绳人，有一半以上去了菲律宾。具有讽刺意义的是，在最初时期及在 20 世纪，日本向美国输送移民最多的地区之一是广岛。

建立在家庭、朋友或当地熟人基础之上的人际关系，是形成这种移民模式的部分原因。另一部分原因在于，商业性劳务组织发现集中在一地招工并运往海外更为划算。

日本向海外移民始于明治维新的头一年，即 1868 年，当时有 148 名合同工从日本乘船前往夏威夷。夏威夷和日本人之间的相互不满，导致日本政府出面干涉，当即遣送一批人回国，并在其后许多年内规定不准其他日本人去夏威夷。日本对海外的日侨十分关心，国家有能力和威望为其撑腰，这使日本有别于当时的中国。中国当时太弱，自身也难免不被瓜分，根本谈不上替海外华侨讲话。总的来说，日本政府保障其海外侨民工作条件的有效性，不容夸大。然而，这种保护确实是存在的，是所在国政府不可不认真对待的。

1885 年日本严峻的经济状况，迫使日本政府重新考虑对日本人向夏威夷移民的禁令。次年，夏威夷和日本之间达成了一个非正式的协定，允许日本人继续向夏威夷移民，给规模日益发展壮大的甘蔗种植园提供了急需的劳动力。日本对这些暂时性移民的挑选实行控制。先前的日本移民是来自广岛和山口两地的城市工人，根据此次协议而来的合同工则多数来自山口的农业或渔业地区。这样就避免了工人和工作的错位，而这种错位曾导致先前的夏威夷人和日本人之间的不睦。在这个时候去夏威夷的日本人，几乎都成了蔗田工人，他们绝大多数是青年男子。

日本人向美国移民与迁居夏威夷发生在同一时代，后者直到1898年才成为美国的领地。在19世纪60年代移居美国本土的日本人只有200多个，19世纪70年代更少于200人，但此后就迅猛增长起来。在19世纪80年代，2 000多名日本人移居美国本土，19世纪90年代这个数字增加了3倍，20世纪的头10年内达到10万人的高峰。由于受到20世纪20年代美国移民法的限制，此期赴美的日本人数量很少。日本移民中男子占大多数——1890年男子的人数是女子的7倍，1900年男子的人数是女子的24倍，因此许多人后来都返回了日本。

可是，也有许多人在美国留下了。在19世纪80年代及19世纪90年代，持政府颁发的旅美护照的日本人后来交回护照的不到半数，而去俄国或中国的大部分日本人都把其护照还给了政府。在夏威夷，日本人两性比例失调的状况比美国本土轻微，但仍然较为严重。1900年，夏威夷的日本女性对男性的比例为1∶3.5，1910年为1∶2，到了1930年，男性比女性仅多出16%。所以，暂时性和试探性是日本人向美国移民的显著特点。日本政府事实上将其移民看作暂时性的，而美国因反对华人而制定的法律也使得其他亚洲人无法申请美国国籍。即使如此，许多人还是做出了留下来的选择。

离开日本者通常既非最底层又非最高层的人。公道地说，日本人向来以苦干和节俭闻名，但这并非所有阶层的日本人共有的特征。日本在明治时代存在着某些下等阶层的人，他们“右手挣的钱很快被左手花掉”，一领到钱便纷纷旷工。这样的人当然不会去美国，贵族自然也不会去美国。去夏威夷或美国的日本人，皆属雄心勃勃的年轻人，他们条件有限，农民出身。他们能让家长或村上有名望的人当担保人，并同意支付他们的旅行费用。

他们到美后，加倍偿还了债务。从广岛一带来美的移民，在20世纪初平均每年汇回日本的钱，比日本人两年的平均工资还要多。这个现象在其他地区也见得到。广岛一个区的移民的人均汇款数额，比占日本人口1%的最高收入者的平均年收入还要多。这些数字反映了日本和美国在经济上的巨大差距，也反映了日本移民的艰苦朴素。

许多回国的日本人，不仅可以偿还旅行费用，而且有足够的钱购买大量的农田或去经商。日本的一些村子，如果在美国有许多移民，或有从美国归来的移民，那么，即使以前再穷，现在也往往比其他村子富裕多了。他们的房子显得更加华丽，且结构常常是西方式样的。从整个国家来看，这笔钱对日本的国际收支平衡很有意义。从地区来讲，比如在广岛区，侨汇总额高达整个区政府开支的一半以上。简言之，在美国的日本移民对日本是十分重要的。天晓得，也许就是因为日本人在美挣的钱把广岛建成了这样一个工业中心，才使它成为"二战"中的一个首要军事目标。

在美国的日本人

在夏威夷及美国本土，日本移民最初颇受欢迎。他们是经过筛选的身强力壮的优秀青年，雄心勃勃，敢到离家万里的地方去闯荡。夏威夷蔗田里的活儿尽管相当艰苦，但他们在那儿都干得很出色。在美国本土，约有40%的日裔开始时是农业工人，其余的则在其他一些繁重的工作岗位上，诸如铁路、矿山、伐木场、罐头厂、肉类加工厂等类似的艰苦行业。一些人成了美国富人的家佣。日本人毫无怨言地接受工资低、工时长的工作，也不在乎艰苦的工作条件。在实行计件工资制的农业中，他们挣的钱接近其他美国工人的两倍，足见日本人的勤劳。

当日本人给白人当助手时，他们不仅自觉地履行自己工作范围内的职责，还经常为白人分担许多责任，从而获取了日后对他们自己很有好处的高级技术和工作经历。

正如其他操着外语、吃着特别食物的种族一样，日本移民经常在一起干活，由本国的劳务合同商进行监督。日本移民的节俭和勤奋也体现于工业生产领域，以低于美国标准而高于日本标准的工资铢积寸累，从不懈怠。当实行计时而不是计件工资时，日本人一开始的工资收入比白人偏低（约低 14%）。但是，一半的日本人要么是合同工人，要么是计件制工人。在这两种情况下，他们比做同一种工作的白人收入高。

正是日本人的这些美德，最终促使其他人起来抵制他们。虽然日本移民是当雇员的好料子，可这反而使他们成了美国工人和美国工会仇视和惧怕的对象。劳联主席塞缪尔·龚帕斯斥责亚洲工人，拒绝让他们加入工会，哪怕是实行隔离的地方工会也不行。日本人的节俭、勤奋和上进心使他们当中有越来越多的人从普通劳工上升到小农场主或小业主的地位。这么一来，先前以老板身份欢迎日本人的美国农场主或企业主，就转而将他们视为敌手来加以对付。况且，由于日本人只在加州的一些少数社区从事少数特殊的行业，这种职业上和地理上的高度集中状态，使他们成了比其他群体更惹人注目的靶子。当加州的日本人从农业劳工上升到租地农场主或（更为罕见的）地主时，白人农业工人和白人农场主，都把日本人看作竞争对手，普遍对他们怀有敌意。这种额外的敌意（如今又包括一个更有影响的白人农场主阶层）很强，以至于掀起了一股反日的立法浪潮。这些法令在加州延续了几十年，其中主要有 1913 年的《外籍人土地法》，该法禁止不够资格申请美国国籍的外国人（一般泛指亚洲人，尤其是日本人）拥有加州土地。从全美来讲，加州在这场旨在阻止美国接纳日本移民的政治运动中带了头。

由于日本在 19 世纪和 20 世纪之交崛起成为世界强国之一——在 1895 年战胜了中国，1905 年又战胜了俄国，美国就不能像 30 年前那样以突然、单方面地终止中国人向美移民的方式，去终止日本人向美国移民。美日两国政府之间于 1908 年达成了一个保全颜面的协定，史称“君子协定”。该协定规定，日本严格限制赴美的移民人数，而美方则允诺让已经在美的日裔人的妻子得以来美与丈夫团聚，并允许其双亲及子女来美团聚。这样，和中国移民被禁止时造成的那种两性比例严重失调的情况不同，性别比例失调没有在日本移民中重演。在君子协定之后数量有所减少的日本移民，大多是妇女。虽然最初日裔在美国本土的两性比例失调状况与第一代中国移民相差无几——1900年日裔男性与女性的比例为24∶1，但后来，这种状况逐步得到了缓解。到1910年，"仅仅"是7∶1，到1920年，就不足2∶1了。一些来美的妇女是寻找丈夫的妻子，另一些妇女则是在日本通过代理人办了婚姻手续，以便能合法地来美，后一种人被称为"照片新娘"，由在日本的男方家长选中后，将其照片寄到美国，在美的日本男子看中了就可成婚。由父母包办的婚姻在日本司空见惯，这些跨太平洋婚姻也都是门当户对的。但这种做法使美国人感到震惊，加剧了他们的反日情绪。然而，日本人在美国的土地上建立一个家庭，就标志着在美国扎下了根，不再是旅居异国他乡的行踪不定的寓客，而成了美籍日本人。虽然仍有不少人陆续返回日本，包括某些从日本嫁过来的女性，可是，那些留下来的人就成了第一代美籍日本人，叫作"一世"，以别于"二世"（第二代）和"三世"（第三代）。

移民的日裔

与其他国家不同，日本没有把它的那些筋疲力尽、贫困潦倒及蜷成一团的劳苦大众送到美国。在向美国移民这一点上，日本人与众不同。日本移民是经过严格挑选的优秀公民，但他们通常也不是来自富裕家庭。日本移民带往美国的平均盘缠，从1896年的11美元到1904年的26美元不等。在这方面，他们更像穷困的东南欧国家的移民，而不像西北欧国家的移民。他们的可取之处不在于有钱，而在于有本领。

第一代男性移民，是由日本政府挑选出来的身体健康、品德优秀而且愿意卖力的一批青壮年。他们成长在一个日本民族决心接受并仿效美国生活方式的时代。那些漂洋过海去与在美的日本男子完婚的女子，可谓相当保守和温顺，甘心绕地球半圈，和由父母选中的但连面也没见过的男子结合。就价值观念和自律精神而言，这些男子和女子都是不一般的。他们追随着在明治时代已成为日本文化一部分的美国理想，而日本在世界舞台上日益升高的地位，又使他们得以保持作为日本人的自豪感。

第一代移民虽然绝大多数是体力劳动者（或在农业或在工业），但他们受过教育，酷爱读书。几乎所有人都会用日语读写，所以许多日文报纸的发行量也就很大。虽然日语讲得好对美国雇主来说，并无直接的经济价值，可这表明他们具有相当的文化水平。在美国，对于许多种族来说，英文讲得好坏是另一码事，但懂一门外语却向来被认为是与经济进步相关的。总之，教育通常是一种表征，能体现出人们在其他方面的社会特点，诸如由籍贯地、阶级归属感或家庭背景所决定的各种理想，以及为了实现这些理想而对人格和气质所进行的培养。从在日本出生的美籍日本男子来看，祖籍地区的总体教育水平，较之他们个人的教育程度，更能与他们后来在美国的成功挂起钩来。他们在家乡养成的雄心壮志和性格特征，也许是能使他们获得成功的更加根本性的因素。

就数量而言，到美国的日本移民并不多，尽管20世纪初加州到处都有“黄种大军”或“黄祸”临头的喧嚣声。1907年是有记录的日本移民最多的一年，约为3万人，1882年华人移民最多，为4万人。即便没有记录在案的非法移民超出这个数字一倍，加总起来也只不过是欧洲移民的极小一部分。在1907年日本移民的顶峰期，区区3万人尚不到来美移民总数的3%，况且日本移民的回流率还很高。从1908年确立君子协定到1924年彻底中断日本（及其他国家）的人向美移民，其间约有16万日本人来美，约有7万人离美。他们“集居”在加州的部分地区，因而造成了一个日本人“大举进犯”的假象。实际上，即使在加州，日本人也从来没有超过该州总人口数的3%。正如一位有名的经济史学家所说，“就那么几个日本良民，竟然会莫名其妙地激起如此之甚的仇恨和恐惧，实属罕见。”

在日本人比例较大（20%以上）的夏威夷，人们对日本人的恐惧反倒不那么严重。可是，即使在夏威夷，日本人在工资上也照样受到歧视，要晋升到技术岗位上也处处受到刁难。1909 年日本农业工人的一次罢工，更恶化了白人和日本人之间的关系，尽管它给日裔田间农工带来了某些好处。

当日裔美国人成为农场主或雇用日本农工的雇主时，对第一代日本移民的工资歧视就随之减弱了。最初，白人农工按计时制挣得的工资比日本人高，但当使用计件办法时，他们就比不过日本人了，因为日裔农工的工作效率高。日裔农场主付给日裔农工的工资比白人农场主给的要高，这样就迫使白人农场主提高日裔雇工的工资。1909 年后，对日裔农工的歧视几乎不复存在了。10 年之后，由于日本人的高效率，日本农工的收入实际上高于白人农工，而且这种高效率已得到普遍的承认。

日本租地农场主也发达了，尽管他们在同样的土地上付出的地租要比白人多。可是，美国人对日本人的经济歧视，却使他们自己在政治上丢了分。日裔租地农场主付出的地租较高，这促使一个有势力的阶层（白人大土地所有者）感到有必要阻止把日本人完全赶离土地的措施实行，这恰恰是《外籍人土地法》第一稿出台的初衷。后来写进法律的政治妥协案允许日本租借土地，即使他们不可能取得所有权。这些法律在加州立法两院几乎以全票通过。这表明了加州人强烈的反日情绪，这种情绪将导致许多其他针对第一代日本移民的法律及惯例出台。

《外籍人土地法》是否真正有效地阻止了日本人的经济进取，大可打个问号。1913 年的《外籍人土地法》颁布后，“一战”紧接着就爆发了。由于许多白人农工离开农场到工厂里去挣大钱，充当佃农的日本人就供不应求了。况且，法律上的不少漏洞也使许多手头阔绰的日本佃农得以成为实际上的土地所有者。他们在美国生养的子女是第二代，这第二代是土生土长的美国公民，可以拥有土地，并能行使他们父母被剥夺了的其他权利。于是，日本家庭以孩子的名义拥有大量土地。有时，日本人向同情他们的白人买进土地，虽在法律上没有办理过户手续，但完全由他们耕作，因此这种土地和自己的没有什么两样。为了逃避《外籍人土地法》，还成立过许多有名无实的公司。到了 1920 年，这些逃避手段已是如此的普遍和尽人皆知，以至于通过了一项新的法律来堵住这些漏洞。这项新法律作为动议案以 3：1 的多数票获得通过。1920 年的《外籍人土地法》不仅禁止无权申请国籍的客籍人（亚洲人）拥有土地，而且禁止他们租借土地，并试图禁止他们以在美出生的子女的名义拥有土地的做法。但法院裁决和新的应对措施使得日本人能够继续在加州农业中生存下去。直至 1940 年，大部分受雇的日本男性仍然是农场主。该项法律在减少日本人占有土地的数量方面并非完全无效，也给日本人经济上的腾飞设置了巨大的障碍，但却没有完全把他们困住。其中一个原因是，土生土长的日裔美国人占了越来越大的比例，因而不受针对"无权申请国籍的客籍人"的法律的限制。《宪法第十四条修正案》使法律不能故意针对日本人。到 1930 年，美国本土的日裔美国人几乎有一半是土生土长的。到 1940 年，加州全部的商品蔬菜，约有 1/3 是由日裔美国人种植的。

除了在农业上的成功外，美籍日本人还以出色的园艺技术闻名加州。园艺与农业有关，一些日裔就专以经营园艺为业，或承包别人的庭园进行管理。"日本园丁"成了白人中产阶级家庭生活的一个组成部分，他们请这些园丁来照料其草坪和庭院。园艺业是小本生意，但具有独立性，因为园丁从许多人家领取合同报酬，不是任何一家的仆人。早在 1928 年，南加州一带就有 1 300 名日本园丁。日本人在农业上的成功还包括开办农贸市场，销售自己农场的产品。1929 年，光洛杉矶一地就有 700 多个这种由日本人经营的市场。

日本人也涉足与土地无直接联系的商业性活动，并同样做得很成功。到 1919 年，西雅图半数的旅馆和约 1/4 的杂货店是由日本人经营的。在洛杉矶，第一代日本移民除了开办廉价旅馆外，还拥有干洗店、餐厅和鱼行。一些日本人经营的企业，开始时都以满足本族同胞的需要为主，尤其是迎合日本人的特殊饮食习惯。可是他们的生意越做越大，远远地超出了日本同胞的消费需求。还有一些日本人所拥有的企业，如上述的园艺和农贸市场，其顾客几乎都不是美籍日本人。

日本人之所以能从体力劳动者上升到小业主的地位，个人节俭只是部分原因。和中国人一样，他们通过一种名为“会”的信用组织来筹款，以创办新企业。但是，要经营好这种手续简便的“会”，就必须依靠一整套建立在家庭和街坊联系及重视名誉基础之上的信用网，才不至于有人会好意思拖欠会款。敢于承担风险的创业精神、勤奋和毅力，也具有重要的意义（对某些企业来说显得更加重要）。一个园丁所需的资本，无非一辆小卡车、一架割草机、若干剪切机和草耙之类的工具。园丁个人的思想品行才是关键的东西。日本人在做农工和家仆时就已经赢得了勤奋又值得信赖的好名声，这使许多美国家庭可以放心地与他们签订合同，因为请人来家料理庭院是新鲜事，而且在某种程度上会把家私及贵重物品暴露在园丁面前。

90%以上的第一代日本移民，主要从事农业、商业以及体力活。那一代人当中的专业人员和文秘人员，加起来还不到10%。总之，日裔美国人最初的经济起飞与受教育程度的关系不大，他们也不从事需要受过教育才能干的职业。在第一代日本移民取得相当的经济成就之后，他们才有条件让其子女（第二代）到高校深造，进而进入专业阶层和一些需要正规教育的职业。

和中国人一样，日本人千方百计避免通过政治鼓噪来争取自己的权利，虽然他们曾在法庭上打过无数次的官司。像美籍华人的经历一样，反东方人的狂热情绪无法持续几十年，因为日本人默默无闻地工作、发财，不授人以柄。再者，日裔社区没有像当时的旧唐人街那样给追求轰动效应的小报不断提供有关自相残杀、鸦片窝、犯罪区之类的可怕消息。日裔美国人过着一种安逸的农村生活，出不了大新闻。

总的说来，第一代日本移民的家庭比美国家庭要大。美籍日本人的出生率是白人的4倍，这使害怕日本人“泛滥”的呼声颇为中听。但是，日本人的出生率之所以高，原因在于他们绝大多数正处在青春年华。迁来美国的老人和孩子数量甚少。况且，这些年轻男女来自日本农村，在全世界，农村的出生率总是偏高的。

日本家庭极度稳定，离婚极少。孩子受到严格管制，但其身心健康却是父母的头等大事，父母常常为了子女的现状和前途而做出重大牺牲。父母的养育之恩，子女也会回报的。美籍日本人子女惨遭意外的，要比白人或黑人的子女少得多，父母关心之切，可见一斑。

在公立学校里，日本孩子以循规蹈矩、彬彬有礼及学习勤奋而出名，并受到老师的喜爱。由于日裔人在任何一个地区的人数都很少，所以日本儿童上的学校几乎都是种族混合的学校，老师对他们非常好。这些孩子在学校里的成绩不亚于白人孩子，智商也与白人孩子不相上下，尽管他们的家人不讲英语，也没受过多少正规教育。何况鉴于相当多的日裔人受歧视的状况，教育对他们自己将来的职业选择能派何种用场，也是未知数。他们只不过认为，品学兼优涉及荣誉问题，不可等闲视之。第一代日本移民时常教导其子女，要维护自己家庭和整个日本民族在美国的荣誉。除了家庭的严格约束和管教外，孩子们还受到当地日裔社团的影响，加之日本人又往往住在一起，谁家孩子淘气，街坊邻里的闲言碎语就会让你吃不消。这类社会控制远远超出管教孩子的范围。日裔社区很少发生重大案件，少年犯罪率很低，其他形式的社会问题也不多见。早在移民初期，美籍日本人社区的犯罪率就比其他美国人低，即使犯罪，也多属轻微的。这在美国本土和夏威夷都一样。越轨行为不仅使肇事者受到家庭的压力，也受到亲戚、邻居乃至全体日裔美国人的责怪，很少有人能承受这么大的压力。极个别不顾社区的行为规范而继续胡作非为的人，会被送回日本，而不让他在美国人民面前给日裔美国人的脸上抹黑。放纵的个人主义在日本的价值体系中素来无立足之地，他们视集体利益高于一切。日语中压根儿就没有“隐私”这个词。

第一代日本移民踏上美国国土之后不久，便成立了“日本人联谊会”。该会设在各大城市的分部，既充当日裔社区内部的控制组织，又起到与外界联络的作用。日本人联谊会设法遏止卖淫和赌博，并杜绝其他会使日本人在美国社会中丢脸的不良行为。它主办娱乐性及社会公益活动，也向警方及其他美国行政部门或日本领事馆（因为第一代日本移民仍算日本公民）报告犯罪行为，转达个别日本人的不满和申诉。总之，它是第一代日裔美国人的集体代言人。

规模小一些的组织，分布在各地的日裔美国人的社区里。从日本不同地区来的移民，在美国成立了各自的同乡组织，这些组织可以提供娱乐及社会活动的去处，并向不幸者伸出援助之手。由于接受慈善施舍被日本人看作丢脸的事，所以他们只是在迫不得已的情况下才接受此类援助。不过，除了向家庭和日裔美国人内部的社区组织寻求接济之外，日本人几乎没有向公共救济机构伸过手。甚至在 1906 年旧金山地震之后，当 10 000 名日本人无家可归时，也几乎没有人申请社会救济，因为他们的同乡组织给了他们大量的援助。在 20 世纪 30 年代的大萧条时期，几乎没有一个日本人申请社会救济。

第二代移民

从某些方面来讲，第一代和第二代美籍日本人之间的“代沟”问题，要比在其他移民种族严重。第一代日本移民受两性比例失调的影响，他们结婚较晚，这意味着父母与子女之间的年龄差距很大。就 1942 年来说，第一代日本移民的男性平均年龄是 55 岁，而第二代的平均年龄却只有 17 岁。大多数第一代人讲日语，很少讲英语，而大多数第二代则讲英语，不讲日语。在 20 世纪 30 年代，3/4 的第一代是佛教徒，半数的第二代却是基督教徒。第二代在学校和美国文化中形成的价值观，常常与第一代的价值观发生冲突，尤其表现在恋爱及包办婚姻这类事情上。

为了加强日本传统价值观的教育，第一代利用课余时间或周末，将第二代送到日语学校上课。这些学校常常从日本直接请来老师，有时甚至给学生灌输当时已在日本盛行的极端民族主义思想。对于某些第二代来说，这些学校被看成是有机会认识其他日裔美国年轻人的社交场所。而对于另一些人来说，这种灌输是无法接受的，是构成代际矛盾的另一个诱因。当一个名叫丹尼尔·井上的高中生于1939年在夏威夷表示不能接受老师的教导时，他被扔出了窗外。可是，这些学校在政治观念和宗教信仰上并非铁板一块，第二代也并非个个都到这些学校去求学。在檀香山，日裔子弟几乎都去上这种学校，而在美国本土的某些地区，这种学校几乎无人问津。

随着第二代步入成年，他们成立了自己单独的组织，并在后来合并为“美籍日本人公民团”。该团最终取代了作为美籍日本人集体代言人的“日本人联谊会”，在文化和政治上大力推进了美国化。与父辈不同的是，第二代在法律上已不受歧视。他们致力于使自己被美国社会接纳，他们所受的教育和文化熏陶使他们有资格这样做。

日裔美国人社区发行的英日双语报纸表明，“代沟”问题仍然存在。为了满足两代人的需要，这些报纸不仅用两种语言报道同一则新闻，还以不同的观点评论政治事件。第一代对日本在20世纪30年代的侵略行为，或加以支持，或为之辩护，而第二代所打出的口号则是“我为自己是一名日本裔的美国公民而自豪”，并表示愿意与“美国所有的敌人”作战。这句话是在1940年说的。曾几何时，此种忠诚就受到了严峻的考验，为期正好一年。

战时拘留

1941年12月7日，日本向停泊在夏威夷珍珠港的美国舰队发动了一次大规模的突袭，使美国人遭受了有史以来最大的惨败。使这次偷袭显得更为惊人的，还有这样两个事实：一是这次偷袭发生时，日本外交官正在华盛顿扮演和平使者的角色；二是日本同时也在西太平洋地区发起攻势，在接下来的几个月内给美国和其他西方国家造成了一系列重创。人们普遍担心，美国西海岸将是日本军事攻击或直接入侵的下一个目标。

美国人将对日本的气愤与恐惧，一股脑儿发泄到美籍日本人身上，辱骂和施暴行为时有发生。联邦调查局则以美国安全有潜在危险为借口，搜捕了约15 000名日裔美国人。这次搜捕得到日裔领导人的公开支持，他们把本族年长者的亲日立场看作对美国的不忠，以及对一般日裔美国人的威胁。可是，对美籍日本人的此种歇斯底里的行为和搜捕范围的不断扩大，随时都可能发生。1942 年 2 月，罗斯福总统签署一项行政命令，授权军队可以将“有关人等”从军方指定的“军事地区”内赶走，“安置”在其他地方。虽然这项行政命令没有明文使用“美籍日本人”一词，但实际上在西海岸大批被抓走的就是他们，与别的种族无涉。1942 年 3—11 月，有 10 万名日本人，包括男女老少，被运往从加州到阿肯色州一带荒无人烟的各个大型的拘留营。这一带是“以前没人住，其后也不会有人住”的不毛之地。

具有讽刺意义的是，突袭虽然发生在夏威夷，可那儿的 15 万日裔美国人却没有被拘留。拘留政策与其说和官方解释的“军事需要”有关，倒不如说和美国本土上强烈的反日情绪以及负责西海岸防卫总部的那位将军的人品有关。J. L. 德维特将军是一个年迈的职业官僚，其经验主要在后勤而不是实地作战方面，在同僚中的威望不高。给日裔美国人建造拘留营有助于他扩大自己的官僚势力，在公众眼里显得他是个大人物。诚然，使此举成为可能的，还是那种对日本人（不管是在日本还是在美国）的普遍恐惧和敌意。当德维特将军公开声称“日本鬼子就是日本鬼子，不管他是不是美国公民”时，他道出了珍珠港事件之后的广泛民意。拘留日裔美国人的政策得到了广泛的支持，右翼的赫斯特报系和专栏作家威斯特布鲁克·佩格勒一类的种族主义者，厄尔·沃伦和瓦尔特·李普曼那样的开明人士，以及左派人士加莱·麦克威廉姆斯、威托·马克安东尼奥和共产党的《每日工人报》及《人民世界报》的主编们，皆表示赞同。“美国公民自由联盟”也将拘留政策视为合法，最高法院的法官们无一反对者。可是，尽管当时对日本人的惧怕心理无处不在，但在整个“二战”中，被判通敌罪的美籍日本人却连一个也没有。

大规模拘留对日裔美国人造成了极大的伤害。仅经济损失一项就极大。在被迫去拘留营之前，他们匆忙地把房子、家具及其他财产卖掉。他们苦心经营了一辈子的企业，必须在几周之内清算了结。以 1942 年的价格折算，据美国政府自己估计，日裔美国人遭受的经济损失在4亿美元左右。除了经济损失之外，许多人蒙受了冤屈，被迫背井离乡。美籍日本人公民团也遭到致命的打击，他们还代表第二代日裔人，正在努力争当优秀的美国公民并被美国人接受呢！由于认识到反对拘留政策是徒劳的，加上反对拘留政策会有对美国不忠的嫌疑，所以，美籍日本人公民团的官方立场，是遵从拘留政策。但是，公民团的这种立场，立即招致那些认为拘留政策是种族主义大棒的日裔美国人的愤怒和蔑视，尽管他们先前也曾竭力争取当美国良民。被拘留的日本人有时会产生严重的内讧，一些好战的反抗者宣布放弃他们的美国国籍，甚至以武力威胁同伴跟着他们干。

可是，从总体上讲，日裔美国人接受了拘留生活的严酷事实，并不得已退而求其次，尽力改善自己的境遇。拘留营的设施十分简陋，他们在集体食堂吃饭，在公共浴室洗澡，厕所也是公用的。全家人挤在斗室之内，周围全是带电的铁丝网，还有武装哨兵巡逻。为了把环境搞得略微“人道”一些，他们种了花，并用废木料做家具。但是，他们住的是“一长排一长排的用油毛毡搭起来的小木头屋子”，室内仅有“一个炉子、一盏吊灯、一张铁板吊床及垫子”。在这种情况下，能美化到何种程度，只有天晓得了。

拘留营内的生活，使传统的日本家庭模式发生了颇大的变化。在那里，男女老少干着不同的活，但拿着同样的低工资，因此，父亲作为家庭主要收入来源这个传统被大大削弱了。况且，拘留营里那些留给日裔美国人的行政职务，也只有具备美国公民身份的人才能担任。这么一来，年青的一代就爬到了他们父辈的头上。由于巴掌大的陋室一个紧挨着一个，家庭的隐私根本不能谈。以家庭为中心的活动，比如进食，也不能在家中进行。

美国在战时需要大量的人力，这种情况甚至没等到所有的日裔美国人被赶到铁丝网之内，就开始改善拘留计划了。1942年春，某些季节性农业工人获准离开拘留营，以缓解农业劳动力的短缺。后来，只要这些农工在军事地区的范围之外干过活，再通过忠诚审查的话，他们便可以永远地迁到那里去居住。1942 年夏，几百名第一代日本移民铁路工人被允许回到东俄勒冈州继续干活。4 000 多名第二代日裔大学生被允许离开拘留营去继续求学，他们去了东部或中西部，意在回避而不是抵抗“军事需要”这个政策，该政策是西部防卫司令部为大拘留制造的借口。负责拘留营的文官当局，总的说来对日本人比较同情，他们制订的释放各种具备特殊情况的日本人的计划，屡屡遭到军方的谴责。可到了最后，连军方的高级长官也开始在打日裔劳动力的算盘了。于是在 1943 年 1 月，美国陆军开始征召先前因被划为“敌侨”而无资格参军的第二代日本人去服役。尽管情况很反常，而晚一些被拘留的日本年轻人仍感到一肚子委屈，但那些有资格参军的人还是抓住了这个机会，以便在战场上证明他们对美国的忠诚。

共有 30 多万名日裔美国人参加了“二战”。单独由日裔美国人组成的团队曾在欧洲战场作战，他们于 1943 年被派往“二战”中一些最惨烈的战场上去作战。日裔兵组成的 442 团成了“二战”中（甚或美国历史上）获得荣誉最多的一支劲旅。在与纳粹部队的较量中，日裔阵亡人数达 9 000 多人，这些人赢得了 52 枚杰出军功十字勋章和一枚国会荣誉勋章。在太平洋战场上，有几千名日裔人担任翻译人员，发挥了重要作用，因为日军往往以为美国人不懂日语，而没把军事情报译成密电码。可是，“每个战场上都有随军的美籍日本人，他们能读懂截获的日军文件，并把情报传递给盟国将领”。

“二战”中的悲惨经历，最终被证明是美籍日本人在美国站稳脚跟的一个转折点，从来没有一个民族能在如此艰难的条件下证明自己对美国的忠诚。越来越多的美国官员渐渐地——有的在政府内部，有的在公开场合——开始替美籍日本人主持正义。最后，连西部防卫司令部也宣布，过去用来使拘捕合法化的“军事需要”已经结束，文官当局也宣布拘留计划行将结束。曾在 1942 年下达拘捕令的罗斯福总统，在 1944 年公开为日裔美国人的忠诚辩护。到 1944 年年底，最高法院宣布，拘留那些具有美国公民身份的日本人是违反宪法的。

尽管第一代日本移民遭受了巨大而不可弥补的损失，但对第二代来说，拘留营成了他们迈入美国社会的开端，从此他们就沿着社会和经济的阶梯平步青云。原来那种狭隘的种族牢笼被打破了，他们再也不必步父辈的后尘，仅仅从事少数几种职业了。在拘留营里，日裔美国人比平时的工作面更广了。未进拘留营时，由于受营业执照和其他限制性措施的影响，他们的职业选择面较窄。因为第二代日裔人是美国公民，他们在被拘留的人中享有特权，首批释放的人中他们也占大多数。他们迁到东部或中西部之后，门路就更广了。无论是作为高校学生还是在部队当兵，他们都以自己的献身精神赢得了其他美国人的接纳和支持。

偏执分子的嘴巴并没有被完全堵住。特别是在加州，当一些被拘留的日本人从战后美国的拘留营中回来时，还发生过欺侮日裔人的零星“事件”，严重程度各有不同。但是，当一个反日议案于1946年在加州历史上首次以压倒性多数被推翻时，它清楚地表明了人心的向背。

战后的第二代和第三代美籍日本人

日裔美国人在“二战”前取得成功的老路已经走不通了。成千上万的农场和企业遭到破坏，不可挽回。许多第一代日本移民年事已高，无法重操旧业。由于缺少教育和文化适应能力，他们也难以转到新的领域去干什么大事。然而，他们可以轻而易举地重操园丁这一行当。1958年，洛杉矶市日裔美国人的企业，仍然有3/4是搞园艺的。这绝不是一些微不足道的工作。1963年的一次调查发现，很大一部分高收入的日裔美国人是合同制园艺师傅。

可是，第二代日裔人受到了良好教育，会讲英语，而且是美国公民，因此在职业选择上自由度较大，并有本领对付雇主抱有的无形偏见。早在1940年，日裔美国人的受教育程度就比白人高，这个差距在下一个10年被进一步拉大。他们在大学几乎从来不攻读文科学位，而偏重应用学科，比如工程、眼镜技术或企业管理等。

到1959年，美国本土的日裔男性挣的工资相当于白人的99%。就所有的日裔男性（包括在夏威夷的）而言，他们的收入是同年龄段白人的98%。到了1969年，日裔群体的人均收入比全美平均水平高出11%，家庭平均收入则高出32%。日裔人在美国本土干得比在夏威夷还要出色。这表明战时拘留不一定给日本人造成了什么永久性的不良影响，相反，如果仅从经济角度来看，还可能起了积极作用。因为它使第二代日裔人从父母的小算盘中解放出来，尤其是他们可以不必继承家业，转而另辟蹊径。在这方面，许多日裔美国人，包括参议员S. I. 早川在内，都认为战时拘留反倒有利于他们从长计议，最后得以飞黄腾达。

无论出于何种原因，日裔美国人不仅经济上发达了，而且他们的职业分布也发生了明显的变化。1940年，无论是在加州还是在夏威夷，日裔美国人从事专业工作的比例，尚不到白人的一半。1950年，加州的日裔美国人缩小了这个差距，而到了1960年，他们在专业阶层的比例已经超过了白人。在夏威夷，日本人在专业阶层中的比例尚比白人低。

随着日裔美国人的社会—经济地位的上升，加之战后美国的种族主义普遍退潮，日裔美国人的居住模式更为分散了，和其他种族通婚的情况也多起来了。从事高级白领工作的第二代日本人，喜欢住在白人占绝大多数的街区，而不喜欢加入日本人的种族组织。其实，在美国本土，清一色的日本街坊几乎看不到。随着日本人职业上和住宅上的日益分散，与异族通婚的现象更普遍了。在20世纪20年代的洛杉矶，日裔美国人的婚姻有2%是异族通婚。在战后的最初几年里，这个数字上升至11%~12%。到20世纪50年代末，这个数字跃升到了20%。夏威夷的情况也差不多。

第三代日裔美国人出生于战时拘留营时期或战后。第三代有88%的人上过大学，92%的人打算成为专业人员，这的确了不起。老一代美籍日本人大多认为这批后生“太美国化了”，但第三代——占94%的人——则说，他们倒很想讲日语（意思是他们实际上并不会讲日语）。再者，他们反对战时拘留的呼声最高，尽管他们自己对那场横祸已经毫无记忆。政治好斗精神基本上是第三代人身上所独有的现象，第三代人受苦最少，保留本族的文化特征也最少，但他们的种族意识或好斗精神却很强，这种现象在不少种族中都出现过。

今天的美籍日本人

如今，日裔美国人总共有60万左右。其中约有1/3的人住在夏威夷，另有1/3的人住在加州，不足1/5的人住在美国东北部、中西部和南部。虽然他们从农场劳工和租地农场主起家，如今却有约90%的人住在城市。即使住在农业地区的人，大部分也与农场无关。

约88%的日裔美国人是在美国出生的，但在25~64岁的男性中，近70%的人是第二代美国人。他们的收入高于全美平均水平，原因有二，即地理位置和城市化程度。不到5%的人住在低收入的南方，大部分人生活在收入高的加州和夏威夷。虽然他们的家庭平均收入比全美水平高出32%，但在加州，他们的家庭平均收入仅比州水平高出15%。在城市家庭中，加州日裔美国人的收入只比白人高出10%。可是，对于一个在美国饱受法律歧视之苦的种族来说，这是了不起的成就。他们在“二战”中被拘留过，几乎丧失了一切，后来只得另起炉灶。而这只是第二代！第三代刚刚成年，第四代还是孩子。

日裔美国人如今取得的巨大经济成就，主要依靠两条：一是他们勤劳肯干，就业率高于平均水平，失业率低于平均水平，多数日裔家庭同时有几个人在挣钱；二是教育水平高，又多在收入高的科学界和应用领域就职。从历史上来看，日裔美国人是从农业、园艺及小本生意这些不怎么需要受教育的职业白手起家的，取得成功之后，他们才能送子女上大学，并进入专业阶层。教育并不是日裔美国人起飞的始因，就像教育不是犹太人起飞的始因一样，虽然这两个种族在后来都以教育优势巩固了他们的经济地位。

男子为户主的美籍日本人家庭的收入情况

（以美国同类家庭的收入为 100%）

户主受教育程度	单收入家庭（%）	双收入家庭（%）	有三份或三份以上收入的家庭（%）
中学以下	107	120	140
中学	105	120	118
大学（读一至三年）	101	112	104
大学（读四年）	84	104	123
研究生（读一年）	90	108	111
研究生（读两年或两年以上）	83	100	106

资料来源：《公用抽样数据》，美国人口普查局，1970 年。

如表所示，日裔单收入家庭的收入并不都比同类美国家庭高。但是，美籍日本人的人均收入要比全美平均线高出 32%，而本表所列各类家庭都没有显示出如此大的差距，这该作何解释呢？原因在于，日裔人大多分布在高收入行业，他们就业的比例高，而且有更多的人处于教育水平高的类别里。

由于家庭人口少，日裔美国人的经济和社会地位进一步得到了加强。35~44 岁年龄段的美国妇女平均有 3 个孩子，而同年龄段的日裔妇女却只有 2.2 个孩子。孩子少，工资高，所以日裔美国人的家庭不但生活水平属上乘，而且有钱送子女到大学里去深造，使得一代胜过一代。但是，我们必须再次把目前一代的情况和促使日裔美国人当初发家的因素区分开来。正如犹太移民的家庭人口多于一般家庭一样，第一代日本移民的家庭人口也比一般家庭要多。但无论对日本人还是对犹太人来说，大家庭并不意味着就会忽视孩子在校的品行和学业。新一代移民生孩子少，是为了适应新的生活方式，并满足子女上大学的愿望。

按照任何一种指标来衡量，美籍日本人都正在变得美国化。从全美来讲，1970 年约有 12%的已婚日裔男性和 1/3 的已婚女性，其配偶是异族人。在 20 世纪 70 年代初的洛杉矶，美籍日本人的婚姻大约有一半是异族良缘。在夏威夷也是如此。现在日裔青年学生的平均成绩比起他们的前辈来显得逊色，正在渐渐地跌落到正常美国学生的水平，社会问题也日趋严重起来。

日本人对美国生活的诸多方面都做出了突出的贡献。从美国东海岸到西海岸的某些建筑物上，可以发现日裔建筑师山崎实那美观又富有想象力的设计。他的杰作包括普林斯顿大学的伍德罗·威尔逊公共关系学院、奥柏林音乐学院、圣路易斯机场和西雅图世界博览会会馆。S. I. 早川早在出任旧金山州立学院院长，嗣后又当选为美国参议员而广为世人所知之前很久，就在语言学界确立了他的崇高学术声誉。美籍日本人在美国本土参政相对较晚，但在夏威夷却一直很活跃，他们在夏威夷的人口比例比在其他地方要高。1959 年，井上建，这位在“二战”中失去一只胳膊并在战场上被提升为军官的日裔英雄，入选了美国众议院，后来又入选了美国参议院。1976 年，夏威夷把松永正幸送入美国参议院，他是第三位日裔美国参议员。占人口不到 0.5% 的日本人中产生了 3 位参议员，占参议院成员的 3%！这象征着美籍日本人的杰出成就。

Ethnic America
A History

第4部分

来自非洲的美国人

Ethnic America

A History

第八章
黑人

美国黑人是在违反其自身意志的情况下被强行带到美国的唯一种族。他们来自一个比欧洲还要辽阔的大陆，当初操着多种不同的语言，代表着多种不同的文化。在长达两个多世纪受奴役的过程中，他们的许多语言和文化都消失了，他们的基因也融混到了一起（并掺进了相当多的白人基因），从而成了美国黑人——一个新世界文化和人种的产物，而不是任何非洲既定民族或文化的直系后裔。

所以，美国黑人属于最古老的美国人，他们的文化传统乃是一个几乎完全在美国土地上形成的新传统。从另外一种意义上来说，黑人又属于最年轻的美国人，他们作为独立存在的自由人，直到废除奴隶制的1863年才开始进入美国的大社会。经过大规模的内部迁徙，他们进入美国都市的时间还要更晚，以至于许多（甚至大多数）黑人今天在其生活的都市世界里只不过是第二代而已。从这个意义上说，今天的黑人与100年前的爱尔兰人处在类似的位置上。总而言之，要确切衡量美国黑人进步的起始时间，并非易事，可因特定的问题而异。

尽管非洲人在美国是混血的，但非裔美国人内部也是有差别的，此种差别不像其他种族那样是因固有的传统文化形成的，而是按照他们在美国历史上的不同经历形成的。获得自由的时间是关键性的差别。虽然大多数美国黑人因1863年的《解放奴隶宣言》而获得了自由，但此前已有50多万黑人是自由人了。这些“自由的有色人”有他们的历史、文化和一套价值标准，这使其子孙后代直到20世纪都有别于其他黑人。还有为数不多但颇为重要的第三类黑人，他们主要来自西印度群岛，有极不同于其他黑人的经济和社会历史。

非洲

尽管很少有或根本没有什么非洲文化在美国黑人当中被保存下来，然而非洲的大批民众究竟是怎样，又为什么会被虏获并被送到西半球来当奴隶，非洲的历史与此并不是没有关系的。虽然非洲大陆比欧洲大陆还大，但其海岸线却没有欧洲的海岸线长，因为非洲凹进其海岸的天然港口并不多。非洲的河流受到地形和四季变化的制约，只能断断续续地通航。茂密的原始森林和无边的沙漠，更给大陆内部的交通和联络增加了困难。处在悬崖绝壁和高大山脉之间的狭窄海岸平原，限制了沿海居住区的规模。这就使该大陆的人们各居一隅，相互隔绝，操着800多种语言，分成无数的部落。身处此种境况下的人们在政治上和军事上易受攻击，为外人将他们大批虏获为奴提供了机会。

非洲的伟大文明发祥于地理障碍没有上述状况那样严重的地区。4 000英里长的尼罗河大体上可全线通航，为古埃及文明的诞生提供了经济和社会基础。沿地中海一线的港口和通向亚洲的陆路，也使非洲北部发展起了比撒哈拉以南地区更大更复杂的国家。该地区团结且强大的民族——阿拉伯人——成了第一批奴役非洲黑人的人。

奴隶制早就存在于非洲各部落之间，正如它千百年来一直存在于欧洲人当中一样，其历史可以追溯到古希腊和罗马时期。把黑人奴隶当作商品出售，是在公元 8 世纪阿拉伯人征服北非之后才开始的。阿拉伯的奴隶贩子曾进入非洲腹地，从东海岸向南一直伸展到莫桑比克。他们和当地的部落合作，抓获或购进奴隶，将其带出撒哈拉大沙漠。在长途跋涉的过程中，死在灼热沙面上的黑人不计其数，撒哈拉沙漠中布满了他们的白骨。阿拉伯人以最残忍的奴隶主身份而臭名昭著。及至 19 世纪，英国探险家戴维·利文斯敦在目睹了阿拉伯人虐待奴隶的情景之后，曾有好几个礼拜夜夜噩梦难眠。直到 20 世纪中期之后，阿拉伯世界才彻底消除了奴隶制。

当非洲人被阿拉伯的奴隶贩子带到西班牙时，欧洲的奴隶制已经随着时间的推移而销声匿迹了。于是，西班牙人和葡萄牙人后来冒险到撒哈拉以南的非洲地区，去抓捕黑人当自己的奴隶。到哥伦布发现美洲时，西班牙和葡萄牙两国境内已有奴隶存在，数量虽然不多，但也颇为可观。当西班牙开始在西半球开辟殖民地时，他们把大批的奴隶从非洲运送到那里当苦力。英国人、法国人和葡萄牙人接踵而至，到美洲探险和开辟殖民地，他们也开始用船把从非洲购买或劫掠来的大批奴隶运到新大陆去。

到 17 世纪中期，每年有 10 000 名奴隶被船运到大西洋彼岸。到 18 世纪，贩卖奴隶达到每年 60 000 人的高峰。几个世纪以来，有近 1 000 万的非洲奴隶被运到了西半球，其中一半以上是在 1720—1820 年这 100 年间抵达的，80% 以上是在 18 世纪初至 19 世纪中期抵达的。许多奴隶来自西非尼日尔河以东地区，其数量之多恰好等于非洲其他所有地区奴隶的总和。仅阿散蒂部落就把数以千计的其他非洲人卖给了奴隶贩子。

除去 1 000 万被运到大西洋彼岸的非洲奴隶之外，还有不计其数的人死在途中——有些人为捍卫其在非洲的自由而战死，有些人因试图逃跑而被杀，有些人在被监禁期间自杀身亡，还有许多人因无法忍受赴美途中的艰险和恐怖而死在海上。在英国人、法国人和西班牙人于 18 世纪和 19 世纪贩运的所有非洲奴隶当中，单是死在海上的比例就大约为9%~16%，而在17世纪，这个比例还要更高。在荷兰的运奴船上，奴隶死亡的比例也较高。粗略而保守的估计是，有100万奴隶死在途中，这还不包括那些因染上欧洲的疾病而死亡的人，对这些疾病，他们体内缺乏免疫力，正如许多欧洲人也死于非洲的疾病一样。

来到西半球的总数为1 000万的非洲奴隶当中，约有40万人是被贩运到美国境内的各个殖民地的。

奴隶制在美国

美国在1825年拥有的奴隶数目居西半球各国之首，占整个西半球奴隶总数的1/3以上。不过其他国家实际买入的奴隶却比美国多，巴西买入的奴隶数量是美国的6倍。区别在于，美国是奴隶能够繁衍后代并按自然规律保持人口增长的唯一国家。在西半球的其他地方，情况就不一样了，奴隶的死亡率是如此之高，出生率又是如此之低，以至于要不断地从非洲买入奴隶来替代死亡的奴隶。在其他国家，奴隶的生存状况大都相当恶劣。当然，美国奴隶的生存状况也是极其残酷的，鞭刑属司空见惯。把小孩子从其父母身边拉走卖掉的事经常发生，以至于奴隶们惶惶不可终日。强行将夫妻拆散也是常有的事，大约每6对夫妻中就有一对会遭殃。其他残忍和暴虐的行为，尽管是零星发生的，却也是奴隶制度本身的固有特征。

从狭义的物质角度来看，美国的奴隶通常能靠吃低质量的食品来填饱肚子，其住房——尽管按今天的标准算是原始的——可与当时欧洲农民或工人的住房条件相比（甚至还要好些）。19世纪美国奴隶的平均寿命比美国白人的平均寿命稍微低一些，却与荷兰人或法国人的平均寿命相等，并高于意大利人或奥地利人的平均寿命。当时美国奴隶的平均寿命是36岁，而爱尔兰农民的平均寿命只有19岁。对奴隶主来说，奴隶是一种投资，而且是一种需要保护的投资。例如，奴隶主通常会雇用白人工人——一般是爱尔兰移民——从事那些对黑人来说太危险的工作。

任何一种奴隶制面临的关键问题都是如何防止奴隶逃跑。在南北战争爆发前的南方，防止奴隶逃跑的办法不是筑起篱笆或设置岗哨，而是通过使奴隶处于无知、依附和恐惧的状态来实现的。绝大多数奴隶既不会读也不会写，而且南方多数州都规定教奴隶识字属犯罪行为。正因为监禁奴隶的办法是使其无知而不是约束其人身，所以暂时逃离一家蓄奴农场是容易的，但要永远地逃离却是办不到的。由当地白人组成的巡逻队会缉拿在逃的奴隶，并对那些不管出于什么原因离开所在农场的奴隶进行训诫或惩罚。

奴隶主借助衣食配给及对奴隶日常生活、起居条件的组织管理，使奴隶成为他们的附属品。一个大奴隶主曾告诫说："（务必）使奴隶养成全然依附你的习惯……"当弗雷德里克·劳·奥尔姆斯特德在南方进行广为人知的旅行时，他洞察到了这种哲学的实际运用。奥尔姆斯特德认定，南方人的办法是试图将奴隶训练成干活的机器人，但却"防止奴隶学会照料自己"。

由于其主动精神世世代代受到压抑，又由于他们缺乏激励，只想把工作做到不受惩罚的程度，奴隶养成了磨蹭和怠工的习惯，这种习惯在奴隶制本身消失之后很久，仍然在他们身上存在着。南北战争前，欺诈和偷窃是南方奴隶的通病，这些恶习在奴隶制消亡后又存在了很久。

黑奴自身也需要逐步形成某种生存模式。种族团结是基础，向白人出卖同族是不可饶恕的行为。甚至奴隶监工头（一个直接指挥其他奴隶并被授权实施惩罚的奴隶）也不得不按照这个规矩做出让步。在大型农场主家里做佣人的一些黑人奴隶，可能会与主人的家庭成员形成亲密的个人关系，但是，黑奴内部的纠纷和向白人出卖同族不是一码事，他们也不敢跨越这条鸿沟。

黑人世界是奴隶可以寻求情感满足和亲密关系的地方，在这个世界里越轨即意味着个人的灾难。所以，黑人群体的行为规范是有分量的，即使在没有官方支持或没有行政机构来强制实施的条件下也是如此。例如，奴隶当中违反乱伦禁忌的程度，普遍比当时的白人轻微。在白人奴隶主当中，交表婚（第一代堂表亲联姻）属普遍状况，而在黑人奴隶当中，这种婚姻却属罕见，仍然保留着欧洲人和非洲人在乱伦禁忌观念上的差别。简言之，黑人群体有其自身的行为规范，这种规范并不仅仅是白人行为模式的摹本。甚至白人奴隶主也觉得让自家的奴隶与生活在别的农场的奴隶结婚以迁就黑奴严格遵守乱伦禁忌的做法，是对自己有利的，哪怕按照白人的标准来看，自家棉花农场的黑奴当中本来就存在着可供选择的婚配对象。曾经有这样一个罕见的事例：在一个奴隶家庭里，父亲乱伦，导致自己的女儿怀了孕，主人不得不把这位父亲卖掉，因为其他奴隶威胁要杀死他。

奴隶当中自有其风范和习俗。年轻人称呼年长者为“叔叔”或“婶娘”（白人禁止黑奴相互间使用“先生”或“太太”一类的称谓），并在遇见年长者时脱帽，以示敬意。当一对黑奴夫妇未经准许到棉花种植园之外的地方而被巡逻人员抓到时，除了自己挨一顿鞭打之外，丈夫还会主动代妻受过，再挨一顿打。

除了习俗，奴隶还逐渐形成了自己的文化。最值得一提的文化产物是黑人圣歌，这种圣歌后来衍生出感伤乐曲和爵士乐曲，从而为整个美国流行音乐的发展奠定了基本的框架。某些黑人民间乐曲还被德沃夏克新世界交响乐团所采用，班卓琴就是奴隶制时代的一位自由黑人创造出来的。黑奴的寓言和民间传说，还为南方的一位白人乔尔·钱德勒·哈里斯整理的《兔哥哥》一类的故事集提供了素材。和古希腊的那位奴隶伊索创作的寓言所不同的是，美国黑奴讲述的故事一般都体现出弱者和谦卑的人战胜强者、傲慢者和蛮横者这类主题。

在黑人当中，最重要的人际关系存在于家庭里。奴隶的婚姻和奴隶的家庭关系是没有法律地位的，但通常都能保持几十年，如果不是终生的话。这种情形普遍地存在于整个美国奴隶世界，在各个地区，在乡下或城镇，在田间奴工和家庭佣人当中，都是如此。1866 年对某地曾经为奴隶的夫妇的调查表明，40 多岁的人当中有半数以上已有 20 年或 20 年以上的婚龄。尽管奴隶当中也存在着婚前性行为和未婚先孕的情形，但对待婚姻的态度是十分严肃的，不可以轻易终止。奴隶的婚姻有时会被强行终止，这通常是由于夫妻一方被贩卖而造成的，但这些被强行拆散了的鸳鸯也仍能保持好多年的夫妻关系。许多以前为奴的人都在证词中提到夫妻离散之苦，许多奴隶主也怕留下的一方会试图逃跑而不愿拆散奴隶的婚姻。然而，1864—1865年，密西西比州的黑奴仍然有1/6的人被迫与自己的配偶分离。在黑人获得解放之后，许多分离的夫妻曾为寻找对方并与对方团聚而花了好多年的时间。在奴隶制时代，夫妻分离后曾发生过自杀的事例，也有谋杀那些强奸奴隶妻子的白人的事例，尽管杀死白人强奸犯的黑人男子是必死无疑的。千百个有案可稽的奴隶谋杀白人的案件（出于各种各样的原因）也表明，被奴役的人们并不缺乏其价值观念。除了有案可稽的谋杀案之外，还发生过许多投毒和纵火案，都无法查清是谁干的，虽然人们心里都明白，投毒和纵火是奴隶喜欢使用的作案手段。

大多数的奴隶儿童是在双亲俱全的家庭里长大的，父亲是家长，孩子（秘密地）姓父亲的姓氏。某些家庭因婚前性行为也会有女方和其他男人生下的孩子，不过对19世纪某地奴隶家庭的研究显示，在3/4的家庭里，子女的双亲是相同的。总而言之，奴隶的家庭，在奴隶力所能及的范围内，算是稳定的。他们的子女随时都可能被拉出去卖掉，再也见不到面。被卖掉的奴隶多属十几岁的孩子或年轻的单身汉，故此，奴隶婚姻的相对稳定性并不意味着奴隶家庭的稳定性。

奴隶主发现，奴隶的婚姻和家庭关系是一种稳定性因素，能降低男子为争夺女人而发生打斗事件的概率，并能抑制奴隶逃跑的意图。然而，奴隶家庭纽带的牢固，又被认为与他们的地位不相适宜，是对主奴关系的一种威胁，并会在贩卖奴隶时惹麻烦。奴隶主试图将奴隶的家庭关系控制在不至于强大到干扰奴隶制的限度内。他们不准奴隶使用姓氏，甚至连奴隶使用“我姐姐（妹妹）”或“我母亲”这样的称谓都可能遭到惩罚，当然这只能使此类称谓的使用转入地下。黑人家庭的姓氏还是一代代传了下来，尽管他们晓得，在有白人的场合最好不使用，甚至在黑人获得解放之后，许多以前的奴隶仍然不愿向白人通报自己的姓氏，因为这种隐瞒姓氏的习惯已经变得根深蒂固了。奴隶的姓氏通常不是其主人的姓氏，奴隶姓氏的起源常常因世代沿革而被湮没了——有可能是奴隶家庭先人所属主家的姓，也可能是他们的非裔祖先抵达美洲时选择的姓氏。保留白人姓氏的目的并非在于将黑人家庭与当初姓这个姓氏的白人主人联系起来，而是想让黑人家庭具有固定的认同标志。奴隶名字的情况也是如此。奴隶家的男孩有 1/4 使用其父亲的名字，还有许多孩子以其叔（舅）婶（姨）的名字为名，或以死去的或被贩卖掉的兄弟姊妹的名字为名。非常有意思的是，奴隶家的女儿通常不以其母的名字为名，尽管这种做法当时在白人家庭中极为普遍。从这个问题上我们再次看到，奴隶有自己的风俗习惯。

奴隶制并不是在任何地方或任何时代都千篇一律。在不同的时间、不同的地方、不同的职业当中，奴隶制可谓千差万别。南方的白人有 75% 的家庭根本就不拥有奴隶。那些蓄奴的人，大多数是农场主，而不是棉花种植园主，且在棉花种植园中真正能达到小说《飘》所描绘的南北战争前南方田庄那种规模的，实在是凤毛麟角。

地区差别

1793 年轧花机的发明，使得 60% 的美国奴隶在从事棉花的种植工作。奴隶日趋集中到美国南部那些土质和气候均适宜于棉花种植的地带。最南部的几个州（亚拉巴马、密西西比、得克萨斯和路易斯安那）的奴隶数目急剧增多，而在像弗吉尼亚、马里兰和南、北卡罗来纳等地处美国南部偏北的几个州里，奴隶的数目则在减少。黑奴人口集结的地理中心，在这个时期以大约每 10 年 50 英里的速度稳步地向西南移动。1830—1860 年，约有 50 万黑奴从弗吉尼亚州、马里兰州和南、北卡罗来纳搬迁到最南部的几个州。这场大规模的奴隶搬迁——被恰如其分地称为“世界史上被迫进行的大迁移之一”——是以奴隶主携带自己的劳动大军易地而居的形式发生的，而不是以贩卖个别奴隶的旧方式实现的。但是贩卖奴隶的事也经常发生，以至于奴隶经常提心吊胆，担心被从家庭和朋友身边拉走卖掉。英文里有一句习惯用语是表示这种担心的“历史遗迹”——“被顺河出卖了”[①]。然而，即使某一棉花种植园倾巢搬迁时，也会拆散黑奴的家庭，因为某些家庭成员（特别是丈夫和父亲）往往属于另一个主人，而不生活在同一个农场或棉花种植园里。

美国的某些地区比其他地区更适宜于种植那些雇用奴隶劳工来干活并在经济上很划算的农作物，尤其是需要程序化的、易于由工头监视的大生产式劳动的农作物。美国的棉花种植是这种劳动方式的典型例子，而路易斯安那州和拉丁美洲多数地区的甘蔗种植也在此之列，其他诸如稻米、小米和玉米等主要农作物的种植，也是由大生产式的奴隶劳动来实现的。气候和土质条件大体上决定着在什么地方可种植这类作物，进而决定着奴隶的地理分布。

相对来说，北部使用的奴隶就很少，因为那儿的气候不适合种植农作物；南方的若干地区也没有多少种植棉花的奴隶，譬如皮德蒙特地区就是如此。皮德蒙特（意即山脚下）地区，指的是北起弗吉尼亚州西部向南延伸，经过北卡罗来纳州西部，直抵肯塔基和田纳西两州东部的广大地区。这个地带土质易受侵蚀，“土壤”贫瘠，不适宜使用奴隶进行大田作物的种植。种植园和为这种奴隶种植园辩护的种族意识，在这一地区都没有真正扎下根来，与沃野千里的密西西比河三角洲以及越过阿肯色州、路易斯安那州、密西西比州、亚拉巴马州及佐治亚州的那条堪称“膏腴之乡”的“黑土带”大相径庭。最南部的这几个州，历来在种族问题上的态度都是最极端、最不能让步的。前有奴隶制之争，后有民权运动。而南方的开明分子，大多来自皮德蒙特地区。

反对奴隶制的报纸都集中在肯塔基州和弗吉尼亚州西部。弗吉尼亚州西部

① “被顺河出卖了”一句的英文是“Be sold down the river”。此处的“river”指密西西比河。当年奴隶被贩卖后，即由密西西比河上的船运往南部。——译者注

后来干脆与该州一刀两断，自立新州，而不愿和整个州一起加入南部邦联。约翰·布朗的活动基地就在这一带。曾经帮助奴隶逃到自由州的所谓“地下铁道”，也以这一带为活动中心。美国专门宣扬废除奴隶制的第一家期刊就是在田纳西州东部出版的。早在19世纪20年代，北卡罗来纳州就存在着一个“解放黑奴协会”，这在最南部的几个州是闻所未闻的事。北卡罗来纳州的自由黑人，在1835年以前一直是被允许参加选举的，而1835年他们却被剥夺了公民权，此举遭到该州皮德蒙特地区西部县的反对，这些县是德裔人和苏格兰-爱尔兰裔人居住的地方。这些州都普遍存在着种族主义和赞同奴隶制的情结，但这方面的心理矛盾和感情的强烈程度，却因地区不同而差异甚大。政治上持温和态度的辉格党，只有在那些处于皮德蒙特区域的南方地带，才可与力主奴隶制的民主党人抗衡。天然的地理因素，不仅使皮德蒙特地区难以出现使用奴隶的棉花种植园，而且正因为该地区没有奴隶经济和奴隶社会，因此把那些不想与奴隶竞争，或不愿支持奴隶制的人们吸引到其境内。其中包括苏格兰-爱尔兰人和德国人的后裔。这些人从宾夕法尼亚州西部出发，越过坎伯兰隘口辗转来到皮德蒙特地区。这儿还吸引了众多的教友派信徒，因为其宗教教义禁止人们拥有奴隶。教友派在反对奴隶制的活动中，特别是在北卡罗来纳州，是闻名遐迩的。总而言之，南方内部地理因素上的差别，又因不同地区吸引了不同的人士而进一步加大了。

时间带来的变化

1619年首批被掳掠到英国殖民地弗吉尼亚的非洲人，后来变成契约奴隶，和当时常见的白人契约奴隶是一样的。黑白契约奴在完成几年的苦役之后，都有可能获释，成为自由人。黑人的这种处境究竟在何时发生了变化及怎样发生了变化，从而使他们沦为永久的奴隶，这一点人们还一直没有搞清楚。但是有一点是肯定的，即到17世纪40年代，被贩运到弗吉尼亚的非洲人已不具备赎身契约，尽管在1651年仍有一些契约期限届满的黑人和劳役期满的白人契约奴一样，拥有了土地。北美第一部明文确认奴隶制度的永久性并殃及奴隶子孙后代的法律，是弗吉尼亚在1661年通过的。其后，非洲人被带到北美其他殖民地时，各处都援引弗吉尼亚的先例，致使非洲人沦为奴隶的命运从一开始就注定了。

几千年来，世界各地实际上一直存在着奴隶制，但在美国衍生出的那种奴隶制却有其独特之处。在许多国家，多少世纪以来，奴隶制在政治上和道义上是被社会接受的，没有人对此提出疑问，甚至历史上著名的道义主义论者也未持异议。而在美国，对于将非洲人抓来为奴的做法，则从一开始就存在着复杂而激烈的争论。某些殖民地曾通过法律，阻止奴隶制，但这些法律均被英国政府废弃。反对奴隶制的人并非一定出于道义上的考虑，或因物伤其类而对黑人表示关心。一大批肤色明显不同又作为奴隶被束缚起来的人们的存在，会在经济、社会和军事方面造成诸多麻烦，不少美国人宁愿不给自己惹这些麻烦。这种考虑实际上一直是他们后来反对奴隶制运动的一个主要因素，所以反对奴隶制运动所设计的出路之一，就是把黑人送返非洲。而一旦做出决定——伦敦做出的——使蓄奴在美国制度化，那么世世代代的美国人所面临的选择，就发生了根本性的变化。原来争论的问题是奴隶制是否明智或是否合乎道义，现在争论的问题则日趋集中在建国不久的美国能否吸纳社会上这批缺乏自由和自立经验的异族人，这批异族人在1800年约占美国总人口的20%。

在美国这个自由的社会里，奴隶制在其存在期间所引起的激烈争端，一直使政治不得安宁。它迫使一部分人在思想上为这种制度辩解，而在其他奴隶制社会里是没有这种必要的。此种辩解的主要论点，是断言这些被奴役的人与其他人存在着如此之大的差别，以至于美国的立国原则和理想不适用于他们，就是说，这些人才智低劣，缺乏感情，体会不出堕落、做苦工或家庭关系遭到破坏的痛苦。在美国社会条件下形成的这样一种为奴隶制开脱的强烈的种族主义理论，曾使人们感到，简单地解放奴隶个人甚或废除奴隶制本身，并非问题的结束。确实，这种强烈的种族主义观甚至使得像托克维尔和林肯这样一些力主废除奴隶制的人士，也对解放奴隶的后果忧心忡忡。此类问题并不是一般奴隶制度本身固有的东西。在罗马帝国，当过奴隶的人及其后代，并没有被打上美国奴隶身上那些抹不掉的耻辱烙印，罗马帝国的一个皇帝戴克里先的生身父母就曾经当过奴隶。美国奴隶制的特殊之处有三个：一是奴隶和奴隶的主人分属肤色不同的种族；二是在美国这个自由社会里，必须有一套为奴隶制开脱的极端理论；三是作为一种社会制度，奴隶制使人们在道义上感到难堪，终于引发了冲突，并使英美两国闹得不可开交，最后导致这两个国家在1808年同意禁止贩卖奴隶的国际贸易。美国革命及其理想，使得围绕奴隶制展开的争议更加突出和尖锐。在革命战争进程中和战后，北方各州开始禁止奴隶制，南方各州也开始通过法律改善奴隶的待遇。在弗吉尼亚州，托马斯·杰斐逊、乔治·华盛顿、帕特里克·亨利以及詹姆斯·麦迪逊等人都公开主张废除奴隶制，南方各地的许多人士也表达了同样的观点。可惜，随着伊莱·惠特尼在1793年发明了轧花机，从而使南方变为“棉花王国”——不仅是美国的“棉花王国”，也是全世界的“棉花王国”，任何废奴主张都化为泡影。保留奴隶制和解放黑人二者之间进退两难的状况，成了南部地区解不开的死结。北方诸州宣布将在其境内禁止奴隶制（致使北方奴隶被卖到南方），从而避免了解放奴隶的难题。如何处理一直被剥夺了正常发展权利的数以百万计的黑奴，这一问题从此不再是个全国性的问题，而只是南方的地区性问题了。

加勒比海地区发生的黑人起义及黑奴杀白人的事件，在18世纪末的美国南方各地引起了普遍的恐慌情绪。关于美国奴隶在图谋举行类似起义的各种谣传，不时地使这种恐慌情绪升温。1831年由纳特·特纳领导的黑人起义真的在弗吉尼亚州爆发了，起义在被镇压下去之前有60个白人被杀死。在政治战线上，北方在19世纪30年代掀起了强大的废奴运动，进一步使南方感到四面楚歌。所有这一切事态的发展，都强化了南方的地区主义。在外线，南北对峙的局面表现在相互进行政治上的恶毒攻击，并在堪萨斯这样一些尚未建州的领土上到处诉诸暴力（堪萨斯当时被称为“流血的堪萨斯”），在这里的南方人和北方定居者斗得你死我活，以争夺该领地究竟将以一个蓄奴州还是禁奴州的身份加入联邦的决定权。在内部，南方强化了“黑人法规”，即既制约黑奴行为又制约自由黑人行为的那些法律。南方还对鼓吹废奴的书刊、联邦邮件进行检查，并千方百计使那些反对奴隶制的人，甚至是对奴隶制存疑的人，在南方无法立足。这些人离开之后，南方就只剩下清一色的主张蓄奴并根本容不得不同意见的那批人了。

奴隶制度的遗产

在受奴役的两个多世纪里，非洲人原先在基因、语言及文化等方面所呈现出的众多差异，都已消失殆尽。但是，黑人民众又在美国这个新环境里，依据其身为奴隶所从事的不同职业，依据其家庭上升到自由地位的时间差异，依据其身上所含白人血统比例的多寡，又形成了新的差别。

奴隶所从事的工作是大为不同的，“家仆”或曰“家奴”，比那些“在田间劳作的奴隶”有更多的机会去领略美国的文化（包括有罕见的机会识字）及价值观念。城市里的奴隶——大多是家仆——的接触面就更为广泛了，大大超出了奴隶主家庭的范围。约有30%的城市奴隶以雇员的身份就业，将其收入所得的一部分交给自己的主人，但他们常常住在自己租来的房子里，生活起居与普通自由人士并无多大差别。甚至在大多数奴隶栖身的农场和棉花种植园里，身为奴隶的奴隶监工头、从事技术行当的奴隶以及其他与众不同的奴隶，也拥有了自己的特权和自豪感。

最后，还有那些“自由的有色人”——这些人在1860年约有50万个，他们摆脱了受奴役的命运。第一批“自由的有色人”是1619年从非洲被贩卖到弗吉尼亚，并在卖身契约期满后获得自由的黑人。即使在永久性的奴隶制在北美各殖民地确立起来之后，仍有个别奴隶通过这种或那种手段获得了自由。在1790年，“自由的有色人”大约有6万个。由于美国革命对意识形态的影响，北方许多州废除了奴隶制，不少人士（及整个教友派社区）也释放了其所拥有的奴隶。到1830年，“自由的有色人”在数量上增加到30万个。下述两个事实或许还可以表明黑人获得自由的另外一个原因：第一，“自由的有色人”有37%是黑白混血儿，而相比之下，他们只占奴隶的8%；第二，在自由的黑人当中，妇女的比例总是偏高——整个西半球普遍存在这种现象。因此，某些奴隶能获得自由，纯粹因为他们是奴隶主的子女及这些子女的母亲。这种血缘关系在拉丁美洲公开被承认，而在盎格鲁–撒克逊人的国度里却不被承认。

多数“自由的有色人”，其活动在经济上、政治上和法律上都受到限制。他们通常是贫困又无技术的工人，在南方大部分地区及北方不少地区，他们缺乏基本的人权，在受到白人的欺诈或被白人施以暴力时，也很少或根本不能得到法律的保护。但不管怎么说，他们在文化上适应美国社会的时间毕竟要比奴隶早好多年，甚至早好几代人。在1850年，大多数“自由的有色人”能读书写字，而奴隶达到这个水平的却只占其总数的1%~2%。直到1900年，黑人民众的总体识字率才上升到“自由的有色人”在19世纪中期的水平。至1940年，黑人民众的城市化水平才达到“自由的有色人”在1850年的水平。总而言之，在适应美国社会方面，“自由的有色人”的起跑点要比其他黑人民众有利多了。

这种有利的起跑点具有深远的影响。“自由的有色人”的子孙后代，直到20世纪，在各个领域都是黑人领导层当中的佼佼者。他们是美国有色人种协进会的创建人、支持者和早期领导人。杜波伊斯、托马斯·福琼以及查尔斯·切斯纳特等人，都是“自由的有色人”的后裔，瑟古德·马歇尔则是这些人当中的后起之秀。同样，在20世纪中期，获得博士学位的黑人，在美国首都华盛顿从事专业工作的黑人，其中大多数显然也是“自由的有色人”的后代。“自由的有色人”及其后代创建并管理了第一所最负盛名的黑人公立中学，即设在哥伦比亚特区华盛顿的邓巴高中。该校培养出美国的第一位黑人将军、第一位联邦法官、第一位黑人内阁成员、第一位血浆发现者、第一位民选的参议员、第一位受聘于名牌大学的黑人教授，以及其他许多领域一长串的“第一”。

因为具有白人血统的人在“自由的有色人”当中比在奴隶当中更加普遍，所以肤色较浅的黑人在本族获得突出成就的人当中，长期以来就占有格外高的比例，以至于白人和黑人都把这些人的成就归功于以白人血统为基础的混血基因的优越性。这批黑人精英，虽然在公开场合以黑人民众的名义讲话，但内心却具有肤色浅、阶级地位高的自我意识，长期以来对黑人民众敬而远之，态度冷漠。和其他种族一样，历史上这种早期的优越条件在黑人内部造成了难以弥合的“鸿沟”。

从解放到受歧视

南北战争不仅是美国黑人历史上的一个转折点，而且堪称奴隶制度史上的最后一次大流血。这场双方都豁出去了的战争持续了 4 个腥风血雨的年头，南方的经济完全停滞，土崩瓦解，而且黑人和白人蒙受了同样的苦难，因为南方军队和北方军队都没收食品，四处掠夺，有时甚至犯下暴行。

黑人也更加直接地被卷入了战争。联邦军队有超过 18.6 万名黑人士兵，约占总兵力的 1/10。21 名黑人在南北战争中获国会勋章。开小差是战时的一大问题，但白人士兵开小差的情形比黑人士兵要严重得多。

在南北战争期间，南方黑人和白人之间明显地呈现出爱憎兼具的关系。黑人对白人怀有刻骨的怨恨，白人对黑人滥施淫威，但双方也曾逾越奴隶制的鸿沟，产生情感联结。有些奴隶一直对其主人忠心耿耿，甚至在男主人赴前线为南部邦联而战时，仍对其家属采取保护的态度。也有其他的奴隶在北方军队逼近时，为自由而逃。同一个奴隶，其行为时常是极为矛盾的：他会把自己受伤的主人从战场上背回来，藏在安全地方，然后自己向相反的方向拔腿逃跑。参加邦联军队的白人同样爱憎兼具，对黑人有夸奖也有诅咒，时而嘲笑他们，时而与他们一起流泪，既会给黑人以亲切的关照和慷慨的救助，也会狠心鞭打他们，并把他们像牲口一样卖掉。战争结束后，许多事例显然让奴隶主的感情受到刺激，因为不少奴隶甚至在其原先的主人答应出钱雇用他们时，也不愿留下来，执意远走高飞，致使白人认为黑人"背信弃义"或"忘恩负义"，并因此感到灰心失望。

在感情上对黑人怀有怨恨的，并不仅限于原先的奴隶们。那些在前线被打败、疲惫不堪又饥肠辘辘的士兵回到毁于烽火的南方地区的家园，也将满腔怒火发泄到孤立无援的黑人身上，犯下骇人听闻的暴行。奴隶主有时还会向那些逃出南方去参加联邦军队的黑人奴隶的妻小实行报复。奴隶制在南方持续了两个世纪之久，黑人惯于被认为是毫无权利的。所以南北战争之后，南方白人不仅对黑人获得解放感到愤懑，而且对黑人在言行态度方面有任何显示他们与白人一样也是人，或和白人有相同权利的迹象，都不能接受。驻扎在南方的一位联邦军队的上校于1865年说过一句话，恰如其分地概括了南方白人对待黑人的一般态度："打死一个黑人，他们不认为是谋杀；白人男子夺去黑人女子的贞操不是诱奸；夺取黑人的财产不是抢劫。"南方白人的这种态度亦曾体现在最高法院先前就德莱德·斯科特诉桑福德一案所做出的判决中，这份判决书宣称黑人"不具备获得白人尊重的权利"。一句话，当美国黑人开始享受自由时，其周围的情感氛围与经济和政治上的氛围一样，是很不妙的。

虽然黑人在奴隶制下身心备受折磨，但却并非一群在精神上也被摧垮了的人。在南北战争中，一大批黑人骁勇善战。战后，在北方军队驻守南方时期，在联邦军队的保护下，他们管理并训导过白人。由于白人暴徒和不法分子进行猖獗的恐怖活动，刚刚获得解放的黑人，其地位是不牢靠的。为使黑人"安分守己"而使用暴力和恐怖手段，恰好证明黑人并不都是逆来顺受的软骨头。

对黑人来说，自由既解救了他们，又使他们陷于被斩尽杀绝的境遇。许多人开始背井离乡，四处游荡，肩上背着干瘪的行李包，时常是“食不果腹，衣不蔽体，贫困交加”。有的人想去某个地方寻求新的生活，有的意在找到以前在奴隶市场上被卖掉的长期离散的家人。据当时一位自由民事务署的官员说，在这些游荡者当中，每一位母亲的儿子好似都在寻找妈妈，而每一位母亲都在寻找其子女。当时，一位新闻记者报道说，在弗吉尼亚州和北卡罗来纳州的各条道路上，他都遇到络绎不绝的黑人，许多人步行走遍全州以寻找失散的家人。不少父母为了找到自己的子女，费了九牛二虎之力，用当时一位联邦官员的话来说，简直是使出了“超人的力气”。好几个月之后，大规模的流动渐渐平息下来，但是在新创办的黑人报纸上刊登寻找失散家人的启事，占据了整版整版的篇幅，这种状况一直持续到 19 世纪 80 年代。

职业

南方的白人以及后来的联邦占领军当局官员们最为担心的事情之一，就是刚刚获得自由的奴隶不会安顿下来并开始干活，而会继续依靠政府发放的救急配给（在遭到战争蹂躏的南方，黑人和白人都有份）以及私人慈善机构的施舍为生，辅之以行窃。地方政府时常在联邦当局的支持下，针对成年黑人强行实施极严厉的制止盲流法，针对黑人孩子实施硬性规定的学徒法，还制定了其他许许多多的法规，严格控制刚刚获得解放的黑人选择工作地点和雇主的自由权。实行这些法律所带来的弊病，有时几乎达到了重新奴役黑人的地步。

多数黑人在获得解放后，依然从事当年身为奴隶时所干的那种工作。及至 1890 年，仍有半数以上的黑人在务农，另有 30% 以上的黑人在当家仆。在最南部的几个州从事农业的黑人比例甚至更高。在那些为数极少的不住在南方的黑人当中，受雇为别人做家务事的占 60% 以上。黑人成为专业人士是罕见的，仅占黑人总数的 1%。

然而，从另一个方面来看，工作模式也确实在发生变化。许多结了婚的黑人妇女，现在待在家里照料孩子，而不到田里或白人家里去干活了。这使得南方那些失去了一大批家奴的白人感到惊愕和恼怒，这充分表明白人低估了家庭生活对黑人的重要性。

大多数从事农业的黑人是农业工人，虽然也有相当一部分黑人是租佃农场主，后者以现金或部分谷物完租。刚摆脱奴隶制时，黑人大体上都是不名一文的，所以也就没有必需的现款来支撑自己度过庄稼收割之前的整个生长季节，因而只好向白人老板、土地所有者及店主（三者时常是同一个人）借贷食物用品，以便坚持到庄稼收获期。对某些战后的黑人来说，这就意味着掉进了还不清的债窝里，实际上处于一种债务劳役的状态。此种情形在十分贫困的从事农业的人民当中尽管也属普遍现象，但对黑人来说，问题却更为严重，因为他们曾长期生活在奴隶制之下，缺乏妥善安排家计或管理日常生活的经验，并在那种制度下形成了粗心马虎、缺乏远见及依赖白人等不良习惯。奴隶长期以来做事粗心大意，不注意节约奴隶主发给他们的食物、柴火、衣服和其他生活必需品，而且会把主人家庭成员丢弃的一些小件奢侈品捡起来当作宝贝。根据自家的经济状况来决定必需品和奢侈品的取舍，是世界上其他各族人民普遍的常识和习惯，然而美国黑人奴隶在几个世纪当中对这一点却不曾体验过。美国黑人在刚刚摆脱奴隶制初期所形成的那一套习俗、价值观念和行为模式，在后来的漫长岁月里，由于获得了新的经验和不同的视角，也慢慢地发生着变化。但是，他们和其他种族一样，并非所有的人都能立刻适应新的现实，而且多年来，不同的人适应现实的程度是各不相同的。直到20世纪，几代黑人领袖都曾反复抱怨一些黑人浪费挥霍和目光短浅。

在南北战争刚刚结束时，黑人处于贫困境地，这不仅由于他们在学习安排自己的生活方面存在着诸多困难，还因为他们普遍是文盲，从而使白人老板和店主有机可乘，在提前好几个月把衣食和其他物品赊销给黑人时对之进行欺诈。南北战争宣告结束时，刚获得自由的黑人是如此缺乏经验，又是如此易受欺凌，以至于某些白人竟能对他们封锁《解放奴隶宣言》颁布的信息，而继续把他们当作奴隶使用。

不管老板和店主的这些诈骗行径是何等可恶，这些人后来还是发现自己遭到了黑人工人和顾客的唾弃。正如一位黑人在1866年所言：“他们可能会骗走贫苦黑人一年的劳动成果，但不管他们怎么做，黑人都获得了一年的经验……”尽管黑人不会读书写字，也不会算账，但遇有亲友在别处混得不错时，他们就能分辨出这与白人老板的态度有关，白人也因此在黑人当中获得了或好或坏的声誉。白人很快便意识到，从长远的利益考虑，好声誉是他们的一项必须加以维护的重大资本。由于商店鳞次栉比，许多土地所有者又急需劳力，所以即使是一个字不识的人，也有机会做出自己的选择。黑人有了流动性，白人土地所有者也只好走出家门，骑着马，四处招收黑人工人。

在南北战争后的几十年里，黑人品行的不断变化反映在他们与白人经济关系的不断变化当中。作为工人，黑人在奴隶制之下没能养成多少个人责任感。许多黑人奴隶缺乏主动性，劳动时偷闲躲懒，半途而废，动辄旷工，糟蹋农具和设备等，而且这些不良行为和习惯并没有随着被解放而一下子消失。南北战争刚结束时，白人曾试图在劳动管理方式上下功夫，来对付黑人的不良习惯，有的白人当时甚至主张继续保留其对黑人劳工和佃农的体罚权。但是，由于白人土地所有者为寻找劳工和佃农而相互之间形成经济竞争，也因为黑人对体罚不甘示弱，竭力进行反击，所以这一主张很快就被废除了。人们还尝试过由白人充当监工头，让黑人集体干活的办法，一如在奴隶制下那样，但是黑人只要有机会，一定会挑选其他形式的劳动制度。到1880年，集体干活的制度就寿终正寝了。

黑人佃农的工作，起初曾由白人农场主加以严密的督导，甚至被置于向其贷款的店主的监视之下。但是随着黑人逐步获得更多的管理自己农场的经验，他们开始获得自决权和独立性。黑人佃农得到作物收获的份额呈现出逐年增加的趋势。到1880年，浮动租额制开始被固定租额制所取代。固定租额制规定佃农向白人土地所有者缴纳固定数量的现金或谷物，黑人佃农不再与白人共同管理农场或分担风险。到1910年，大约有1/4的黑人农场主是土地所有者（或购买者）而非租借者。这一切都不是自动发生的。它们反映出在务农的黑人当中，责任心和技能水平在日益上升（尽管还不算高），以及由此而出现的对黑人劳力需求的增长。

有了工资，分得了谷物，黑人的日子开始好起来了。南北战争刚结束时，大多数黑人仍然住在当奴隶时住的小木棚里，室内是泥地，没有地板。几乎没有谁见过黑人家里的窗户是玻璃的。渐渐地，小木棚被木板房所取代，泥地换成了木地板，到了19世纪末20世纪初，窗玻璃也出现了。此时黑人的房舍一般仍没有水暖设备，矮小而拥挤，并且——几乎无一例外——很脏。在1896年，城市的黑人每家平均有三间住房，这在那个时代对于人口多的家庭来说算是拥挤的，但与同期纽约的意大利人或犹太人相比，还算宽敞。

在战后时代，南方白人雇主和土地所有者曾企图联合起来，以便压低他们不得不付给黑人的工钱及削弱给他们的自决权。然而，尽管白人有经济实力、政治强权及组织优势，但他们为限制黑人而达成的这些协议，在竞相争着雇用劳动力和交谷佃农的情况下，屡屡遭到失败。在19世纪最后的30多年里，黑人收入的增长率超过了白人。

黑人在就业上遭到的歧视通常表现为，各种各样收入丰厚的职位拒绝雇用黑人，而不是同工不同酬。在19世纪和20世纪之交，仅以现金工资额而言，南部各州白人领到的工资，比干同一工作的黑人平均要高出8%，但黑人往往还能拿到实物报酬。当白人和黑人都以现金形式领取工资时，二者的收入基本不存在差距。

政治

在联邦军占领南方时期，黑人的各项民权和政治权力都有抬头的趋势，尽管这遭到了南方白人的极力反对。白人反对的方式，时常表现在各种民间治安团体动辄采取非法的恫吓和恐怖活动。在这些团体当中，最为臭名昭著的当推三K党。1877年，随着联邦军队的撤走和南方政府的重新上台，黑人参政权及其各项民权受到限制。其后几十年中，虽然各地情况不一，但南方黑人的境遇却一直在倒退，终于在19世纪末20世纪初达到极点，出现了各种隔离法律和歧视形式。美国最高法院1896年裁定“分离但平等”的设施是合乎宪法的，为在公共设施里实行普遍而严格的种族隔离提供了法律依据。实际上，这种“分离但平等”的设施远不是平等的。

私刑拷打黑人致死的案件，随着在政治上和法律上对南方黑人实行压制而不断增多，1892年达到了高峰，共161起。用私刑将人拷打致死，本是南方长期存在的恶劣做法，但只是在1886年之后，被私刑拷打致死的黑人才在数量上超过因这种私刑而断送了性命的白人。随着时间的推移，这种私设公堂的恶习，基本上成了白人杀害黑人的手段。

教育

几乎所有的奴隶都是文盲，在1860年奴隶占黑人人口总数的90%。那时的公立学校，相对来说，还是一种新生事物。在南部以外的地区，公立学校仍在为了争得一席生存之地而奋斗，当然在南部这种学校就更罕见了。在奴隶制下，南方多数州的法律是禁止教授黑人读书识字的，即使在北方的许多地区，公立学校也不招收黑人入学。更有甚者，美国最南部有些州竟然明文规定“自由的有色人”送子女去上学，即使是自费到私立学校求学，也是违法行为。

尽管有这些难以克服的障碍，但让黑人受到教育在美国仍有悠久的历史。在18世纪末期，北方各种各样的慈善家及慈善团体，或者创办专门招收黑人儿童的学校，或者设法让白人子弟学校也录取黑人子女。早在1807年，华盛顿哥伦比亚特区的500名“自由的有色人”就建立起该市第一所黑人学校。在1862年它最终被纳入华府公立学校体系之前，这所学校还是使自由黑人子女几十年来有机会上学的许多私立学校当中的第一所。在新奥尔良市那些家境富裕的“自由的有色人”当中，受过教育是普遍现象，其中甚至有些人（其家长有能力送他们赴欧洲深造的）一直上到大学。同样，巴尔的摩市到1830年也建起了培养“自由的有色人”子弟的学校。纽约、费城和其他城市也有黑人子弟的学校。各式各样的白人教会团体——尤数教友派和天主教派——时常不顾法律的反对，给“自由的有色人”的孩子提供受教育的机会。皮德蒙特地区的一些苏格兰–爱尔兰人也这样做过。

1831年纳特·特纳造反及废奴主义运动兴起之后，南方各州对所有黑人（不管是奴隶还是“自由的有色人”）的行动实施了从未有过的严格限制。就是在这个时期——大致是1830—1860年，南方许多州都宣布任何人教育黑人都属非法行为。这些法律使普遍存在于各地的教育黑人子弟的学校转入地下。根据1850年的人口普查，自由的有色人约有3/5是识字的。在各个城市，黑人的识字率还要更高，甚至在那些有法律禁止黑人受教育的州里，情况也是如此。

在战后的南方，刚获得自由的黑人的那种求学热情，真可谓既令人敬佩又令人同情。不管是成年壮汉还是孩童，黑人一有机会就抓住不放以便学到知识，其数目之众，曾使当时的人们惊诧不已。不过，这种求学的热切心情，既非建立在教育必将带来的那种对工作的任何体验上，亦非立足于权衡求学将会给自己处境带来何种实际贡献的现实基础上。确信教育是好的是一回事，接受严格的训练或建立思想准则则是另外一回事。能经受住严格的训练，并建立思想准则，才能使教育有可能实现其目标或产生效果。对缺乏这两种必要的思想准备的人进行教育，对于好几代黑白教员来说，却是一件苦差事。不管怎么说，美国黑人在获得解放之后的50年内，总算从100%的“睁眼瞎”发展到有75%左右的人识字，成就确实可观。

南北战争之后，主要是来自美国传教协会的一些北方白人，迁移到南方去创办学校，以便使新近才获得自由的奴隶的子女能受到教育。他们在不到10年的时间内，就办起了1 000多所学校，并向南方派去了2 000多名教员。在南北战争后的50年中，北方各界为黑人教育大约捐助了5 700万美元，黑人自己也捐献了2 400万美元。在南北战争结束之初的岁月里，自由民事务署是资助黑人教育的主要机构，该署在1865—1870年为此大约花费了350万美元。相比之下，南方黑人开办的公立学校的教育却进展很慢，中等教育和高等教育方面的进展尤其如此。美国第一所公立黑人中学于1870年在华盛顿哥伦比亚特区创立。巴尔的摩一所公立黑人中学是1892年创办的，新奥尔良是1916年，亚特兰大是1924年。在农业地区，黑人受教育的情况一直大为落后，及至1911年，农村还有那么多的地区根本就没有黑人儿童的学校，针对这种情况，慈善家朱利斯·罗泽沃德慷慨解囊，创办了一个基金会，专门在南方资助建立黑人学校。之后的20年内，朱利斯·罗泽沃德基金会拿出400多万美元进行资助，使50 000多所黑人学校得以建立起来。当1932年朱利斯·罗泽沃德去世时，超过1/4的美国黑人儿童正在他赞助建立的学校里读书。

直到1916年，在公立中学就读的黑人学童才在数量上接近于在私立中学就读的黑人学童。即使在南方各州开始为黑人建立公立学校之后，1913—1932年，其建设经费仍有1/3是由朱利斯·罗泽沃德基金会和黑人自己拿出小额捐款来负担的。总的说来，南方各州用于黑人教育的款项只相当于他们用于白人学生教育款项的一个零头罢了，而且这种局面也并没有随着时间的推移而得到必然改观。南方每一个州为公立中学的黑人学生和白人学生按人头所做出的预算拨款，在1910年的差距甚至还大于1900年的差距。

南北战争后，在那些由美国传教协会建立的学校里，75%的教员是女性，这些女性中又有75%的人是未婚或独身的。这就是那些被描绘成“古板”、“严厉”但却“富于献身精神”的“新英格兰夫人教员”。这些和黑人孩子在一起的白人教员受到南方本地白人的某种敌视和排斥，有的甚至遭到威吓、殴打和谋杀。他们的黑人学生不仅缺乏受教育的准备或观念，而且经常无故旷课、迟到、失信、撒谎、行窃。在战后早期，教员在南方平均只待三年就离开了。但是，就在他（她）们奠定的基础上发展出了黑人的教育事业，其后世世代代的黑人无不以感激和崇敬的心情缅怀当初这段时光。后来的各位黑人领袖，从杜波伊斯到布克·华盛顿，都对这些传教士老师的无私工作交口称赞，赞扬他（她）们为造就美国黑人的知识阶层立下了汗马功劳。杜波伊斯称此为“美国历史上一件最美好的事”。玛丽·麦克劳德·白求恩高度称许“那些可爱而神圣的老师，在我特别需要别人给予耐心和宽容时，他们是那样不怕花时间，又是那样有耐心”。

在高等教育方面，第一位获学院文凭的黑人于 1828 年毕业于缅因州鲍多恩学院，第一位获学院文凭的黑人妇女于 1862 年毕业于俄亥俄州的奥柏林学院，第一位获哈佛大学学位的黑人毕业于 1870 年，1896 年被哈佛大学授予博士学位的第一位黑人是杜波伊斯。在整个 19 世纪，黑人获学院和大学学位的总人数还不到 2 000 人。

南北战争结束后不久，就有许多黑人学院和大学由美国传教协会以及各黑人宗教团体建立起来，联邦政府也在首都华盛顿为黑人建立了霍华德大学。不过许多黑人“学院”在其主要课程真正地达到学院水平之前，多年来实际上讲授的都是学院预科的课程。这些学院最初因为极端缺乏受过足够教育并足以充实学院一级师资队伍的黑人，所以在实质上都是些为黑人学生开办而由白人掌管的学院。

领袖人物

南北战争后，美国黑人当中受教育程度和文化适应水平最高的，当属那些战前就是“自由的有色人”的人。直到 20 世纪，他们（及其后代）中涌现出了为数颇多的领袖人物，但布克·华盛顿是个显著的例外。正如其他内部存在文化差别的种族一样，黑人领袖人物和他们所代表的黑人民众之间的关系，显然也一直是爱憎兼具的。那些文化差别最大的黑人群体，如在新奥尔良阔绰的属克里奥尔（Creole）血统的“自由的有色人”和刚刚获得自由的黑人之间，爱憎兼具的情绪也最强烈。1860 年，在新奥尔良市，“自由的有色人”男性有近85%是工匠、专业人员或企业主。新奥尔良市战前的“自由的有色人”家庭约有1/3拥有奴隶，战时这些有克里奥尔血统的人中有3 000人参加了邦联军队。南北战争刚结束时，这些人煞费苦心将自己与新近获得自由的黑人区分开来，不愿与之混同。他们抗拒“把我们降格到野蛮退化的奴隶行列”的做法，并谴责那些“将刚获自由的黑人与我们这些才智发达的民众混为一谈”的人士。不过，既然在法律和社会上被降到了比白人低一等的地位，反倒给了这些克里奥尔人争取政治平等的刺激力量，但目标集中在对他们生存有至关紧要影响的那些方面，而不管这些方面是否对其他黑人民众也是最迫切的。例如，克里奥尔人就曾反对创办“南方大学”去为黑人提供他们急需的教育，理由是这所大学代表了一种种族分离的原则，而他们这些混血的精英分子对此最为反感。这种意识形态上的目标和讲究实际的目标之间的冲突，后来就成了黑人领袖彼此间进行无休止斗争的根源，典型地表现在杜波伊斯和布克·华盛顿二人之间。从社会上来看，克里奥尔人直到20世纪都一直与其他黑人保持着泾渭分明的关系。杰出的爵士钢琴家杰利·罗尔·莫顿因为与普通的黑人混在一起，而被他的克里奥尔裔祖母撵出家门，正式断绝了祖孙关系。

新奥尔良的情况是一种普遍存在的趋势的极端例子。1803年的路易斯安那购买了新奥尔良，使之成为美国领土的一部分，新奥尔良此前在历史上属于拉美式奴隶社会。这一点恰可解释为什么那儿会有在盎格鲁–撒克逊人统治的奴隶社会里许多闻所未闻的社会模式（包括黑人拥有奴隶这种现象）。存在于美国较为一般的状况是，黑人分为普通大众和肤色较浅的精英分子这两部分，而在政治上、经济上和社会上起领导作用的人物多属后者。黑人大众的民俗文化——圣歌、爵士音乐和方言等——遭到仰慕美国白人文化中那些更具贵族品位的黑人精英分子的贬斥。黑人内部的肤色差别构成了社会鸿沟，筑起这道鸿沟的不是别人，其中有不少正是那些当初领导全国有色人种协进会一起来铲除由白人构筑的鸿沟的黑人精英。这明显是一种自相矛盾的现象。但若从另一个角度来看，将此视为黑人精英企图借此打进以往单纯因肤色关系而被拒绝加入的美国整体精英阶层的行动，那又是合乎逻辑的。但黑人精英要做到这一点，必须在道义上和政治上讲得通，立论必须符合民主的理念，符合他们作为整个黑人种族代表的身份。

第一位获得举国承认的黑人领袖人物是弗雷德里克·道格拉斯。他是个逃跑的奴隶，早在南北战争许多年之前就是个自由人了，他善于把后来使得黑人领导层分裂的对立因素结合在一起。在战前战后，他都是个不知疲倦的作家、演说家和政治领袖。道格拉斯气宇轩昂，言辞犀利，其奋斗目标既有现实性又有原则性，为废除奴隶制度而战，为全面的人权而战，为促成黑人的自助精神而战。在南方重建时代，道格拉斯长期为之奋斗的平等和进步几乎很有可能成为现实，但是1877年的妥协法案、凌辱歧视和私刑拷打等趋势的抬头，致使美国的黑人到1895年2月道格拉斯去世时，再次陷入历史上最暗淡的时期之一。

就在道格拉斯去世的那年，又出现了一位新的黑人领袖，他就是布克·华盛顿。华盛顿生下来就是个奴隶，但《解放奴隶宣言》使这个孩子成了自由人。他受尽艰辛终于上了学，并在后来成为一名教员。1881年，他负责管理在亚拉巴马州新创办的塔斯克基学院。1895年9月，他在亚特兰大世界博览会上进行了一次演讲，获得举国上下的赞扬，从此开始了黑人领袖的生涯。华盛顿敦促南方黑人在南方开辟自己的道路——“就地把你们的水桶扔下”，并呼吁南方较为开明的白人在实际和共同关心的问题上与黑人携手合作，不管这两大种族在社会上是如何界限分明的。他说：“在一切社会性事务上，我们能像5个手指那样各自分离，而在一切对于双方共同进步有关键意义的事情上，我们也能像一只手那样。”他的这个演讲受到黑人和白人的一致欢迎。因他的亚特兰大演讲而向他发来贺信的人当中，就有后来成为他的对手的杜波伊斯。

在这样一个到处充满对黑人的歧视、白人非法恐怖活动猖獗及非法谋害黑人盛行的时期，布克·华盛顿倡导的并不是一套新的目标，而只是给现有的目标按轻重缓急重新排序。在他看来，全美多数黑人精英分子一心从事的政治斗争，对于最南部几个州里那些因被剥夺了公民权而处境险恶的黑人大众来说，完全是徒劳无益的。他认为，燃眉之急是满足“我们黑人的实际需要并改善我们黑人的状态”，办法就是获得基本的技能和训练——不仅提高职业技能，还要“学会洗澡，怎样爱护自己的牙齿和衣服”。塔斯克基学院看重引导学生关心那些最基本最实用的东西：工作习惯、卫生、品行等。该校的宗旨，正如一位教员所言，是“促成多数人的进步，而非提高少数人的特殊文化水平”。这也是华盛顿总的社会和政治哲学的要义。他宣称，“单靠政府活动”并不能拯救黑人于倒悬，因为在投票箱的背后，黑人必须有财产、勤奋、技能、节俭、才智和品行等。

华盛顿从一开始就表明了他的愿望：“法律所赋予的一切特权，我们都应享受”，应当实现自由的“普选”。法律在实施时，“对黑白两大种族绝对应该一视同仁”。在公开场合，他极少就此发表长篇大论；但私下里，他曾支持并资助联邦法院向歧视黑人的法律发起挑战，并在幕后竭力设法对关系到黑人的政治决策施加正面影响。华盛顿的公开言论和教育活动，其着眼点在于促进黑人民众的经济进步和品德的养成。尽管为这个目标耗尽了毕生的心思才力，但他并不认为这就是黑人为之奋斗的终极目标，而只是个“为造就成功的黑人律师、国会议员和音乐教员铺平道路”的必经历史阶段。

华盛顿的思路基本上是从黑人的实际情况出发的，而杜波伊斯则在20世纪初凭借他所谓的美国“有才华的1/10的代言人”而崭露头角。杜波伊斯是自由混血人，从哈佛获得博士学位。杜波伊斯在教育上强调文科，而不像华盛顿那样看重职业教育；他在政治上则强调对歧视施以不懈的公众压力，以尽早争取到全面的人权。他也是全国有色人种协进会的创始人之一。

其实他们两人的分歧只在侧重点上，而不在原则上。两人都认识到，广大黑人民众——仅是脱离了奴隶制苦海的第二代人——需要获得技能和训练，以便在美国复杂的现代经济环境中走上成功之路。两人也都认识到，黑色人种当中的那一小部分已有准备并有能力获得更高水平教育的人，实有必要接受这样的教育。二人的追随者积怨甚深，后来终于闹得不可开交，这不是他们在侧重点上的细微差别所能解释清楚的，问题恐怕还在于他们人格上和社会上的差别。黑人精英视布克·华盛顿为下层黑人——田间奴隶劳工后代——的一个代言人。杜波伊斯创立的全国有色人种协进会，至少在最初阶段是黑人精英分子的专有组织，某些下层黑人曾称它为“全国特定人士协进会”。

尽管黑人领袖之间存在着内讧，但双方都取得了很出色的成绩，也还有更多的事情要做。

大迁徙

早在南北战争之前很久，南方农业地区的黑人就开始向城市和北方迁徙了。战前那些“自由的有色人”到 1860 年就已在城市化方面超过了白色人种，其人口流动的大体方向是朝着美国东北部地区，而奴隶的移动方向则朝着西南部地区。到 19 世纪末 20 世纪初，至少有 90% 的黑人生活在美国南部，然而，“自由的有色人”的分布在战前就已经是南北各半，即使在南方的“自由的有色人”，也多数集中在诸如皮德蒙特这样较为开明的地区。

黑人向城市和北方流动的趋势，在南北战争之后的时期仍在继续，虽然在规模上相对小了一些。南方许多城市的黑人人口，在 1850—1890 年有所增加，但黑人在南北战争刚告结束的时期，离开南方的并不多，后来就开始了大规模的人口外流。

19 世纪 90 年代黑人迁徙到美国东北部和中西部地区的数量，是 19 世纪 80 年代的两倍多。离开南方的黑人数量其后一直保持在 1890 年的水平上，并持续到 20 世纪的头 10 年。20 世纪前 10 年翻了一番，1920 年几乎又翻了一番。这种大规模的人口流动，其数量堪与历史上历次国际大移民相比。20 世纪

20 年代共有超过 75 万的黑人离开了南方，这批黑人从南方出走，从数量之大和时间选择来看，有许多原因。例如，19 世纪末南方种族关系日趋恶化，而同期北方种族关系有所改善；南方由于棉铃虫蔓延而出现经济萧条；“一战”的战时动员使就业机会增多；战争使外国移民来美人数急剧下降，从而减少了就业竞争；等等。诚如多数大迁徙——国内迁徙和国际迁徙——一样，参与这次人口流动大潮的主要是那些年富力强的人。在 20 世纪 20 年代，差不多有半数年龄为 15~34 岁的佐治亚州黑人男子离开了佐治亚州。截至 1960 年，南方的高出生率一直使黑人在数量上保持增长，尽管住在南方的黑人在比例上一直在下降。

黑人纷纷离开南方农业地区，其所产生的历史后果，诚如这次迁徙的规模，是巨大的。北方众多的黑人贫民窟，就是从这次人口大迁移时期开始形成的。纽约的哈莱姆是这批贫民窟当中的第一个，也是最有名的一个，这里的大多数居民直到 1910 年还是白人。更为重要的一点是，住在北方大多数城市的黑人社区的居民，其生活状况在这次人口大迁徙之前与大迁徙之后，已是今非昔比了。

南北战争之前，甚至在美国独立战争之前，北方早就有为数不多的自由黑人生活在一些城市里。这些黑人当中虽说有个别人士颇具名气，亦有发家生财之道，但多数人都是工人阶级，没有什么特殊的专业技能或社会地位。由于当时北方主动让奴隶自由，又有奴隶从南方逃过来，北方自由黑人的数量就不断地增多，从而使一般的白人民众，特别是立法官员们日益强烈地感觉到这些人的存在，对他们的敌意也越来越强烈。歧视性法律和规矩随之抬头，黑人儿童被拒之于学校大门外，黑人成年人也不得与白人一样使用公共设施。但是，随着时间的推移，加上这些小规模的黑人社区日趋适应主流文化，此种束缚自由黑人手脚的法规就逐渐有所松动，并且在 19 世纪行将结束的时候，这些自由黑人甚至可以说在职业方面踏上了一个小小的新台阶。

到 1860 年，波士顿的黑人就职业而言，并不像爱尔兰人混得那么糟糕。

在纽约，黑人侍者在19世纪80年代拿到的工薪高于爱尔兰裔侍者。1895年，在纽约克罗顿水库工地上干活的黑人劳工，拿到的工薪也比意大利工人高。纽约黑人一般都有虽不显赫但颇受人重视的职业，比如理发师、侍者或技术工匠等。很少有人是一无专长的体力劳动者，多数人比刚从国外前来本市的大批白人移民的处境要好。雅各布·莱伊斯在其研究纽约的论著中，杜波伊斯在其研究费城的论著中，都曾提到这批黑人境遇的总体改善状况。

19世纪末，黑人居住区的隔离状况，在程度上既不像以前那么糟糕，也不像后来再次出现的那么严重。在纽约市，某些街区住的黑人很多，另一些街区住的黑人则很少，但没有哪个街区住的是清一色的黑人。底特律早在1860年就没有哪个街区的黑人居民能占到50%的，而芝加哥晚至1910年也仍有2/3以上的黑人民众居住在白人居民占多数的街区里。同样，在费城和华盛顿的哥伦比亚特区，当时尚未形成后来出现的那种居住方面的种族隔离现象。北方城市里的黑人获得了更多的机会去使用公共设施、参加投票，并在更广阔的范围内发挥社会作用。在费城，黑人开设的饮食服务店也是一流的。在底特律，黑人内科医生和牙医的顾客主要是白人。在密歇根州，黑人政治家在主要由白人选民构成的选区里得以担任公职。在芝加哥，对于黑人和白人之间建立起生意和社交关系并无非议，甚至连通婚的都有。总而言之，在北方城市社区，19世纪的最后25年是“一个史无前例的种族友善和结合的时期”。

20世纪的开端亦是上述趋势急剧逆转的开始。大批没有修养、缺乏教育而且出身南方农业地区的黑人民众，潮水般地涌进北方城市，引起了当地黑人和白人同样的愤懑。黑人中产阶级和北方黑人报纸指责他们粗鲁、庸俗、邋遢，说他们是犯罪分子，会威胁到整个黑色人种在广大白人心目中的地位。这些来自南方的移民，实际上很快就成了北方黑人社区人口的大多数。白人对他们的回应，就是筑起反对黑色人种的种族壁垒。这时候，黑人若试图和白人住在同一街区，就会引起暴力事件。三K党首次在北方城市出现。1911年，巴尔的摩市通过了第一部居住区隔离法，其他许多城市也如法炮制。严格的职业障碍、居住障碍以及社会障碍，纷纷建立起来，其中许多都持续了几十年或几代人的时间。

当20世纪30年代的大萧条使大规模的失业遍及北方各大城市时，黑人向北方的迁徙曾经有过一个停顿期。但从1940年开始，又发生了一次新的而且数量更为庞大的由南向北的黑人迁徙浪潮。在20世纪40年代，超过100万黑人迁出了南方，20世纪50年代是40年代情况的重演。1940—1970年，共有400多万黑人迁离南方，这个数字堪与历史上任何大规模的国际移民相比。

这种移民不单是地理意义上的流动，它还意味着大批民众背井离乡，彻底与南方的农业生活方式决裂，并进入现代工业和都市的生活方式。简言之，这是别的种族花了几代人的时间才适应的创伤性的社会变迁。别的种族当初经历过的各种反常状态——暴力、酗酒、犯罪和敷衍塞责等——都在这些迁徙到城里来的黑人大众中再现过。不仅白人退避三舍，就是那些在北方落户较早、较为稳定、安居乐业并有经济保障的黑人中产阶级家庭，也不愿与这些新来乍到的黑人为伍，并不惜冒险去冲破社会障碍、严格的民居法规以及面对赤裸裸的暴力行为，只为了从黑人隔离区搬到附近的白人街区。他们终于在1948年打赢了官司，那些限制性的民居法规在这一年被宣布为非法。此事被宣扬为全体黑色人种的一大胜利，尽管这场胜诉很少改变或几乎没有改变大多数黑人的居住模式，尽管这是由黑人精英出于逃避黑人民众的热切愿望所促成的。

社会状况

奴隶制结束之后，500万黑人一下子被抛弃在备遭战火蹂躏、一团混乱的南方经济和社会状况当中，周围是被激怒的、被打败的而且时常陷于饥饿困境的白人，几百年来一直在支撑着奴隶制的种族意识形态依旧压得他们喘不过气来。20世纪初迁徙到北方的黑人移民，他们的起步是艰难的：一贫如洗，大字不识，甚至对卫生、社会行为的准则或责任感的基本道理都不熟悉。

时至1890年，所有靠工资为生的黑人中有3/5的人是既不会读也不会写的大老粗。这是一种征兆，表明一般黑人大众的处境更为艰辛、更为匮乏，甚至维护自己的健康及生命都非易事。杜波伊斯曾在1896年指出，黑人的个人整洁情况差到令人可悲的程度，再加上不良的饮食习惯，以及普遍对健康的不在乎，造成黑人的死亡率不断升高。黑人死亡率的历史曲线证明杜波伊斯言之有理。在获得解放后的第一个10年里，当黑人首次开始关注自己的健康时，其死亡率比他们当奴隶时还高。但他们的后代由于生活经验逐渐丰富以及文化水平的提高，其死亡率从绝对数字看又呈下降趋势，而且黑人和白人死亡率的巨大差距也在缩小。黑白两个种族之间继续存在的最尖锐的差别，是各自死于传染病（梅毒、肺结核、肺炎等）的人数，而不是死于体质衰退性疾病（比如心脏病、肾病或癌病）的人数，因为后者是不足以反映卫生习惯和住房条件拥挤方面存在的问题的。贫困和缺医少药也是显而易见的因素，不过这些因素既与传染性疾病有关，也与体质性疾病有关。

在南方忍受了几十年日趋严重的压迫和恐怖统治之后，下一代黑人开始向北方迁徙，因为北方的黑人在经济上和社会上的状况好些。但是，北方黑人的生活条件绝非南方黑人可以马上达到的。就文化适应性而言，南方农业地区来的黑人迁徙者，比北方的城市黑人要落后好几代人的时间。其指数之一是，南方来的黑人学童当进入哈莱姆或其他北方黑人贫民窟的学校就读时，在几十年里一直被理所当然地降一级，尽管这些学校的标准比起同一城市的白人学校实在不可同日而语。高死亡率、酗酒率和凶杀率如此严重地折磨着各黑人社区的居民，以至于19世纪和20世纪之交的许多观察家预言，黑色人种最终将走向灭绝。

这些黑人移民大多是未婚的青年（男多于女），且缺乏技能。随着时间的流逝，某些人的地位有所提高，但及至1925年，纽约的黑人男子中仍有72%的人不是一无专长的体力劳工，就是服务人员（相比之下，这个比例在1905年是86%）。黑人妇女大多数在做家佣，其比例在纽约市从1910年的80%下降到1920年的72%，芝加哥和克利夫兰两市的情况也大体相仿。在1910年，黑人男性做家佣的也大约占到半数，但到1920年则降到40%以下，因为越来越多的黑人男子进了工厂或城市中其他体力劳动的场所。很少有黑人从事专业工作，到1920年也仅有2%。

在20世纪的头几十年里，就家庭生活而言，黑人的典型特点是双亲家庭居多。在1905年，纽约有4/5的黑人家庭是由父亲做户主的。及至1925年，该市黑人家庭只有3%是由不到20岁的女子做户主的。那种依靠福利为生的十几岁未婚妈妈，是后来才出现的。

当时既有黑人由南向北迁徙，也有黑人在南方内部流动——从农场流向城市，从一个地区流向另一个地区。在1900年，南方黑人住在都市地区的大约只占其总数的1/5，但到1960年，住在都市地区的黑人就几乎达到了半数。这种地区之间和地区内部的迁徙，就是黑人的收入在1940—1960年相对于白人来说有所提高的主要原因。

黑人的生育率历来比白人的生育率要高，但也不可一概而论。例如在1910年，具有犹太人、波兰人、意大利人和墨西哥人血统的美国妇女，平均每人生养的孩子就超过黑人妇女。后来，黑人妇女的生育率逐渐接近全美的总趋势——从20世纪20年代开始下降，20世纪30年代中期达到低谷，然后又上升，在20世纪50年代末进入新的高峰期，现在又呈下降趋势。20世纪50年代黑人的出生率大体与20世纪20年代相仿。

黑人内部的儿童分布状况，加剧了该种族作为一个整体向上流动的难度。穷人家的孩子比中产阶级人家的孩子多，这是一般的趋势，但这种趋势可谓突出地体现在美国黑人当中。受过良好教育且收入丰厚的黑人，生养的孩子甚至比同等条件的白人生养的孩子还要少，而低收入的黑人却比同等收入的白人生养的孩子多。黑人所做的斗争曾使一部分人摆脱了贫困，但这种斗争还需一代一代地持续下去，因为发了家的黑人并未生下足够数量的子嗣将其家族传承下去。

教育和文化

20世纪初，美国黑人中几近半数是文盲。到1920年，仍然有1/4左右的黑人是文盲，在其后的20年里，黑人文盲进一步下降到1/8。到1930年，美国黑人受教育的时间平均只有6年，比同时代的白人要少4年。实际上，黑人和白人在教育水平上的差距，甚至比这4年的时间差还要大。南方的一些地区，黑人儿童在校的天数只是白人儿童在校天数的2/3。就整个南方而言，1912年按人头拨给每个黑人孩子的教育经费连拨给每个白人孩子教育经费的1/3都不到，而在最南部的几个州，拨款悬殊更大。黑人教员学历较低，所教班级的学生也多。

大批黑人向北方城市迁徙，使黑人儿童所受的教育在年限及质量上都有改善。由于南方农业地区种族歧视最甚，所以那些从南方农业地区迁到南方城市去的黑人儿童，所受教育的质量和年限也有所提高。在1954年美国最高法院就布朗诉托皮卡市教育董事会一案判决种族隔离为非法之前，按肤色分校的做法使黑人儿童受到歧视性待遇在整个南方一直是普遍现象。时至1910年，在亚拉巴马州、佐治亚州或路易斯安那州根本就没有黑人的公立中学，而且这些州的小学也有约半数是在临时的地方（如民家或教堂等）上课的，没有正规的校舍。

20世纪30年代，南方只有14%的黑人子弟进入中学就读。这个时期建立了少数几所高质量的黑人中学（华盛顿在1870年，巴尔的摩在1892年，新奥尔良在1916年先后建起一所这样的学校），而且在经过一场激烈的政治斗争之后，佐治亚州的第一所黑人学校也于1924年在亚特兰大建成。后来的黑人杰出之才，绝大多数都就读于这批先期开办的中学。当其校友中不少人毕业于所谓常春藤院校时，其他子弟仍停留在小学四年级的水平。这是衡量黑人内部社会差距的一个指标。

高等教育能更加清楚地表明黑人内部的这种阶级差别。肤色较浅的黑人精英的后裔，直到20世纪，都在黑人院校的师生当中占据主导地位。只是到了“二战”之后，广大黑人民众的子弟才成为黑人院校的主要成员，其中好多人得益于美国士兵权利法案才有机会进入高校。说到教育质量，多数黑人院校在南北战争结束后开始向其多数学生教授小学或中等学校的教材，到“一战”时，大多数的黑人“学院”学生仍在学习预科教程。直到20世纪20年代，这些教育机构才开始变成名副其实的学院。但是，从任何指标来衡量，哪怕是黑人院校当中最好的，其水平也处在全美名牌学府之下。

由于大批黑人子弟涌入高校，但他们缺乏准备，缺乏阅读习惯和智力训练，所以要达到高质量的教育效果是有困难的。美国一流大学缓慢但稳步地向黑人学生打开大门，促使越来越多基础良好的黑人学生展翅高飞。在20世纪60年代，到白人院校求学的黑人学生在数量上超过了到黑人院校的就读者。

虽然大迁徙时期黑人在正规教育方面的进步既缓慢又艰辛，但他们在北方城市的贫民窟里发展出了一种新型的文化风格。他们在讲话、衣着和起居方面别具一格，其音乐也不是早先的南方圣歌，而是现代爵士乐。

其间许多杰出的黑人开始在全国舞台上亮相，尤其是在音乐界，有路易斯·阿姆斯特朗及杜克·艾灵顿这样的爵士乐大师，有W. C.汉迪（《圣路易斯》作者）及乔普林这样的作曲家，有罗兰·海耶斯及玛丽安·安德森这样的歌唱家；在流行音乐方面有艾拉·菲茨杰拉及比莉·哈乐黛等。此外，从歌舞到美术，各个领域里都有许多黑人出人头地。保尔·罗伯逊开始作为全美橄榄球运动员而闻名遐迩，继而作为歌唱家而誉满天下，最终作为激进派政治人物而轰动一时。

杰克·约翰逊是拳击运动中首次夺取重量级冠军的黑人，后来（几十年之后）乔·路易斯再次在体坛上赢得了一般美国人对黑人的敬重，两人皆曾夺魁，都具有尊贵的人格和高尚的体育道德。20世纪20年代在文化上和心理上发生的变化，使许多人士用“新黑人”一词来称呼这些出类拔萃的黑人。犹如在政治生活和行为举止上一样，黑人的音乐和文学也洋溢着自信和进取的精神。大萧条曾给人们期望在许多方面更上一层楼的乐观情绪泼过一瓢冷水，但大萧条年代过去之后，进步的势头又恢复了。

伴随着普通黑人的经济地位缓慢而稳步地上升，出现了一个新的中产阶级，其成员来自一般的黑人民众，而非混血精英的后代。他们在北方城市中取代了旧有的精英，或与之汇合。有少数不久前才到达北方的黑人，家产相当可观：C. L. 沃克夫人凭借她的化妆品公司变成第一位黑人百万富婆。约翰·约翰逊从一个芝加哥擦皮鞋的小伙计而最终变成拥有好几百万美元资产的约翰逊出版公司（黑檀出版社、黑玉出版社等）的老板。还有其他一些黑人，在人寿保险、体育界及娱乐圈也成了百万富翁。

西印度群岛人

并非所有进入北方城市的黑人移民都来自南方的农业地区。从 20 世纪早期开始，又有一批来自牙买加岛、巴巴多斯岛、特立尼达岛以及英属印度群岛的其他地方的黑人移民，住进了纽约的哈莱姆。到 20 世纪 20 年代，哈莱姆有 1/4 的居民是西印度群岛人。从全美来看，西印度群岛人大约占黑人总人口的 1%，但他们在黑人专业人员、生意人或知名人士中，占有格外突出的比例。有西印度群岛血统的出类拔萃的黑人很多，包括马库斯·加维、詹姆斯·韦尔登·约翰逊、克劳德·麦凯、雪莉·齐泽姆、马尔科姆、肯尼斯·B. 克拉克、威廉·阿瑟·刘易斯、西德尼·波蒂埃以及亨瑞·贝拉方特等。

尽管就种族所属而论，西印度群岛人与美国黑人并没有明显差别，但他们却具有不同的历史背景，而且在社会上与其周围的其他黑人相比，别具一格。这两部分黑人之间的通婚率，历来就特别低。在美国的西印度群岛人，绝大多数依旧与其他西印度群岛人结婚，即使他们居住在美国黑人社区，或者他们在那些学生全是美国黑人的高校里读书，也仍然如此。

这两部分黑人之间的差别自有其历史，而且可以从今天颇大的社会与经济差别上反映出来。要讨论美国黑人的总体境遇究竟在多大程度上应归咎于白人的种族歧视，并在多大程度上应归咎于黑人的文化模式，这两部分黑人之间的差别能给人们提供某些值得深思的线索。

历史

在奴隶制时期，英属西印度群岛也和北美各殖民地一样，接纳了来自非洲多个部落的黑人。没有什么证据表明这批被带到西印度群岛和北美的黑人在开始时就存在着任何差别。事实上，西印度群岛对于许多最终被辗转贩卖到北美的黑奴来说，只是个临时的中转站而已。

对于那些留在西印度群岛而沦落为奴的黑人来说，当地的旧奴隶制通常比美国南方的奴隶制更加严酷。在西印度群岛养活奴隶的代价，被认为要高于从非洲买来黑人替代他们的代价，实际上奴隶主就是根据这种盘算来对待该地奴隶的。西印度群岛的黑人，从未能通过自我繁衍以保持原有数量，而必须不断地从非洲买来黑人经常地加以补充。1690—1820 年，仅牙买加岛一地就买进了超过 80 万个奴隶，但该岛 1820 年的黑人人口总数尚不到这个数字的一半。巴巴多斯岛的黑人人数，在 17 世纪和 18 世纪两个世纪里一直在下降，尽管该岛还在不断地买进黑奴。相比之下，美国从未像牙买加那样买进如此之多的奴隶，但美国的黑人人口截至 1860 年通过自然增长上升到 500 万左右。

西印度群岛上的奴隶制一般是大规模种植园奴隶制，种植园面积比美国的种植园面积要大得多。这些庞大的商业化经营单位（一般是甘蔗种植园），其拥有者通常是不居于当地而住在伦敦的地主。控制种植园的权力掌握在当地受委托的白人律师和监工手里，这些人受私利驱使不惜任何代价去扩大眼前的生产（因有一定的产出归他们所有），可谓竭泽而渔，根本没有长远打算，也不顾奴隶的体力损耗和土地的承受力。美国的奴隶主一般都居住在自己的农场或种植园里，故而能从长远的利益出发，去考虑如何对待自己的土地和奴隶。西印度群岛奴隶当中的婴儿死亡率是美国奴隶当中婴儿死亡率的好几倍。

白人男子仗势玩弄黑人妇女的情况，在美国仅是零星发生，而在西印度群岛却是有组织和具有普遍性的，甚至有人以此谋利。监工头们及各岛为数不多的白人居民，一般多属侨居当地的单身男子，而美国的奴隶主则倾向于雇用已婚的人做监工，目的恰在于避免因监工与奴隶女子发生性关系所招致的麻烦。

在美国，奴隶主对奴隶进行着家长式统治，这种关系有时能使奴隶制最残暴的一面有所缓解，但在西印度群岛，很少有其立足的余地。18世纪有一位观察家注意到，西印度群岛的英国人从来就不熟悉其奴隶，“从未向他们微笑过”，跟他们也无话可谈。英国人固然“保证奴隶吃饱肚子”，但也会使用“足以令人类本性望而却步的酷刑”。

因为西印度群岛的民众绝大多数是黑人，而美国人口绝大多数是白人，所以英国人在那里就仿照拉美的做法，按肤色深浅将黑人分为不同的等级，分而治之。肤色等级使西印度群岛的黑人民众内部一直处于分裂状态，其程度比美国黑人要严重得多。

一句话，奴隶制那些备遭世人痛斥的特征，如把黑人当牛马使用、黑人妇女遭玩弄、黑人内部分裂、黑人因肤色而自轻，在西印度群岛比在美国更为恶劣地体现出来。但是，西印度群岛奴隶制具有的若干尚未引起人们关注的特点，却有助于解释为什么西印度群岛的黑人在美国能获得较大的成功。和由主人发给食品配给并时常在大食堂吃饭的美国奴隶不同的是，西印度群岛的奴隶被给予土地和时间去自行解决吃饭问题。他们将剩余的粮食拿到市场上出售，买回自己心仪的东西。简而言之，西印度群岛的黑人于一生中的大部分时间内，虽然身为奴隶，但在照料自己方面有前人传下来的经验，并且有从事买卖的经验。当时有观察家注意到，西印度群岛的奴隶在自己的小块土地上干活，比在奴隶主的大田里劳动，显然更加卖力。他们具备市场经济里普遍存在的那种逐利心或经验，而这正是美国黑人在200年里被剥夺了的东西。

西印度群岛的奴隶在1838年8月1日获得解放，比美国黑奴早了一代人的时间，更何况，西印度群岛的奴隶在获得自由之前，还有一个准备时期。而不是像美国的奴隶那样，是在一夜之间突然获得解放的。

西印度群岛的黑人在刚刚获得解放的那段时间里，其经历在很大程度上与美国南方黑人在南北战争结束初期的遭遇如出一辙。劳役偿债制度实际上使西印度群岛的黑人又沦为奴隶。蔗糖市场价格的灾难性下跌，在西印度群岛普遍造成经济衰退，正如战时的破坏曾使美国南北战争后的南方陷入经济衰退的情形一样。当时西印度群岛的黑人普遍穷困潦倒。许多人移民到世界各地，有的是一去不复返，有的则是暂时侨居海外，其中迁徙来美国的人，则大多数在纽约市定居下来。

在美国的西印度群岛人

早在18世纪就有一小股西印度群岛人来到美国，但数量可观的西印度群岛人抵达美国——主要是纽约市——则始于20世纪。在20世纪的第一个10年里，来美的西印度群岛人约有30 000人，第二个10年里增加了一倍以上，20世纪20年代约为40 000人。到1930年，在外国出生的美国黑人（多数为西印度群岛人）占美国黑人总人口的约1%。开始时是男性多于女性，但到20世纪30年代，两性之间的比例差不多达到了平衡。就像那些在国内迁徙的土生土长的美国黑人一样，来自西印度群岛的移民也大多是年轻人，半数以上的人年龄在30岁以下。

在20世纪头25年内抵达美国的那些黑人当中，约有40%的人在西印度群岛原本是劳工或佣人，另有10%~20%的人是干农活的，只有4%的人做专业工作。总之，来自西印度群岛的早期移民，就其职业水准来看，与同时期从美国南方来到东北部城市地区的黑人并无多大差别。来自西印度群岛的移民，具有农业背景的其实并不是主流，而供职于工业和商业的人反倒较多。和从美国南方农业地区来的迁徙者不同，80%的西印度群岛移民来自城市。西印度群岛人和美国黑人两者相比较，差别主要体现在其行为模式上，而非其职业背景上。西印度群岛人节俭得多，勤劳得多，而且更具创业精神。他们的子女在学校里学习较刻苦，成绩高出土生土长的黑人儿童。在美国的西印度群岛人，其生育率和犯罪率既低于美国黑人，也低于美国白人。早在1901年，西印度群岛人就拥有位于曼哈顿区的20%的黑人企业，尽管在这个地方他们在数量上只占黑人人口的10%。美国黑人称他们为“黑人犹太人”。

分离、敌视和冲突长期以来一直是这两部分黑人之间关系的特征，但此种关系一般又并不像别的族内冲突那样公开或暴烈。然而，这两部分人相互之间的猜忌和反责无处不在，从普通人到双方的思想领袖皆被牵涉进去。

20世纪20年代实施的限制性移民法律，导致西印度群岛人向美国的流动突然停顿下来。这些法律后来被修改，使得西印度群岛人在20世纪60年代和70年代涌入美国的数量陡增，在这两个10年内各有约90 000人来到美国。其中有15%左右的人是专业人员，另有12%的人属白领阶层。

美国的西印度群岛人在收入和职业方面，一直比美国黑人更具优势。在1969年，纽约市西印度群岛人的收入比该市其他黑人的收入要高出28%，比全美的黑人则高出52%。在美第二代西印度群岛人的收入要高于白人的收入。土生土长的美国黑人在专业人员队伍中所占的比例，实在小得可怜，而西印度群岛人从事专业工作的比例，却比全美的平均比例还要稍高一些。土生土长的黑人的失业率高出全美平均数，但西印度群岛黑人的失业率却低于全美平均数。1970年在纽约警察局职位最高的是清一色的西印度群岛人，在该市担任联邦法官的黑人也是如此，多年来曼哈顿区历届的行政首长都是西印度群岛人。

具有讽刺意味的是，正是西印度群岛人的个人成就和显赫地位，导致了他们作为一个种族群体的“湮没”，西印度群岛人这个群体在数量上实在是太少了，很难有什么政治势力，所以西印度群岛的个别人士是以整个黑人种族的“代表”身份去担任公职的，强调他们特殊的西印度群岛人背景，将在白人和黑人当中同样削弱他们的地位。还有，从事民权运动的许多西印度群岛人，也必须把黑人的贫困和失业几乎全部归罪于白人的种族主义，尽管西印度群岛人自己的经历本身极为有力地表明，那种认为肤色在美国经济生活中能构成严重障碍的命题是站不住脚的。

即使那些投身于私营经济部门的西印度群岛人，也得依靠广大的黑人民众来求得发达。他们有许多人是商人、医生、律师、出版商，以及别的需要以美国黑人为服务对象或顾客的业主。移民到英国的西印度群岛人在那里就不怎么成功，也许就是因为英国不存在众多的非西印度群岛的黑人民众来给他们提供一个施展其本领的依托吧。

今天的美国黑人

随着黑人民众的教育水平和技术水准的不断提高，白人民众和政治及法律制度也发生了变化。“二战”，一般而言，是各种族历史上的一个转折点。在“二战”期间，因民间和军方都缺乏人力，种族间的许多障碍被打破了。美国历史上首批黑人海军陆战队士兵在1942年被训练成功。由第一黑人将领本杰明·O.戴维斯率领的两个黑人空军战斗队，曾在欧洲参战。在民营部门，许多战时工作岗位都向求职者开放，而不考虑其肤色、性别或其他诸如此类的条件。战后时期，杜鲁门总统在1948年义无反顾地将“民权”作为一项主要内容列入他的竞选纲领，不惜付出本党分裂的代价，不惜首次丢失几十年来一直属于民主党的南方各州的选票，并差一点儿在大选中翻船。法院开始宣判歧视性法律及惯例违宪。曾一度排斥黑人运动员的职业体育运动项目，开始由黑人运动员主宰。进步的道路是坎坷的，双方都曾倒退过，也使用过暴力，但前进并未止步。

黑人在收入、职业和教育等方面稳步提升，发病率和死亡率在下降，与此同时，美国其他种族在这几方面的情况也大有改善。然而，尽管黑人普遍有进步，但“鸿沟”依然存在，和白人相比，差别并未改变。在1948年，非白人家庭的收入相当于白人家庭收入的53%，15年之后，这个比例未变，尽管白人和黑人的收入就实际数字来看，除去通货膨胀因素，都已增加了50%。1950—1970年，黑人和白人的婴儿死亡率都下降了约1/3，但黑人婴儿死亡率和白人婴儿死亡率之间的“差距”，却无重大变化。

然而，从20世纪60年代中期开始，黑人在不少领域不但在上升，而且上升得比白人要快。1961—1971年，白人的家庭收入增加了31%，黑人的家庭收入则增加了55%。1965—1972年，在处于上大学年龄段的白人青年当中，实际在高校求学者所占的比例一直没有变化，而在黑人青年当中这个比例却增加了一倍。1960—1972年，从事专门职业的白人人数大约增加了20%，而黑人在这方面的人数却几乎翻了一番。黑人做工头、工匠和警察的人数增加到两倍，黑人工程师的人数增加到三倍。入选国会的黑人在1964—1972年增加了一倍，入选全美各州立法机构的黑人也增加了一倍。在南方，入选各州立法机构的黑人增加了三倍多。

黑人人口的地理分布，扭曲了全国性统计数据的对比。尽管进行了半个多世纪的迁徙，但仍有1/3多的黑人依然住在南方，而南方的工薪阶层收入和生活费用，对黑人和白人来说，一般都偏低。只有不到1/3的白人生活在南方，住在南方以外其他地区的黑人家庭，其收入要比住在南方的黑人家庭高出40%。纽约州黑人的收入相当于密西西比州黑人收入的两倍。人口的地理分布不仅影响到黑人和白人的人数比例，也影响到黑人和其他种族的比例。各种族的年龄差别进一步扭曲了他们相互之间的比例。从全美来看，黑人和白人之间的总体差别一直是很大的，然而若以同一年龄段的黑人和白人相比，尤其是在南方以外地区，差别就明显缩小了。生活在南方以外地区的青年夫妇（35岁以下）当中，黑人的收入在1959年相当于白人的78%，1971年为93%。若以黑人和白人都属夫妻双双参加工作为例，那么1971年黑人夫妻的收入比白人夫妻还要高出5%。就全美范围而言，1969年波多黎各人家庭的收入比黑人家庭略微偏高，但居住在南方以外地区的黑人家庭的收入却高于波多黎各人家庭，波多黎各人几乎没有住在南方的。美籍墨西哥人在收入方面比黑人高得多的现象，其实也只是一种地理现象。尽管从全美来看，美籍墨西哥人家庭的收入在1970年要超过黑人家庭，但居住在南方之外的所有地区的黑人家庭，其收入比全美墨西哥人家庭收入的平均水平要高。

黑人在获得普遍进步的同时，也曾在某些特定领域发生过倒退现象。以母亲为家长的黑人单亲家庭，从1950年占黑人家庭总数的18%上升到1973年的33%。1950年的18%的比例为白人同类家庭比例的两倍，1973年的33%的比例则为白人同类家庭比例的三倍以上。有人试图将此说成是“奴隶制度的一项遗产”。但事实上，以母亲为家长的单亲黑人家庭在从前甚至在奴隶制下，都属罕见现象。随着贫困程度的下降，依靠福利为生的黑人的比例在20世纪60年代和70年代却上升了。不管就绝对数量而言，还是与白人比较，黑人人口当中就业者的比例在下降。同样，从绝对数量上与白人相比较，黑人的失业率在上升。1978年，十几岁的黑人青少年的失业率比30年前要高出5倍多。造成这些恶果的因素当中，就有政府推行的许多法令。这些法令，尤其是《最低限额工资法》，使得黑人找工作更加困难，而另一些法令，尤其是《福利法》，却使得就业变得不那么重要。

为了推动黑人进步，政府已经付出了不少努力。但是这些努力的是非曲直，常与黑人教育、技能水平的日趋提高以及黑人人口地理分布的调整所造成的影响搅在一起，也与白人对待种族问题态度的变化——此种变化使民权法案和政府的其他措施成为可能——有密切联系，因此很难予以评定。在政府推行的这些法令中，争议最大的当推1971年作为“目标和时间表”的《“肯定性行动”反歧视法》，或称《种族入学与就业配额法》。经济学家们发现，这些配额制度的效果很少或根本就没有超出20世纪60年代在实施“机会均等”政策时所获成功的范围。但是公众对《“肯定性行动”反歧视法》的认识不一，在一般的白人当中，该法引起了强烈的愤懑情绪，这种情绪又被日渐抬头的种族主义组织（比如三K党和美国纳粹党等）所利用，使得这些组织时常出现在他们以前从未横行的地区。黑人组织和犹太人组织之间的悠久联盟关系，也因在配额问题上的分歧而破裂。

黑人今天实际上几乎是美国任何一种体制的组成部分，从国会大厦和最高法院到棒球场，哪儿都有他们的存在。讲述美国的民间英雄人物的故事，若不提乔·路易斯、维利·迈耶斯或O. L.辛普森的大名，那故事就是不完整的。美国音乐和美国俚语均带有黑人音乐和用词的韵味。有三个黑人获得过诺贝尔奖——和平奖得主是拉尔夫·本奇和马丁·路德·金，经济学奖得主是威廉·阿瑟·刘易斯。这部分地反映了障碍的消失和机会的开放，也反映出为了把整个黑色人种提高到能够自享其劳动果实的水平，社会做出了长期艰苦的努力。名垂青史和不为人知的英雄都为此奋斗过——从南北战争前南方的地下学校和地下铁道，埋尸葛底斯堡及安提耶坦战场的将士，到为了教育奴隶子女而无私献出青春和安逸的"夫人教员"，从那些为推动自己种族进步而苦干的默默无闻的黑人，到那些毅然加入争取正义行列的其他人士，都有一份功劳。

地位显赫或引人注目的黑人，迄今为止大多出身于黑人精英世家或西印度群岛人家族。美国最高法院法官瑟古德·马歇尔，驻联合国大使安德鲁·杨，陆军部长克利福德·亚历山大，佐治亚州的朱利安·邦德，代表着"古老家族""国会种族平等"议员团的前任领袖人物詹姆斯·法尔默和罗伊·英尼斯，众议院女议员雪莉·齐泽姆，加州前任副州长默尔文·迪马里等人，均出身于西印度群岛人家庭。学界当中也存在类似的情况，属于"自由的有色人"后裔的有约翰·霍普·富兰克林和艾尔文·普圣特等，属于西印度群岛人后裔的有诺贝尔经济学奖得主威廉·阿瑟·刘易斯，以及肯尼斯·B.克拉克等许多其他知名学者。

黑色人种在美国走过的漫长历史道路上，有许多重大的里程碑及深刻的变迁，例如受奴役、获解放、大迁徙以及20世纪的民权革命等。若以1619

年、1865 年、1900 年或 1954 年这几个年头作为起点来衡量，黑人进步的速度在各个时代是不相同的。今天许多生活在北方城市贫民窟里的黑人，是第一代或第二代从南方过来的迁徙者，他们尚处在其他黑人 50 年或 100 年前的发展阶段。整个黑人种族已经在谋求生存的伟大斗争中，从极端贫困的境况凭借财富、知识和权利三个方面的进步，上升到与其他种族并驾齐驱的地位。无论哪个种族都不像黑人那样不得不从如此低的起点赶上来，以便和他们的美国同胞携手并进。

Ethnic America

A History

Ethnic America
A History

第5部分

来自拉丁美洲的美国人

Ethnic America

A History

第九章
波多黎各人

波多黎各人既是新的美国人，又是老的美国人。自19世纪末期以来，波多黎各就是美国的一部分，波多黎各人生来就是美国人。然而，许多迁居到美国本土的波多黎各人却发现，他们与美国社会是格格不入的。他们多数被划归为白人，但在居住方面却与黑人一样是被隔离的，并且收入和职业也与黑人十分相似。波多黎各人也在重复那些首先迁到纽约和其他东部城市的那些种族的老一套模式，然而，他们又是新的迁徙模式的开创者。他们是首次乘飞机而来的迁徙者，是肤色混杂的迁徙者，是在一整套福利国家设施已全部建立起来之后到达的首批迁徙者。

由于美西战争，波多黎各在1898年成了美国的一部分。自1917年起，波多黎各人一生下来就是法定的美国公民，但是他们所处的文化环境，却依然反映出西班牙自哥伦布发现新大陆以来在该地统治400年的印迹。虽然波多黎各岛属于美国的一部分已有近百年的历史，其人民却一直繁衍生息在与美国分离的环境中，距美国本土的佛罗里达州有1 000英里之遥，距大多数波多黎各人前往定居的纽约更远。尽管已有好几代都算美国人，但波多黎各人在文化融入方面仍赶不上从更远的地方迁居美国的其他一些种族（例如日本人），并且在某些方面与其他美国人的种族差别更为悬殊。

如何衡量波多黎各人的进步速度，取决于进步从何时算起——可以从哥伦布发现该岛时算起，也可以从波多黎各归属美国时算起，还可以从航空时代使他们能够大批迁徙到美国本土时算起。这在很大程度上还取决于被考虑的是哪一部分波多黎各人——是那些仍然留居在岛上的波多黎各人，还是那些（如此处讨论的）作为美国种族巨型百衲衣的一部分而生活在美国本土的波多黎各人？

波多黎各

波多黎各是巴哈马以南几百英里处的一个热带岛屿，处于加勒比海的一个巨大岛屿即所谓大安的列斯群岛的最东端。靠近其西边的是伊斯帕尼奥拉诸岛（包括海地和多米尼加共和国），再往西是古巴和牙买加。波多黎各东西约 100 英里，南北约 35 英里。该岛距美国本土较远，而更加靠近南美洲。它位于委内瑞拉加拉加斯以北 550 英里，迈阿密以南 1 050 英里的地方。

波多黎各岛具有繁茂的热带植被，低矮的山峦，温和的气候，但可通航的河流很少，并周期性地受到毁坏性飓风的袭击。飓风一词就源自波多黎各。哥伦布第二次美洲航行发现波多黎各时，岛上住着 40 000 名秉性平和的印第安人。

虽然哥伦布在 1493 年就宣布该岛归西班牙所有，但直到 1508 年西班牙人在庞斯·德·利昂的率领下踏上波多黎各后，才在这里建立了第一个殖民地。岛上的原住民印第安人由此沦为奴隶，被驱赶到农场和金矿去做工。许多人死于劳累过度和营养不良，或死于从西班牙人那里传染来的疾病，因为对于这些疾病，印第安人体内尚未形成免疫力。1511 年爆发的一次印第安人造反被镇压下去，有 6 000 名印第安人遭到屠杀。另有许多印第安人躲避到山区或逃亡到邻近的岛屿。其后非洲黑奴被运到波多黎各来代替他们。非洲黑奴又带来了流行性天花，导致尚存的印第安人中又有 1/3 的人送命，从而使原住民减少到 4 000 人，即相当于原有人口的 1/10。

波多黎各人是混血种族，具有西班牙人、非洲人和印第安人的血统。来到波多黎各的西班牙妇女极少，所以在好几个世纪之前，这里的种族混交和异族通婚的现象就很普遍。但是，波多黎各是加勒比海白人人口大大超过黑人和印第安人人口的为数不多的几个岛屿之一，这里的奴隶人数从未超过全岛总人口的 10%。在 1880 年，波多黎各岛上有 150 000 人，其中半数是西班牙人，30% 的人是混血，其余是黑人；黑人中半数是奴隶，半数是自由人。上层的波多黎各人世世代代以身为白人并保持白人血统而感到自豪。然而在波多黎各，种族意识从未达到美国的那种程度，肤色也只是社会等级的若干指标之一罢了。

波多黎各最早是作为一个黄金产地而使西班牙人垂涎三尺的，但在金矿很快被挖空之后，该岛就成为甘蔗产地，并且是西班牙人为他们在这一地区的其他领地设立的前哨堡垒。作为西班牙的一个殖民地，波多黎各由西班牙任命的政府实行绝对专制统治，并只准许与西班牙进行贸易往来。

波多黎各人渴望更大的自由和自治的情绪在 1810 年开始表现出来，波多黎各在西班牙的第一位代表对西班牙阻止该岛与其他国家进行贸易的政策进行了辩驳。在 1815 年，西班牙国王费迪南德七世下令开放波多黎各与其他国家的贸易往来。1868 年发生的武装起义和 1887 年举行的和平示威皆流产，但都成为波多黎各进一步寻求自治道路上的里程碑。1897 年，波多黎各终于被西班牙赋予地方自治的权力。不过，从这时算起到美西战争后该岛变为美国殖民地，中间仅有一年的时间。

美国对波多黎各的行政管辖，首先采取了军政府的形式。在对该岛的两年治理中，军政府建立起学校、公路、铁路、医院和卫生设施。在 1900 年，美国国会在该岛确立了文官控制制度。总督、内阁和波多黎各立法机构两院当中的一院成员由美国总统任命。波多黎各人选举立法机构的另一院成员以及一位驻首都专员，该专员将在华盛顿代表该岛利益，在国会有发言权但无表决权。波多黎各人还被免于在美国纳税。

第一位波多黎各驻首都华盛顿的专员路易斯·穆尼奥斯·里维拉，为获取更多的自治权做出了坚持不懈的努力。美国国会于 1917 年通过一项法案，核准波多黎各人为美国公民，并让他们对当地立法机构的两院享有选举权——这是波多黎各自从变为西方世界的一部分以来享有的最高程度的自治权。

1900—1925 年，波多黎各的蔗糖产量随着人口的增长而飞速提高。在西班牙统治下的最后 10 年里，该岛共产出了 57 000 吨糖。而在美国治下的第一个 10 年里，糖产量几乎提高了 4 倍，在随后的 30 年间，又进一步增加了 4 倍多。波多黎各 1900 年的人口为 100 万，到 1925 年就增加到 200 万，从而使这个一度人烟稀少的岛屿变成了世界上人口密度最高的地区之一。

波多黎各争取最大自治权的政治斗争，在该岛第一任驻首都专员之子路易斯·穆尼奥斯·马林的领导下继续进行着。在 1947 年，波多黎各人获得选举自己总督的权利。路易斯·穆尼奥斯·马林旋于 1948 年成为该岛第一位自选总督。1952 年，波多黎各人获得了制定宪法的权利。

伴随着争取走向地方自治的政治努力，出现了争取成为美国的一个州甚至直接成为一个独立国家的尝试。并非所有争取这两个目标的人——特别是那些想独立建国的人——都采取和平手段。1952 年波多黎各的民族主义者试图刺杀杜鲁门总统，另外一些波多黎各民族主义分子在国会众议院走廊开枪，射伤了好几位众议员。但是，1967 年在波多黎各举行公民投票时，支持独立建国的人尚不到 1%，多数波多黎各人（60%）投票赞成继续以联邦地位（包括免税）留在美国，赞成波多黎各成为美国一个州的人占 39%。

在政治上实现自治之前，波多黎各的经济发展已起步，在新总督制订的计划之下，其发展速度进一步加快。波多黎各人的家庭收入在 1940—1966 年增加了 6 倍，岛上的汽车数量同期增加了 10 倍以上。1898 年归属接管时，波多黎各人的平均寿命是32岁，到1972年，他们的平均寿命翻了一番，达到70岁出头。

波多黎各获得上述发展之后，岛上的生活水准与美国本土的生活水准仍差一大截儿。其失业率比起美国本土来长期居高不下，这部分是由于核定最低工资额的机构把持在美国本土经济利益集团（工会和业主）的手里，这些利益集团有权将波多黎各劳动力的价格控制在一定的水平之下，以降低岛上的人与他们进行竞争的能力。

波多黎各人向美国本土的迁徙，一开始速度很慢。在1910年，居住在美国本土的波多黎各人尚不足2 000人。及至20世纪30年代，乘船来美国的路费开销，在数额上超出普通波多黎各人全年的收入。但到1930年，居住在美国本土的波多黎各人还是达到了53 000人，是此前10年的7倍多。他们大多寓居纽约市，此种模式在此后持续了好几十年。

波多黎各人向美国本土大批迁徙，始于“二战”之后，因为这时飞机票价已经下降，劳动人民都可以付得起。仅在1945年就涌入了13 000人，1946年人数又增加了3倍以上。无疑，这当中有一部分人早就急着要搬到美国本土，只是因为“二战”时潜艇的战事阻碍了客轮通航而只好望洋兴叹。在这之后的几年当中，移居本土的波多黎各人的数量每年为在25 000~35 000人。1951年的迁徙者增至50 000人，1963年达到69 000人的顶峰。然而，这些官方的统计数字并没有充分反映出大规模的人口流动状况，因为它只是用前来本土的人数减去返回岛上的人数得到的净数。举例来说，1955年抵达本土的波多黎各人是343 720个，离开本土的人是297 706个，这样，往返数字都大大超过其相抵后净得的45 464人。在某些年份，如1961年和1963年，返回的人数量超过前来的人。尽管这时没有净数可言，但每年在美国本土和波多黎各之间来回流动的人数还是超过了150万。到1967年，此种双向流动的总人数高达350多万，尽管相抵后美国本土只有26 000个波多黎各人。

到1970年，在美国本土的波多黎各人为150万，约相当于居住在波多黎各本岛人口的一半。纽约的波多黎各人多于圣胡安的波多黎各人。

美国本土的波多黎各人

自 1930 年以来，美国本土的多数波多黎各人都居住在纽约市。1930 年美国本土有 53 000 名波多黎各人，其中住在纽约市的超过 45 000 人。1955 年美国本土有 675 000 名波多黎各人，其中住在纽约的超过 500 000 人。在其后的几十年中，在别的地方也形成了波多黎各人的社区，但 1970 年从岛上过来的迁徙者中仍有 2/3 的人选择纽约市作为自己的栖身之地。纽约在 1970 年有 100 万波多黎各人，仅次于纽约的是芝加哥，有 12 万波多黎各人，再往下就是费城和纽瓦克两市，分别有 4 万人或更多。哈莱姆东端——“西班牙哈莱姆”——是第一个波多黎各人社区，但到 1970 年，在布鲁克林区或布朗克斯区的波多黎各人，在数量上都超过了曼哈顿区波多黎各人的两倍。

波多黎各人集居在纽约市一地，无法用地理上的邻近来加以解释，因为美国有许多地方比纽约离波多黎各更近。况且，迁徙者大多是搭乘飞机来的，本可以毫不费力地在本土的许多别的地方落脚。但是，波多黎各人迁徙本土的基本模式早在“二战”之前就已经确定下来，那时还是船运时代，纽约是当时（现在依然是）的第一大港口城市。于是大批的战后迁徙者就直接投奔到已经建立起波多黎各人社区的地方来了。

正如其他种族的试探性移民策略一样，初期的波多黎各迁徙者也是男性人数大大超过女性。后来，两性比例逐渐平衡，这是永久性社区已经出现的通常标志。

迁徙的时间选择——迁徙大潮的涨落——大体上取决于美国经济的起伏，还要看波多黎各有无进步。大萧条曾使迁徙者数量减少，“二战”后的繁荣又加快了迁徙步伐。由于波多黎各的工业化在 20 世纪 60 年代提供了更多的就业岗位并提高了人们的生活水平，使得当中有几年回流到岛上的人数反而超过了来美国本土的人数。

美国本土的波多黎各人口的增长，已经不单纯是从岛上迁入的问题。第二代甚至第三代波多黎各人中有1/4的人是在当地出生的。到1969年，在美国本土出生的人占美国波多黎各总人口的40%。不过，由于第二代基本上还都是小孩子，所以1960年纽约90%以上的就业的成年波多黎各人，都是在波多黎各岛上出生的。

波多黎各人民

当20世纪30年代波多黎各岛上的人开始向美国本土大批迁徙时，该岛的经济、社会和文化更加类似于拉丁美洲而非美国。多数人从事处在原始状况下的农业，他们通常打赤脚，随处可见营养不良的人。处理垃圾和污物的办法十分落后，到处都是寄生虫和病菌，危害民众健康。美国在1898年接管该岛时，当地文盲率为83%，其后虽有所下降，但1940年时仍高达31%。

从文化方面来看，波多黎各人没学会几句英文，对于西班牙的传统，除了语言和社会习俗外，也只是略懂皮毛。天主教是岛上盛行的宗教，但作用不像在爱尔兰或其他某些欧洲国家那样强大。波多黎各人的祖父一辈大多来自西班牙，而非岛上的教民。和加勒比海地区的其他黑人相比，波多黎各岛黑人民众的子女都受到钟爱和保护，但家庭破裂的比例也很高，孩子的父亲会不停地换人。

像在意大利和其他拉丁文化中一样，女孩子的贞操受到特别的保护，办法就是不让她们与社会上的男性接触。姑娘们常通过早婚来逃脱闺房的寂寞。1940年年末，波多黎各已婚妇女中有6%的人是在14岁或14岁以前就出嫁的，半数以上的人是在18岁时结婚的。

随早婚而来的是高生育率。1946年，在迁徙到美国本土的波多黎各人中，1/3的人来自10口或10口以上的家庭。当时过半数的美国人家中有5口人或不到5口人，而2/3左右的波多黎各人家中却有6口人或超过6口人。在波多黎各人“聚居”的大都市地区，普通美国人在生育模式及其他方面与波多黎各人的区别更大。

早婚现象和高生育率此后一直是波多黎各人经济和社会历史上的一个具有重大意义的因素。1960年，纽约市波多黎各人的出生率比黑人高出1/3，是白人的两倍。

男子汉气概是波多黎各青年追求的主要目标。在西班牙文化里，这个词代表着一系列勇猛侠义之举，从斗牛到猎艳，从极端的自大到一味地横行不法，目无尊长，这些都被视为男子汉气概。此种观念将男子汉大丈夫与鲁莽的短视行为等同起来，而不像在犹太或日本文化里那样注重知识、技能和纪律的长期积累和培养。在城市社区的狭小天地里，这种男子汉气概除用来在学校里捣乱和在马路上动武外，很少有发泄的渠道。这不仅仅是波多黎各人与盎格鲁-撒克逊人存在冲突的问题，即便在多种族混居的夏威夷，波多黎各青少年犯罪率之高在各种族当中也是首屈一指的，依靠救济为生者的比例最高。

和具有农耕背景的其他种族一样，波多黎各人缺乏求知传统。再加上他们看问题目光短浅，对未来听天由命，并且只顾表现自己的男子汉气概，这些成为波多黎各人求学的一个严重并持续存在的障碍。如在1960年，只有13%的波多黎各青少年读完中学——这个比例不到黑人青少年的1/2，不到白人青少年的1/3。而且，波多黎各的中学毕业生大多是从中等职业学校而不是普通中学获得毕业文凭的。在大学里，情况就更差了。在1960年，只有1%的波多黎各青年从大学毕业，这个比例不到黑人青年的1/4，约相当于白人青年的1/10。

语言上的差异给波多黎各人在美国学校接受教育增添了不少麻烦。在美国本土的波多黎各人中，有70%的人是在讲西班牙语的家庭中长大的。虽然现在已经搞起了“双语”项目，但其效果令人怀疑。这些项目给讲西班牙语的教员提供了就业机会，但是进入这些项目学习的讲西班牙语的儿童，成绩并不比那些就读于完全用英文授课的正规班级的儿童好。

解决波多黎各人教育问题的政治措施，除了“双语”项目外，还包括在纽约市取消普通中学文凭和职业中学文凭的差别，并将各市立学院原来采用的择优录取的办法改为报名即可入学的“公开录取”的办法，还取消了波多黎各人和其他少数种族儿童向来得分很低的智商测试。一些人试图让波多黎各人及其他少数种族儿童与所谓的“盎格鲁”儿童（虽然此处的盎格鲁儿童也包括凯尔特人、闪米特人、斯拉夫人和其他非盎格鲁–撒克逊人的儿童）实行“混校制”。但是，在纽约市的公立学校中，波多黎各人和黑人在校儿童加在一起，已经构成多数，且在曼哈顿区及布朗克斯区超过全体在校生的70%，所以他们与非西班牙裔白人儿童并无混校可言。

语言问题并不是波多黎各人所独有的。其他种族，如意大利人、生活在新英格兰地区的法裔加拿大人和西海岸的墨西哥人，长期以来大量地进进出出，来回迁徙，他们也都有在美国保存一种外来语言和异国文化的特点。

波多黎各人内部的肤色差别，并不像在美国那样被人看得很重。但在从纯粹的白种人到纯粹的黑人等各种肤色都有的波多黎各种族里，个人的肤色仍有至关重要的社会意义。在波多黎各本岛，中上阶层的肤色一般都较浅，或是白人，其在美国本土的情况也大致如此——不管这是由历史造成的，还是由美国社会规范造成的。波多黎各人迁徙到美国本土，使该种族内部的肤色差别变得重要起来，也使波多黎各人与美国一般民众的肤色差别产生了新的问题。由于社会和经济机会向肤色较浅的波多黎各人开放，这就为他们当中的某些人融入美国普通社会提供了一种刺激力量，而对肤色较深的波多黎各人来说，避免自己被混同于美国黑人的强烈愿望，也为他们抱住西班牙语言和文化不放提供了刺激力量。这样，肤色就为波多黎各人已经相当困难的处境又增添了一个棘手的问题。

波多黎各人中的白人比例，从75%到90%，各种估计不一。在1950年的人口统计中，被列入白人的波多黎各人占80%。不过拉丁种族的白人分类并不像盎格鲁–撒克逊人那样严格，所以按美国的标准，波多黎各人中的白人比例可能要低于这个数字。

纽约市波多黎各人的婚姻，有80%~90%是在自称白色人种的人当中产生。然而，在那些由主持他们婚姻仪式的美国牧师确定其肤色所属的波多黎各人当中，有2/5以上的夫妇按美国标准应属于“异族通婚”。不过，波多黎各人与外族人通婚一直是不常见的，85%左右的已婚波多黎各男子，娶的是波多黎各女子。与异族通婚的波多黎各男子，他们的妻子大多不是拉美裔妇女，但在第二代波多黎各人的婚姻中，一方不是波多黎各人的占到1/4~1/3。

和处于类似阶段的其他种族一样，波多黎各人在犯罪、暴力行为和依赖救济方面，比率都偏高。在纽约市的波多黎各人居住区，杀人、抢劫、盗窃的案发率以及失业率和依赖救济的比例，都高得出奇。虽然波多黎各人只占纽约市总人口的15%，低于贫困线的家庭也只占18%，但估计有40%的家庭是依靠“援助家有未成年子女计划”的救济为生的。波多黎各人来到美国本土的时候，社会福利机构已普遍建立起来，而且各种倡导福利权利的组织也促使公共慈善事业的覆盖范围扩展开来，并为之大力辩护。然而在20世纪60年代中期，纽约市市民福利受益幅度的增长速度，超出制造业工资增长速度的两倍。约有1/3的波多黎各家庭的户主是妇女（略高出黑人的比例）。

经济状况

“二战”之后抵达纽约市的波多黎各迁徙者，随身带的通常是“硬纸箱子，里边放着他们的全部家当”。中产阶级并不会弃家迁往美国本土。迁徙者一般都是些青年，他们缺乏技术，亦未受过多少教育，没有什么经验。1957—1961年迁来的那批人，有过半数是未干过什么活的，约有2/3的人年龄为15~34岁，另有1/5的人是15岁以下的孩子。随着时间的推移，越来越多的迁徙者来自波多黎各岛的农村地区和小城镇，因为那些适应都市生活的人，早就已经迁徙过来了。简言之，从波多黎各来的迁徙者不仅不适应美国经济，而且不适应的程度日趋加深。与这一趋势相反的，是在美国本土出生并长大的波多黎各人的比例有大幅度的提高。从这两种相反的趋势中人们可以预测到，美国本土的第一代和第二代波多黎各人在职业上不仅有区别，而且这种区别正在日益扩大。1950 年，出生在波多黎各岛而生活在美国，从事文秘、推销或其他类似白领职业的第一代人的比例不到 10%，而第二代在美的波多黎各男子中却有 20% 以上的人（女的有近 40% 的人）在从事这类职业。从波多黎各岛迁徙来的人，从事专业工作的只占 2%，但在第二代当中，这个比例却超过 5%。就妇女而言，在第一代人当中，有 80% 以上的是"操作工"或蓝领工人，而在第二代波多黎各人当中，从事这类职业的妇女只占 40%。在其后的 10 年当中，第一代妇女中从事这类粗活的人的比例下降得很明显——1960 年只有 25% 左右的人还在从事这些工作。

从总体上看，波多黎各人继续在从事非熟练或半熟练职业。他们是纽约服装行业的主力军，在该市的旅馆、饭店（通常做侍者、洗碗工或服务生）以及医院（通常做勤杂工或类似的服务性工种）里，他们做大量低贱的体力活。波多黎各人也在工厂和农场工作或做文职人员——级别照样很低。在 1969 年，波多黎各的男子中几乎有 80% 的人不是蓝领工人（占 63%）就是服务业工人（占 16%）。60% 以上的妇女也处于同样的状态。从全美来看，波多黎各人的收入和黑人差不多。但是，在波多黎各人的主要居住地纽约市，黑人的收入却一直高于波多黎各人的收入。例如，纽约市黑人的家庭收入在 1960 年比波多黎各人的家庭收入要高出 16%。在 1970 年的人口普查中，黑人的家庭收入相比于波多黎各人的家庭收入，依然保持着这一优势。纽约市波多黎各人的失业率也一直比黑人高。

造成波多黎各人收入偏低的部分原因是他们的年纪轻——他们的平均年龄既低于黑人，也低于白人。在 1969 年，波多黎各人的平均年龄是 18 岁，比黑人的平均年龄小 4 岁，比美国整体人口的平均年龄小 10 岁。年龄对收入的影响很大，对职业的影响尤其大，因为求职要求经验和受过教育，年龄还影响到失业率、犯罪率和生育率。譬如在 1969 年，一个由 25~34 岁这一年龄段的波多黎各男子当家长的家庭，其收入相当于同年龄段美国其他家庭收入的 96%。在 1971 年，由 25 岁以上的人当家长的波多黎各人家庭，其收入比同年龄段的黑人家庭收入要高出 16%，尽管同一年黑人家庭的总体收入要比波多黎各人家庭高出 5%。道理很简单：25 岁以上的黑人在比例上高于波多黎各人。

1/5 的波多黎各人家庭是无人挣钱的。有一个以上挣钱者的波多黎各人家庭占 34%，相比之下，这样的黑人家庭占 51%，而这样的日本人家庭更高达 61%。虽然波多黎各男子加入劳工大军的比例仅略低于白人或黑人，但加入劳工大军的波多黎各妇女的比例却大大低于白人或黑人妇女。参加工作的波多黎各妇女，在比例上仅相当于黑人妇女的半数多一点儿。波多黎各妇女在 25~44 岁这个最能挣钱的黄金年龄段，外出就业的比例尚不到白人妇女的一半，也只有黑人妇女的 1/3 多一点儿。这可能直接是由文化因素造成的（丈夫的大男子主义思想或家庭价值观念），或者可能是由于波多黎各人家庭里小孩子多，母亲无法投身劳动市场。但从全美来看，这一年龄段的波多黎各妇女生养子女的数量，并不比黑人妇女多。女子当家的波多黎各人家庭，在比例上高于黑人家庭，波多黎各人中领取社会福利的更是多得出奇。

波多黎各人收入偏低的情况，究竟在多大程度上是由于肤色或拉美背景而遭到歧视所造成的，实难断定。其他拉美肤色混杂的种族，比如美籍墨西哥人，在收入方面一直高于波多黎各人。西印度群岛来的黑人家庭在 1969 年的收入所得比波多黎各人高出 50%，部分原因在于，60% 的西印度群岛来的黑人家庭中有不止一个人在挣钱。

只要波多黎各人像其他种族规规矩矩地干活，收入上的距离就缩小，尽管教育程度、语言和其他方面存在的差别使收入差距无法完全消失。虽然在 1971 年波多黎各人的家庭收入只相当于白人家庭收入的 58%，但那些家长常年从事全日制工作的波多黎各人家庭，其收入已达到同等条件白人家庭收入的 73%，比一般波多黎各人的家庭收入要高出 50%。如果把教育程度和家庭中挣钱的人数这两个因素都考虑进来，就会出现下列的复杂情形。

波多黎各人男子为户主的家庭收入情况

（以美国同类家庭的收入为100%）

户主受教育程度	单收入家庭（%）	双收入家庭（%）	有三份或三份以上收入的家庭（%）
中学以下	90	91	101
中学	72	83	99
大学（读一至三年）	82	96	87
大学（读四年）	96	74	68
研究生（读一年）	85	88	*
研究生（读两年或两年以上）	83	83	74

*表示无据可查。

资料来源：《公用抽样数据》，美国人口普查局，1970年。

总的来说，考虑到上述两个因素，波多黎各人与其他种族的收入差距并不是很大，更何况他们并不像其他种族那样一年四季都在从事全日制工作，而且他们当中小孩子占的比例也比较高。

政治

因为波多黎各人都是美国公民，所以他们有资格参加美国的全国和地方选举，然而多数有选举资格的波多黎各人实际上并不去投票。在纽约市，在真正参加投票的人占已登记选民总数的比例上，波多黎各人在各少数种族当中是最低的。参加1968年纽约总统选举投票的波多黎各人还不到4年前投票人数的一半。

甚至在波多黎各人占当地人口比例相当可观的地方，如纽约，他们也只占有投票资格的成年人的一小部分。儿童在波多黎各人口中所占比重很大，过半数的波多黎各人或是婴儿和孩子，或是十几岁的青少年。

一旦波多黎各人真的去投票，他们就会一窝蜂地支持民主党。在1960年，约翰·肯尼迪获得波多黎各人75%以上的选票。在1964年，林登·约翰逊获得波多黎各人86%的选票。在1968年，林伯特·汉弗莱获得波多黎各人87%

的选票，但因波多黎各人真正参加投票的人数已经减少，这就降低了他们对这次大选结果的影响。

波多黎各人几乎没有获得什么选任或委任的官职。直到 1970 年，尚未有哪个波多黎各人成为纽约市议会的成员。不过，就在这一年，第一位波多黎各人被选入国会。

在那些有着大批成员继续往返流动于美国和祖籍国之间的种族当中，不参与美国政治生活是一种普遍的现象。美籍意大利人在其移民美国早期曾不断有人返回意大利，当时他们普遍不问政治；在与墨西哥一直保持联系的美籍墨西哥人当中，也存在着类似的状况。

虽然波多黎各人总的来说并未对美国政治产生多少影响，但为数不多的波多黎各民族主义分子却以其暴力和恐怖主义行为偶尔引起了公众的注意。除前文提到的企图行刺杜鲁门总统和若干国会议员被射伤的事件之外，波多黎各民族主义团体曾在不同场合宣称他们是纽约及其周边地区的好几起办公场所爆炸案的主谋。他们的目标是争取让波多黎各成为独立的国家，而这是一个在 1967 年的公民表决中遭到 99% 的波多黎各选民否决的目标。

尽管波多黎各人对美国的政治进程没有什么影响力，但他们却受到政治决策和政治机构的重大影响。在美国本土，波多黎各人是在一套完整的福利机构建立起来之后才进入美国社会的少数几个种族之一。波多黎各人生活的许多方面都由政府的服务组织——不仅有市政府、州政府和联邦政府，还有波多黎各政府在纽约市建立的各种派出机构——予以照料。所以，波多黎各人没有必要像其他移民种族或黑人那样，携起手来建立自己的基层组织。波多黎各人没有相当于“全国有色人种协进会”“圣约子之会”或其他许多曾经为别的种族提供内聚力的组织。缺乏社区领导机构的现象，还存在于波多黎各人生活的其他方面。纽约的几家波多黎各人主要报纸，当初是由一个意大利人和一个多米尼加人创办起来的。在纽约的服装工人工会和天主教会里，波多黎各人的成员占有相当大的比例，但在这两个组织里，他们都很少有人当上领导。波多黎各人并不都是各扫门前雪的孤独个体，但其相互联系却一般仅限于家庭之内或私人朋友之间，而缺乏由各种组织所促成的更加广泛的内聚力。

美国本土的波多黎各人，多数是在民权运动和抗议运动兴起之后抵达的（或是迁徙而来的或是在本土出生的）。从某些方面看，这些倡导民权的政治机构采取提供经济和道义援助、提供发泄不满情绪的渠道等办法，纾解了波多黎各人在过渡时期的困难。从另外一些方面看，这些民权机构在使波多黎各人适应美国社会方面显得并不怎么重要，它们把注意力集中到改变现存的教育、就业标准或其他方面去了。美国的法院也通过取消选举条件中对语言的要求，规定在学校里开设西班牙语班级，并在就业和升学的标准上基本支持不以能力而以人口统计为基础的所谓“代表性”等办法，助推了这些趋势的发展。这些政治举措产生的纯经济效果，现在还弄不清楚，但是肯定没有什么证据足以证明这样的观点是成立的：比起别的一些在此种政治趋势发展到现在这样的规模之前就来到美国的极端贫困的种族（包括美国土生土长的黑人和西印度群岛来的黑人），波多黎各人的进步算是比较快的。种族问题日趋政治化，使波多黎各人在纽约和其他地方与许多别的种族对立起来。这些种族往往拥有历史更悠久、地位更稳固而且经验更丰富的组织，这些组织能在政治上更有效地推动他们实现自己的目标，甚至在遭到波多黎各人群体反对的情况下，他们也有办法。例如被城市复兴计划赶出家门的波多黎各人，在比例上就比其他种族高很多。在工会倡导下制定出来的最低工资法，大大减少了青年和非熟练工人的就业机会，导致数以千计的波多黎各人找不到饭碗。行业执照法规和其他许多由政府设置的障碍，都使刚到美国的波多黎各人难以进入任何领域。总而言之，要衡量政府和福利设施对波多黎各人的影响，不能仅仅以他们从中获得好处的福利计划为依据，或以明文规定为少数种族谋利的福利计划为依据，这些都是片面的。

今天的波多黎各人

要衡量波多黎各人的进步是困难的，因为他们中时常有大批人返回岛上，同时又有大批岛上的人来到美国本土。不过在1960—1970年，就美国本土的第二代波多黎各人而言，凡选择留在美国营生的人，其职业进步仍能显示他们已开始向上流动。在教育方面也是如此。一个波多黎各少年在美国本土学校里就读的时间，与他在阅读测试或智商测试中的得分，二者之间存在着高度的相关性。与非波多黎各人的通婚——这种婚姻约占第二代波多黎各人婚姻的30%——在比例上日趋提高，表明那些选择留下来并认同美国文化的人，与美国普通民众进行社会交往的程度也在加深。但仍有人继续回流到波多黎各岛上去，1972—1977年，回流的人数超过来到美国本土的人数。

不少波多黎各人在美国社会生活的各个领域都做出了杰出的贡献。获电影学院奖的演员何塞·费勒就出生在波多黎各。娱乐圈内的其他波多黎各明星还包括何塞·弗力西亚诺、托尼·奥兰多、弗莱迪·普林兹及丽塔·莫雷诺。在体坛上，大名鼎鼎的波多黎各棒球运动员有罗伯特·克莱、奥兰多·赛佩达及刘易斯·阿罗约；拳击冠军有西克斯托·艾斯科巴（1936年）、何塞·托列斯（1965年）和卡洛斯·欧蒂兹（1968年）；高尔夫球手有齐齐·罗德里格斯。畅销书作者皮里·托马斯因写了《在这些下贱的马路上》这部小说而一举成名，该书描绘了作者本人在纽约波多黎各居住区亲身体验过的生活情景。在商界，小曼纽艾尔·A.卡西亚诺和尼克·鲁果这两位波多黎各人都是从最底层做起——一个帮人送货，一个洗碗——最终成为百万富翁。在政界，波多黎各人中先后产生过两位国会议员，即赫尔曼·巴蒂洛和罗伯特·加西亚，莫利·弗尔曾任迈阿密市市长。

和向上流动的黑人及美籍墨西哥人一样，向上流动的波多黎各人皆倾向于使其家庭规模缩小。虽然从总体上看，波多黎各妇女比一般美国妇女生的孩子要多，但此种高生育率的群体主要集中在那些中学教育程度以下的波多黎各妇女当中。上过大学的波多黎各妇女，有过半数的人在 30~40 岁只生养不超过两个孩子。在这些妇女当中，有 1/4 的人没生孩子。如果不是从受教育程度而从家境来看的话，处在这个年龄段的波多黎各妇女，凡 1969 年家庭收入不少于 15 000 美元者，有半数的人只有两个或不到两个孩子。不管是在波多黎各本岛还是在美国本土，波多黎各人当中做过绝育手术的，已较为普遍。无论节制生育对那些为摆脱贫困而辛勤奋斗的个人来说是何等有利，但对于整个波多黎各种族来说，节制生育则意味着他们当中最成功的人士给下一代留下的知识、财富和社交关系是较少的，因为下一代中的绝大多数人都出生在父母并无这些东西可作为遗产的家庭。三十五六岁至四十五六岁的波多黎各妇女，有过半数的人未上过中学。从整体来看，约占总数一半的波多黎各儿童是由未上过中学的母亲生养的，由上过大学的妇女生养的不到 2%。

美国的波多黎各人口结构，在所有种族中一直是最年轻的。以 1971 年为例，他们的平均年龄是 19 岁。这种状况现在仍继续产生重大的经济影响，即便以就业的波多黎各成年人而论，他们也比其他种族的就业成年人年龄小，因而经验也少。波多黎各籍工薪者的平均年龄，在 1969 年为 34 岁，比黑人工薪者的平均年龄小 7 岁。

较为年轻的波多黎各人必然缺乏经验，而年龄较大的波多黎各人则一般缺乏教育。在 30 岁以上的波多黎各人当中，读完中学的人尚不到 1/5，而当时社会上大多数三四十岁的人，至少都具有中学文化程度。在五十五六岁到六十五六岁的波多黎各人当中，约有半数人没有读完小学五年级，这在美国人当中实属罕见，因为有 94% 的美国人达到了这个水平。况且这种以上过几年学为根据的数量统计尚不足以揭示教育上的全部问题。因为波多黎各人接受职业中学教育的比例，比其他种族要高出很多，而接受正规中学教育的则很少。到大学深造的极少数波多黎各人，也大多进入两年制的社区学院，而不是四年制的高校。

和同年龄段及受过同等教育的人相比，波多黎各人的收入相差无几。不过，人们越来越倾向于将他们和“全美平均水平”相比，这样一比，统计数据上的差别就大了（常被称为“悬殊”或“不公”）。和其他美国民众相比，甚至和其他拉美后裔或黑人相比，波多黎各人的收入现在仍然较低，失业率较高。在 1978 年，波多黎各人的家庭年收入是 8 282 美元（与 1970 年的水平相比，几乎提高了 40%），但只相当于黑人家庭收入的 75% 左右，连普通美国人家庭收入的一半都不到。波多黎各人的失业率为 12%，这比黑人、美籍墨西哥人、古巴人以及其他拉美后裔或一般美国人的失业率都高。在波多黎各本岛，过半数的人要靠领取社会福利过日子。

进步的速度取决于衡量进步的时间起点。美国本土的多数波多黎各成年人在这里仍然是第一代。从历史的角度来衡量，在这么短的时间内能像波多黎各人取得这么快的进步的种族，在美国实在没有几个。

第十章
墨西哥人

某些最早和最晚来到美国的人，都来自墨西哥。早在美国人到达之前很久，就有墨西哥人在现在的美国西南部地区定居了。但是，大多数美籍墨西哥人是在20世纪，尤其是在“二战”期间及战后才来到美国的。

没有一个单独的名称足以恰当地概括各种各样具有墨西哥血统并在美国生活的人们。他们是：（1）在西南部成为美国领土之前就在那里定居的原墨西哥人的后裔；（2）从墨西哥来美的非法移民；（3）合法迁移来美，但不是美国公民的墨西哥人；（4）从墨西哥来的临时居留者，他们持有各种官方证件、签证和工作许可证等，在美国居住的时间长短不等（短到几天，长到十几年）；（5）已经入籍为美国公民的墨西哥人；（6）合法与非法移民或临时居留者在美国生育的后代，他们理所当然地获得了美国公民身份。

据美国人口普查局估计，在美国大约有500万美籍墨西哥人。它是美国最大的种族群体之一，但也是最不为公众舆论所注意的种族之一。另外，估计还有200万墨西哥非法移民居住在美国。再加上人口普查局忽略不计的具有墨西哥血统的那些人（以及其他低收入者），在美国的祖籍国是墨西哥的人，实际数量可能接近 800 万。

绝大多数美籍墨西哥人生活在西南部的 5 个州，这些地方的墨西哥人口加起来超过 400 万。其中大约一半生活在加利福尼亚州，在那里，他们的人数大大超过黑人，约占该州总人口的 1/6。

美籍墨西哥人的文化不仅可以追溯到墨西哥，还可以追溯到西班牙及整个西方世界的文明，但是当代墨西哥人的价值观和生活方式，与其他美国人相去甚远。从种族来说，他们肤色混杂，不同程度地拥有西班牙人和印第安人的血统。

所有这些被笼统地定义为“墨西哥人”“美籍墨西哥人”或“奇卡诺人”的数百万民众，有着不同的历史背景：许多人出生在国外，更多的人在美国本土出生，还有一小部分家庭在美国建国之前就生活在这块土地上了。他们之间唯一的共同点，就是他们在过去的某一时期来自墨西哥。

墨西哥

早在欧洲人发现西半球之前，阿兹特克文明就很发达了，并已传播到整个中美洲。这个尚武的阿兹特克民族，征服并统治过许多其他的印第安部落，包括那些生活在后来成为墨西哥的那个地区的部落。战俘们被用来祭奠阿兹特克人的神灵，在修建精致的庙宇前，阿兹特克人当众挖出他们的心脏，尔后将骷髅头依次安放在架子上。在其他一些仪式中，少女们在跳舞时就被割下了头。

在阿兹特克文明中没有铁器和钱币，他们也不会把轮子用于交通或者把齿轮用于工业。他们的农业很原始，还不知道用犁。但是，阿兹特克人有文字、建筑、雕刻，以及完备的法律、社会、政治和宗教体制。

1519 年，古巴总督派遣科尔特斯来到墨西哥，他受到蒙特祖马二世的欢迎。蒙特祖马二世相信，科尔特斯及其部下的到来，就是阿兹特克宗教所预言的诸神已经降生，所以献给他们许多礼物，包括金子。当这些西班牙人发现阿兹特克人有金子时，便决定将其征服。科尔特斯一伙人在与蒙特祖马的战争中，得到了受阿兹特克人压迫的当地印第安人部落的援助。科尔特斯的另一个有力盟军，就是他们从欧洲带来的疾病，主要是天花、麻疹和流感。阿兹特克人对这些疾病一无所知，而且毫无生理上的抵御能力。到 1607 年，这些疾病夺去了 90%~95% 的印第安人的生命。

和整个拉丁美洲一样，到墨西哥来的西班牙远征军都是男子，而不像英国在北美的殖民地那样，是由男子、妇女和儿童所组成的完整社区。西班牙人到达之后，很快与当地妇女发生两性关系，有些是正式的婚姻关系，并生养了西班牙和印第安人的混血后裔。到 1800 年，混血人口在数量上明显超过了当地那些出生在西班牙的西班牙人，甚至超过了作为奴隶而被贩运来的数量不多的黑人。最终，混血人口的数量也超过了印第安人。今天，只有一小部分墨西哥人是纯种白人和印第安人。跟拉丁美洲其他地区一样，在墨西哥存在着类别不同却界限分明的种族混合现象。在美籍印第安人社区，也有类似的按不同肤色的排序。拉丁人和盎格鲁–撒克逊人都把白肤色同高贵相提并论。但是，拉丁美洲人强调肤色的次序排列，而不像盎格鲁–撒克逊人那样把人种截然区分为黑白两大类。

探险家、冒险者和传教士们，从墨西哥向北扩展，进入现在美国的西南部地区。到 18 世纪后期，西班牙人已经在加利福尼亚、新墨西哥和得克萨斯等几个州建立起一些零散的小规模居住区，其中包括拉雷多、圣安东尼奥、埃尔帕索、圣菲、图森、圣迭戈、洛杉矶及圣何塞等。这些通常都是由民政、军事和宗教界主事的当局治下的一块块飞地。他们都想征服当地的印第安人并将其纳入西班牙的文化和宗教，当然是置于最底层。但凡获得成功的地区，印第安人就被带到传教士身边，在受监护和半奴役的状况下生活和劳作。拿破仑战争导致西班牙王朝覆灭，墨西哥开始争取独立，并于 1821 年宣布建国。新的墨西哥政府所颁布的政策中，有一项便是允许在墨西哥领土上建立一个美国人的社区。

起初，美国移民接受了墨西哥文化。他们学习西班牙语，有一部分人还与墨西哥妇女结了婚。但是在1820年，由于美国人口急剧增加，美国人形成了自己的社区，保留了自己的语言和风俗习惯。后来美国人和墨西哥人的关系越来越紧张，并最终引发了一场得克萨斯争取独立的战争。美国方面派遣军队前去帮助那里的美国人，在1845年将得克萨斯并入美国。1847年，美国军队占领了墨西哥城，迫使墨西哥领导人圣安纳将军下野。次年，美国与墨西哥新政府签订了条约，把大片土地（大约是墨西哥领土的1/3）割让给美国。就在这块从墨西哥得到的土地上，后来建立了加利福尼亚州、内华达州、亚利桑那州、犹他州、得克萨斯州、新墨西哥州；科罗拉多州、堪萨斯州、俄克拉何马州和怀俄明州也各有一部分在这块领土上。在这次战争之前，墨西哥的领土要比美国的大。

西班牙传统对美国西南部各州的影响，体现在许多地名上（加利福尼亚州所有的大城市都有西班牙式的名字），也体现在当地的建筑风格以及美国人模仿墨西哥人创办农牧场的方式上。

居住在这几个州的墨西哥人，渐渐地成了当地的少数种族。他们与这些地区日益增多的美国人具有不同的语言、风俗习惯和种族特征。由于美国和西班牙的财产法存在巨大差别，许多西班牙和墨西哥的居民因此丧失了土地，诈骗、贪官污吏和暴力行为又加速了他们的破产。少数美籍墨西哥人结成非法武装团伙进行反击，但是大多数人却发现自己身处这个陌生社会的边缘而无能为力。留居在美国西南部的为数不多的西班牙人和墨西哥人的地位，因所处地区不同而有所差异。在兼并得克萨斯时，那里的非西班牙居民已占人口的绝大多数，上层西班牙白人得以进入当地的美国主流社会，而大部分属有色人种的墨西哥大众却被严格地排斥在社会和政治活动之外，在经济上处于最底层。在加利福尼亚，有一批自成一体的西班牙富人，直到19世纪末在社会、经济和政治上都很有影响力。其他各州的情形则介于上述两者之间。大体来说，在整个西南部，西班牙人及其文化处于从属地位，但返回墨西哥的人却寥寥无几。

在墨西哥本国一直存在着相当严格的等级制度。其中，大约1%的人属于上层阶级，2%的人是中产阶级，97%左右的人是下层阶级。在城市地区，中产阶级较多，但仍有75%的人属于下层阶级。事实上，所有迁美的墨西哥移民都来自下层阶级。在19世纪的墨西哥，债务劳役制很流行，这在当地农村地区几乎是十分普遍的现象。作为债主的土地所有者，把欠债佣工当作牛马使用，而债务几乎是还不清的，于是世代相传，与奴隶制无异。在生活极端贫困又在社会和政治方面备受压抑的劳役工人之中，文盲十分普遍。在1910年，大约5%的墨西哥家庭拥有90%的土地。

在波菲里奥·迪亚斯将军统治时期（1876—1910年），朝令夕改的土地法把许多村民共有的土地变成了投机者的私有土地，使许多农民沦为劳役工人或成为流动劳力。公共医疗卫生事业的进步促成人口的飞速增长。1876—1910年，墨西哥人口从900万增加到1 500万，但有80%的墨西哥人生活在农村。人数日益增多但一贫如洗的墨西哥民众，在19世纪流入美国的并不多。一部分人是在19世纪中期的“淘金热”来到加利福尼亚的，另一部分人是在1860年的“采矿热”和1880年修铁路时来到亚利桑那的。还有一些季节农工往返于得克萨斯和墨西哥之间。但大体上，跨越两国之间经济、社会和地理鸿沟的墨西哥人相对来说并不算多。对许多墨西哥人来说，摆脱债务劳役并不是一件轻而易举的事，而且美国西南部广阔无垠的沙漠在票价便宜的现代交通工具出现之前，实在是一个巨大的障碍。

由于在美国和墨西哥之间都修建了铁路，大批贫穷的墨西哥村民得以进入飞速发展的美国西南部地区。美国雇主积极地开始直接或通过劳工介绍所在墨西哥招揽工人。除了美国西南部地区经济上的诱惑外，墨西哥国内发生的重大事件也迫使墨西哥人向外迁徙。1910年的墨西哥革命引发了一场长达十多年的政治和军事内乱，其间有100多万人丧命，因此许多人是作为难民而不是移民逃到美国的。

国内的“推力”和外部的“拉力”，在20世纪初把将近10%的墨西哥人吸引到了美国西南部。1900—1910年，得克萨斯和新墨西哥两个州的墨西哥人口增长了将近一倍，亚利桑那州的墨西哥人口增长了1倍以上，加利福尼亚州的墨西哥人口增长了4倍。这4个州的墨西哥人口从1900年的10万人增加到1910年的20万人。在这以后的10年内，墨西哥人口又增加了一倍；1920—1930年增长了三倍。这是三次墨西哥移民浪潮的第一次。

墨西哥移民

墨西哥人移民美国的历史，包括三次大浪潮及中间的两次大遣返。这种时而接收、时而驱赶墨西哥人的情况，反映了美国西南部地区存在的两种对立趋势。需要农业工人和其他廉价劳动力的雇主，要求实施让墨西哥人进入美国更加方便的政策，而其他一些担心墨西哥移民犯罪、依靠福利及带来其他社会问题的团体，则要求采取严厉限制的政策。美国移民政策的不断变化，反映了美国各派政治势力的起伏。近年来，美籍墨西哥人日益扩大的政治影响，也成了左右美国制定移民政策的一个重要因素。

第一次移民浪潮

铁路使大批墨西哥人得以来到美国，并在他们抵美以后又雇用了其中不少人去修建铁路。20世纪初，大部分墨西哥移民曾先后作为筑路工、巡路员或养路工在铁路上工作。许多人就住在铁路近旁的车厢或简易工棚里，这些原始的居民点就是现在许多美籍墨西哥人社区的雏形。其余的墨西哥人在“一战”前大多受雇于农业和采矿业。这三种主要职业实际上把墨西哥人孤立起来，与其他美国人互不往来，因此他们的孩子都是在与外界隔绝的只说西班牙语的墨西哥人社区长大的。农工的孩子还在农田里与父母一起干活，他们经常随着各种作物生长季节的不同而不断地从一个地方迁徙到另一个地方。在这种情况下，他们只能断断续续接受教育或者根本无法接受教育。此外，由于墨西哥人与整个社会处于隔绝状态，他们对大多数美国人来说好似一个“隐形”的少数种族。

在整个西南部地区，墨西哥工人从事着绝大部分需要“弯腰”的体力活儿，每天在田间辛勤工作 12~14 个小时。这些墨西哥农工干着五花八门的工作，从在整个西南部地区种植棉花，到为加利福尼亚助一臂之力，使之成为当时全美水果和蔬菜的一个主要供应基地。墨西哥人作为农业劳工的形象，就是在这个时期形成的，一直持续到大多数人迁入都市之后很久才有所改变。在 1930 年以前，确实有一半以上的美籍墨西哥人生活在农业地区。早期定居在美国的墨西哥人，大都生活在靠近墨西哥的边境一带，但也有一些随季节流动的农工往北到达落基山脉两侧各州，或深入加利福尼亚地区。在 1930 年，大约有 10% 的美籍墨西哥人进入工厂，成为后来墨西哥人城市社区的核心人群。

在 1910 年，生活在美国西南部边境地区的墨西哥农业工人，其工资是他们原来在墨西哥国内收入的两倍或三倍。在此后 30 年内，此种工资差距甚至拉得更大。到 1930 年，美国西南部农业劳动工人的工资已是他们在墨西哥时的 6 倍。美国内陆各州的工资甚至更高，这是因为边境地区有大量劳动力，所以工资增长不像美国其他地区那么快。在铁路、矿山和工厂里，美国和墨西哥的工资差别也非常大。按美国的标准，在农场或工厂工作的墨西哥人算是很贫困的，但是按墨西哥的标准，他们已经很富裕了，他们回到墨西哥后，能买得起农畜、家具、收音机，有人甚至还买了汽车。

面对美国和墨西哥这种工资上的悬殊差距，想控制墨西哥人越过边境的努力大多是徒劳的。美国制定的移民政策和建立的移民机构主要受理从欧洲越过大洋并在少数几个口岸大埠登陆的移民。但是，在 2 000 英里长的边境线上，人们在任何一个地方都可以徒步穿越国界，并很快消失在西南部茫茫沙漠地带的美国人社区之中，想要阻挡这批人的确不易。大批文化不合格或达不到其他移民标准的墨西哥人干脆就非法偷渡到美国，他们一般都受到了美国雇主和劳工承包商的怂恿和帮助。

从墨西哥来的大量移民并不是到美国来安家落户的。许多人只是到美国来待上一个季节或干上几年，积攒一些钱，然后就带着美好的憧憬返回墨西哥。也有人来时就有回去的打算，但却在美国落地生根，终老未归。还有些人回去后发觉自己因在美国待了几年而有所改变，与故土的乡村生活及习俗已经格格不入了。这批移民的数量到底有多少，仍然很难确定，因为经常有大批非法移民往返于两国之间，而官方的统计数字总是不详。据说，1910—1928年，有100多万墨西哥人回到墨西哥，这个数字超过了20世纪头30年墨西哥合法移民的总和。"湿背"这个词曾被广泛地用来描述墨西哥移民，因为不少人是涉过格兰德河进入美国的。许多边境城镇都有大量的墨西哥人，这样，新来者就可以很容易地和他们融合在一起，而不至于被当局发现。

和其他种族的那些临时客居在美国又不会讲英语的农业工人一样，墨西哥人通常是被包工头招募来的，他们在包工头的指挥和严密控制下集体干活。语言、文化及种族差异方面的问题，由于美国雇主和墨西哥籍或美籍墨西哥包工头之间达成合同，很容易就能得到解决。这些包工头负责招揽和监督墨西哥劳工，并且提供符合他们胃口的食物及其他条件。就像意大利人的包工头一样，这些被称为"郊狼"的墨西哥工头为了保护他们在劳工身上的投资利益，必要时会采取一切手段，包括武力威胁或使用武力。在早期，他们甚至动用武装人员在圣安东尼奥市的大街上押送墨西哥劳工。

这些"郊狼"的职责，包括在墨西哥招收工人，把他们偷运到美国，为他们提供伪造的证件、交通工具和衣食上的方便，而且在劳工和承包雇主之间充当中介人。"郊狼"每次偷运劳工的数量不等，有一次，整整一列车的美籍墨西哥劳工从得克萨斯被运到西雅图。禁止劳工承包投机的各种法律往往被钻了空子。在劳工拥有了足够的语言能力，并对美国有所了解而不再需要中间人的服务后，“郊狼”便和意大利包工头一样销声匿迹了。

生活在美国的墨西哥人很贫困，原始的生活条件令其他美国人大为惊讶。他们的居室不但没有舒适的设备，甚至在美国人看来是最起码的生活设施，比如自来水、盥洗间、电源和炉子等都没有。但这种生活和工作条件与墨西哥的状况相比，就没什么可大惊小怪的了。大量墨西哥人不断地涌入，显然说明了他们对美国的向往。

在西南部，尤其在得克萨斯，墨西哥人往往令美国人反感。墨西哥人因贫穷、不识字、乡土文化、种族及工作方式而不被当地的美国人接纳。法律更使他们走不出孤立的圈子。在西南部的某些地方，尤其在得克萨斯，设备条件的分离使用是由法律规定的，在其他地方则由习惯加以维持。新来的墨西哥移民还会遭到其他美籍墨西哥人的冷落，后者出生于很早以前就来到美国的墨西哥裔家族。这些人常常自称“西班牙人”或“拉丁人”，以避免被混同于新来的墨西哥移民。一如其他种族的中产阶级看待新来的同胞一样，他们把自己国家的移民视为肮脏、无知和缺乏教养之辈。这一方面反映了他们当中普遍存在的一种恐惧心理，即新来的移民会不利于美国社会接受整个墨西哥种族，另一方面也反映了墨西哥本国刻板的等级制度。

尽管这批美籍墨西哥人是西班牙人和印第安人的混血后代，而不是盎格鲁-撒克逊人所谓的白种人，但是他们当中那些肤色较浅、文化适应性强的中产阶级，在西南部的许多地方已为白人社会所接受。那些刚从墨西哥来的移民，在社会上常常被当地白人或美国化的西班牙人排斥。早期美籍墨西哥人的婚姻，90%以上是夫妻双方皆属同族人。但这并没反映出他们的内部是团结的，而是反映了他们高攀不上其他种族。墨西哥人内部注定要在好几代人的时间里四分五裂，因为他们中很少产生能获得大家的认可的有影响力的领袖人物，更谈不上一呼百应了。

早期墨西哥人的家庭，即使按当时美国的标准来看，也算是很大的。在

1910 年，25~45 岁的墨西哥妇女平均生育 5.3 个孩子，这大大超过了当年全美同年龄段妇女的平均生育数——3.4 个孩子。但是，高生育率并不是墨西哥人家庭所特有的现象，美籍波兰妇女的平均生育率（5.4 个孩子）和意大利妇女的平均生育率（5.5 个孩子）甚至更高。美国犹太妇女同墨西哥妇女的平均生育率相等（5.3 个孩子），这些种族都是 1910 年才来到美国的。唯一与众不同的是，美籍墨西哥人的生育率根本没有像上述几个种族那样在逐年下降。到 1969 年，其他几个种族的平均生育率已下降一半多，而墨西哥人却成了美国少数种族中生育率最高的——35~44 岁这一年龄段的墨西哥妇女平均有 4.4 个子女。

居高不下的生育率是墨西哥移民适应美国文化速度缓慢的表现之一，而且他们一直坚持在美国讲西班牙语。申请获得美国公民身份的人所占比例偏低，是他们文化适应速度缓慢的另一表现。此种情况在那些赴美后有众多人返回故乡，又不断有大批同胞涌进，使其固有的文化在美国流水常新，并有不少人对于是否永久定居在美国迟疑不决的种族中，是司空见惯的。但是，1924 年通过的苛刻的移民法，切断了大多数欧洲国家移民来美的途径，并使得时常进出美国的大批侨民难以混下去，从而促使现存移民加速其实现美国化的进程。对于墨西哥移民来说，既不适应也无法遵从此类苛刻的限制。他们对美国文化的接受既有分寸，又有所保留，而且不断有大量的移民返回墨西哥。在 1910 年，这种现象并非只发生在墨西哥人中，但不同的是，当这种现象在其他种族中早已消失时，他们仍然没有改变。

20 世纪前 30 年墨西哥人来美的第一次移民浪潮，随着 20 世纪 30 年代大萧条的降临而突然告终。美国国内存在大批失业者，加上美国人想赶走墨西哥移民，导致大规模的墨西哥人被强行遣返。当时墨西哥人一直在靠救济度日，部分原因在于，大萧条之前的 20 世纪 20 年代就出现了农业衰退，而绝大部分墨西哥人又恰恰在从事农业生产。以 1925 年为例，在加利福尼亚州的里弗赛德市，90% 的福利预算都花在墨西哥人身上。加利福尼亚的其他城市也和该市一样，许多墨西哥农工经常在种植季节过去后就申请救济。墨西哥人的高犯罪率和高发病率，更加深了公众对他们的反感。大量贫苦的美国人从俄克拉何马州的“尘沙带”迁出，更增强了美国人驱赶外国劳力的愿望，因为还有那么多的美国人找不到工作。有组织地争取遣返墨西哥人的运动始于20世纪30年代，因为当局已发现，把他们送回墨西哥的运费尚不到救济他们一星期的开销。那些申请救济的墨西哥人多被告知去找某某部门，实际上该部门顺势就把他们送回老家去了。有时当局扣留救济款，除非接受救济的人同意“自动”离开美国。通过这些威逼利诱，成千上万的墨西哥人未经过正式听证便被遣送回国。在大量被遣返的墨西哥移民当中，甚至还包括许多具有美国公民身份的人。到1930年，在美国的第二代美籍墨西哥人，其数量已超过出生于墨西哥的美籍墨西哥人。由于存在大量的非法移民，在整个20世纪20年代，每年都有成千上万的墨西哥人被强行遣返。1927年，有4 000~5 000个非法入境的墨西哥人被美国驱逐出境。1928年，这个数字又增加了1 000多人。1929年被驱逐人数超过8 000人。在1930年，被遣返的人数又增加了一倍多，达18 000人之多。1939年被驱逐人数为16 000人。在整个20世纪30年代后半期，大约每年有9 000人被送回墨西哥。美国的墨西哥人，从1930年的60多万下降到1940年的不足40万。

第二次移民浪潮

“二战”使数百万美国人投身军队，农业劳动力的短缺促使联邦政府通过关于从墨西哥引进劳力的计划。根据1942年制订的“临时劳工计划”，引进了墨西哥合同工。这个方案提出的理由是，在战时“紧急”的情况下，美国自身缺乏“足够”的现成劳力。大量墨西哥人流入美国，使工资的增长速度放慢，难以吸引“足够”的美国人去干活。所以这个“应急”计划一年一年地延长，一直持续到“二战”结束之后很久。1945年，在美的墨西哥合同工大约只有5万名，50年代后期达到高峰，增加到每年40多万人。这个计划在1964年才正式宣告结束。

战时经济不仅从墨西哥吸引了大量劳工，军工生产还把美籍墨西哥人从其传统的工作岗位上和社区里吸引到大工业经济和社区中来。“二战”以前，美籍墨西哥人居住在城市里的人，在数量上已超过了住在农村的人，这些人在工业部门的就业加速了美籍墨西哥人的城市化。在“二战”中，新墨西哥州农村的美籍墨西哥男丁有一半以上离开农村进城。在“二战”期间劳动力紧张的情况下，美国对墨西哥人就业的限制，就像对其他种族一样，有所放宽。许多墨西哥人到军队服役，有 17 人获得了国会荣誉勋章。对许多美籍墨西哥人来说，军旅生活使他们生平头一次亲身体验到美国的主流文化，从而加快了他们文化适应的过程。后来的美国士兵法案允许退役的墨西哥军人到大学学习，否则这是不可能实现的。

在洛杉矶，美籍墨西哥青年经常拉帮结派与一些带着墨西哥裔姑娘出去约会的军人发生冲突。这些帮派分子身穿当时很别致的祖特服，自称“文身帮”。在战争期间，他们经常骚扰军人和水兵，激起了公愤，连老一代的美籍墨西哥人都对之加以斥责。1942 年，军人和水兵对这些帮派分子进行反击，碰到穿祖特服的就痛打一顿。几十年后，这些文身帮分子却又被捧为敢打敢冲的英雄好汉。

1940 年进入美国的墨西哥移民不到 2 000 人，1944 年已突破 6 000 人，1952 年则突破 1 万人大关。再后来，入境的移民人数更是扶摇直上。1956 年，65 000 多名墨西哥移民进入美国，几乎占世界各地来美移民的 1/4。但并非所有这些移民都是根据临时劳工计划招募来的，他们进入美国的方式各种各样，有的属暂住性质，有的想永久居留，更有大量非法入境者。同第一次移民浪潮一样，第二次移民浪潮也以大规模被遣返而告终。战后被遣返的人数又有新的突破。1947 年被驱逐的移民是 1930 年那次创纪录的 18 000 人的 10 倍，而这只不过是大规模遣返移民的开始。1951 年被遣送回国的墨西哥人多达 50 万，1954 年则突破 100 多万。在战后一共有近 400 万墨西哥人被送回老家。但这一次谁被遣返谁不被遣返是有标准的，即看其是否具有美国公民身份，而不是像上次那样将贫困作为遣返的标准。

第三次移民浪潮

墨西哥赴美的移民人数在20世纪50年代美国几次大规模的遣返运动之后，开始跌落。但是，这并没有使墨西哥移民像20世纪30年代那样被完全阻挡。1956年是战后墨西哥移民赴美人数最多的一年，为65 000人，1959年下降到23 000人，其后又开始逐渐回升。到1970年，原来的最高移民入境数被打破。在整个20世纪60年代，大约有44万墨西哥人合法地迁居美国。

第三次移民浪潮的到来——现在仍在进行之中——一方面是由于移民法条文有了明确的改动，另一方面是原为非法侨民提供帮助的法律和社会机构已壮大起来，还有一方面是美国出于政治上的考虑，害怕在边境上严格依法办事会得罪墨西哥政府或美籍墨西哥人。

由于临时劳工计划在1964年寿终正寝，墨西哥政府已不再像以前那样卖力地阻挡非法移民偷越边境进入美国了。在这之前，它曾力图保护合法赴美的墨西哥合同劳工避免与“湿背”们竞争。在不到50年的时间里，墨西哥人口增长了三倍，从前赴美当过临时劳工的人现在回国的也有成千上万。毗邻美国边境的墨西哥城镇的人口，增长更为迅速。所以非法进入美国的潜在人群是巨大的，因为那里的工资比墨西哥要高出好几倍。

美国政府官员使尽浑身解数试图缓解边境的压力，不让移民“破门而入”。美墨两国政府共同计划在边境地区的墨西哥一侧发展经济，但是，这又吸引了大量墨西哥人流入这一带，其中约有50万人找不到工作，从而形成一支潜在的越境大军。乘车从墨西哥来美上班的人或购物者，获准可以随便进入美国的边境社区，其中有许多人却乘机悄悄溜到美国内地，非法定居下来。有些怀孕的墨西哥妇女以“购物”的名义越过边界，利用公费在美国医院里生下孩子，这些孩子便自然而然地成为美国公民，日后也可以借此举家合法迁到美国。

除了用上述这些五花八门的方法来逃避移民限制的人以外，还有大批人干脆非法越境而入。美墨之间有着 2 000 英里长的边境线，而其中只有部分地段处在小股边防巡警的有效控制之下。估计每年都有十多万墨西哥非法移民在美国定居下来，尽管每年都有几万人被当场抓获并被遣送回墨西哥。

有好几个因素促使美国不能像世界上其他国家那样控制来自墨西哥的移民。根本的一条是两国之间在收入上存在巨大的差距，另一条是边界线太长，因此美国一直以大规模的遣返来代替对边境的控制。但近年来，遣返移民越来越困难，因为美国政府资助的社会机构和民权组织对政府调查、突击和逮捕非法移民的做法提出了挑战，引发了许多遣返案件和诉讼纠纷。即使这些机构和组织输了官司，诉讼费却加大了移民遣返的开销，从而使政府用在这方面的专款捉襟见肘，遣返工作就不能按计划执行。雇用非法墨西哥移民的美国老板也在帮助他们逃避法律的制裁，并在政治上积极反对在边境实行严格的控制。老板们自己明知故犯，窝藏非法移民，当然也就更反对政府对他们绳之以法了。非法越境的移民大不了被送回国内，有人可能好几次试图越境而未伤一根毫毛，有些则会在同一天晚上被边境巡逻人员抓住好几次。

墨西哥政府的有关政策也对移民产生了影响。历届墨西哥政府对流入美国西南部的墨西哥移民几乎不加限制，甚至有时还认为此地是自己的“合法”领土。更加实际的墨西哥官员，一直把美国看作免费培训技术工人和帮他们养成清洁卫生习惯的大本营。移民把这些东西带回来，白白地给墨西哥带来实惠。然而，革命后的墨西哥政府也曾坚持从国外召回移民的原则，而且通过各种方式资助他们回国。尽管当局也明白，许多季节性工人只是把资助的钱用作农闲时回国的旅费，并乐此不疲。后来，时日一久，墨西哥政府便对其严加甄别。20 世纪 30 年代的卡德纳斯政府执意不把那些依靠美国救济的移民召回来，“二战”后，这项计划则鼓励那些具有技能的人返回祖国。但大体上说，墨西哥政府一直把移民限制看作美国方面的问题。它自己所关心的，主要是保护在美国的墨西哥人。尽管墨西哥自身极力堵截企图越境进入美国西南部地区的非法移民，但它却与美籍墨西哥人团体沆瀣一气，反对美国边境巡逻人员采取任何坚决（被说成是“压制”）的行动。

社会和经济进步

从人口分布来看，美籍墨西哥人的分布情况相当复杂，而且散居各地。他们“集居”在美国西南部地区，但这个所谓“集居”的地区却比法国、德国、意大利和英国加在一起的面积大，仅洛杉矶市区中的“集居”区面积就比比利时的领土还大。美籍墨西哥人社区广泛分布在美国西南部各地，但在每一地区，他们又都是“集居”的，北部的芝加哥一带也有规模颇大的墨西哥人社区。

除了像其他任何特大种族内部都存在着阶级、教育、职业等差别之外，美籍墨西哥人因为随着多次不同的移民浪潮而来，在美居住时间长短不一，所以内部还存在着极大的差异。何况墨西哥国内也发生了不小的变化，这势必会影响到不同时期来美的墨西哥移民的素质。墨西哥国内的都市化发展已在该国的职业结构上反映出来。1940 年以前，大约有 2/3 的墨西哥工人从事农林牧行业，但是到 1970 年，这个比例就降到不足 1/2。

在美国的墨西哥人也变得更加城市化了。1950 年，西南部有 68%的讲西班牙语的人住在城市。到 1960 年，这个比例上升到了 79%，1970 年达到 85%。与美国总人口相比，美籍墨西哥人的城市化程度是偏高的。但是，从另一种意义上来说，他们的城市化程度又偏低，因为他们只是在近期才开始城市化的，这表明他们仍处在继续适应的过程中。再者，墨西哥人真正住在大都会地区的人数仍少于黑人或白人。

墨西哥人的经济和社会状况，反映出他们内部存在的巨大差别。20 世纪 60 年代中期在洛杉矶进行的调查表明，收入高的美籍墨西哥人家庭的户主有近半数出生在当地，而大部分低收入家庭的户主则出生在加利福尼亚以外的地方，其中 31%的人出生在墨西哥。高收入家庭的户主出生在墨西哥的不到

10%。另一个是由居住地区不同所造成的重要差别。1959 年，在加利福尼亚州的墨西哥人的工资收入，比得克萨斯州的墨西哥人高出两倍还要多。社会阶层不同使他们的人际关系各异。在洛杉矶，高收入的墨西哥人有一半生活在以美国白人为主的社区。地位较高的墨西哥新娘，有半数嫁给了异族郎君，尽管从总体看，约有 3/4 的美籍墨西哥人的婚姻发生在同族内。

各代人之间的差别很大。第一代美籍墨西哥人的平均年龄为 43 岁，第二代为 24 岁，第三代则为 13 岁。对于究竟应当如何称呼自己的种族，墨西哥人内部也存在着分歧。有人主张叫“墨西哥人”，有人主张叫“拉丁人”，有人主张叫“西班牙人”，还有人主张叫“奇卡诺人”，或其他一些名称，真可谓众说纷纭，莫衷一是。有时一部分人喜欢的名字，其他人则可能感到不顺耳，像“西班牙人”或“拉丁人”这样的称呼，就会引起许多人的反感，因为这一称呼是长期用来区分上流社会与墨西哥普通百姓的标志。另一些人则讨厌“奇卡诺人”这个称呼，认为这是在赞颂粗俗的举止。由于对称呼一事不能达成一致意见，美籍墨西哥人的各政治团体拒绝实现大联合，这足以反映他们对称呼这个问题敏感到何等程度。

经济状况

早期从事户外体力劳动的墨西哥移民——比如在农场或铁路上工作，现已大多转行从事城市职业。到 1960 年，只有 16%的墨西哥男子在西南部地区从事农业劳动，这个比例与从事手工业的人数相当，但低于“操作工人”所占的比例——23%。只有 5%的人是机关工作人员，专业人员为 4%，皆低于黑人或白人的比例。墨西哥人的失业率几乎是全美平均数的两倍。在西南部，他们的家庭平均收入是非西班牙裔白人家庭的 65%。

上述这些数据掩盖了许多重要的内部差别。在得克萨斯州的圣安东尼奥市，墨西哥人的收入占非西班牙裔白人收入的 59%，在加州的圣迭戈为 84%。底特律市区的墨西哥人的收入，是得克萨斯州拉雷多或布朗斯维尔两市墨西哥人收入的两倍多。这些差别有时实际上只反映各地区经济本身的差别，与墨西哥人并无多大的关系。例如，洛杉矶和圣安东尼奥是两个拥有墨西哥人口最多的城市，这两个城市具有不同的经济发展史，为其广大居民提供的就业机会和收入结构是不一样的。定居在离西南部很遥远的城市里的美籍墨西哥人，往往是从流动劳力大军中远走高飞的人，这批人可谓非等闲之辈，他们收入高是由于其因地制宜的眼光，而不是由于所处地区。

过去几年来，美籍墨西哥人的收入，不仅从绝对数字来看，而且相对于美国总体收入水平，都已有所提高。1949 年西南部地区的美籍墨西哥人的个人收入，只是非西班牙裔白人的 57%，到 1959 年已上升到 62%。在 1969 年，西南部地区 25~64 岁的墨西哥男子的工资，是同年龄段非西班牙裔白人工资的 66%。到 1971 年，他们挣得的工资已达到美国平均工资的 73%。

要在工资收入方面做出真正有意义的比较，是很困难的，因为美籍墨西哥人比其他美国人平均年轻 10 岁，而且除去其他差别，仅就他们所受的教育来看，在质量和数量上水平都很低。1971 年，25 岁和 25 岁以上的墨西哥男子的收入，比美国受过 8 年以下教育的人的平均工资要高，相当于那些中学肄业或毕业人士收入的 90%。这一年龄段未上过大学的人，其中包括大部分（90% 以上）美籍墨西哥人，他们的收入接近具有同等学力的其他美国人，但是可观的种族间收入差距仍反映出受教育程度的不同。1950 年，美国西南部的墨西哥人平均只读过 5 年书，而同一地区非西班牙裔白人则读过 11 年书（黑人为 8 年）。到 1960 年，美籍墨西哥人受教育的平均年限为 7 年，非西班牙裔白人为 12 年，黑人为 9 年。尽管美籍墨西哥人的教育程度要比黑人或白人提高得快，但三者之中他们的受教育程度还是最低的。

在校学生的成绩是参差不齐的，美籍墨西哥学生当然处于劣势。无论是在单独为墨西哥儿童开办的学校里还是在混合学校里，也不管其父母是体力劳动者还是白领工人或技术人员，美籍墨西哥少年的智商测验和其他标准化测试的成绩都偏低。对墨西哥裔学生实行双重打分标准，部分地掩盖了这些差别。实行双重标准，一方面是为了照顾学生的“感情”，另一方面是为了不让“整个教育体系翻船”。但是，中小学阶段长期成绩不佳，到头来势必影响到那些即将升入高校的墨西哥青年选择什么样的大学，以及进入什么样的科系。大多数墨西哥青年只能进入次一等的大学。比如在得克萨斯州，考进一流的得克萨斯大学奥斯汀本部的墨西哥学生，尚不到进入次一等的得克萨斯大学埃尔帕索分校学生的1/3，尽管得克萨斯大学奥斯汀本部在校学生的总数要多得多。在这种情况下，上过大学的美籍墨西哥人的收入只相当于具有同等学力的其他美国人收入平均数的77%。而具备大学以下学力的墨西哥人却能在职业上与其他同等学力的人拼个高低，因为在他们的岗位上，干得好坏时常与教育程度并无多大关系。如果墨西哥人与黑人或白人受到同样质量的教育，那么墨西哥人的收入要比黑人或白人高。也就是说，墨西哥人能充分利用其所受教育来谋取经济上的收益，但问题是他们受的教育太少，迈不开步子。

其他方面的因素也使收入对比复杂化。例如在美籍墨西哥人中，妇女参加工作的比例低于白人或黑人，这就影响了个人和家庭收入的多寡。还有，墨西哥男子的失业率是黑人男子的两倍，是白人男子的三倍。

一个家庭的经济生活水平，不仅取决于它的收入多少，还取决于家中有多少成员需要抚养。美籍墨西哥人的家庭平均收入看起来并不低，但若平均到人头上，就少得可怜了。比如，墨西哥人1959年的人均收入是西南部非西班牙裔白人的47%，比黑人的人均收入还低。这部分地说明了，为什么收入比黑人高的墨西哥人反而住房更加拥挤，送孩子上大学的机会更少。墨西哥人要养活的人口实在太多了。墨西哥人家庭子女众多也可以解释为什么参加工作的墨西哥妇女要比黑人或白人妇女少。美籍墨西哥人的老弱妇孺所占的比例高于黑人或白人，这种情况是由孩子多造成的，因为年长的美籍墨西哥人所占的比例低于黑人或白人。

经济上的进步对各代墨西哥人的影响也是不同的。第一代墨西哥裔男子

（出生在墨西哥），其收入明显要比第二代、第三代人的收入低，但第二代人的平均收入又要比第三代高出14%。这似乎意味着到了第二代以后进步就停止了，并开始倒退。这种理解当然不对。这三代人在年龄分布上很不相同。第一代平均年龄最大，第二代次之，第三代人最年轻。如果把年龄因素考虑在内，第一代移民的处境看起来更为不利。比如，第三代人的收入平均值比第一代高出11%，在25~64岁这个挣钱最多的年龄段内，第三代人挣得的收入又比第一代人高出20%。第二代人比第三代人的收入要高，这种看起来不合情理的状况是由于年龄上的差别造成的。因为第二代人一半以上已超过35岁，而第三代人却大部分仍不到35岁。假如在同一年龄段做比较，实际上第二代人与第三代人的收入是相仿的。

1969年美籍墨西哥男子的平均收入

年龄	第一代		第二代		第三代	
	收入（美元）	人口（%）	收入（美元）	人口（%）	收入（美元）	人口（%）
16~19	1 812	5	1 372	12	1 386	22
20~24	3 716	11	3 682	11	3 762	18
25~34	5 386	24	6 519	22	6 448	23
35~44	5 983	22	7 219	27	7 227	15
45~64	5 299	33	6 324	24	6 397	17
65+	2 502	5	2 693	4	2 693	5
所有的人（平均数）	4 668	100	5 804	100	5 103	100

资料来源：美国人口普查局1970年人口普查统计专题报告，PC（2）-1b，第42、43页。

这并不意味着进步已经停止了。第二代和第三代墨西哥人的收入，无论从自身所获得的绝对值还是相对于其他美国人来说，都有所提高。第一代墨西哥人也在进步。那些在美国居住长达15年或15年以上的移民，最后收入都赶上了在当地出生的美籍墨西哥人。10年后，墨西哥赴美移民的收入只比那些出生在美国的墨西哥人低5%。20年后，他们的收入就超出后者达3%。墨西哥赴美移民需要很长一段时间才能在收入方面赶上在美国出生的墨西哥人，这为经济学家所说的“人文资本”——专业技能和长期经验——在一个特定的经济环境中的重要性提供了佐证。这种资本包括建立联系，学会如何利用现有机构，知道如何寻找较好的工作，以及怎样谋求升迁等。其中奥妙一言难尽，足以使人们对所谓“墨西哥人与一般美国人在收入上的差距，基本上或完全是由雇主的歧视所造成的”武断说法产生怀疑。正如前面指出的那样，念过中学的美籍墨西哥男子的收入相当于甚或高于同等学力的其他美国人。

还有一个因素的影响是很难测定的，那便是在美国有大量来自墨西哥的非法移民。许多雇主乐意雇用他们，因为他们不会给老板找麻烦，而且愿意接受低额的工资或较差的工作条件，他们因为害怕暴露自己的非法身份或怕老板报复而不敢诉诸法律来保护自己。例如在“临时劳工计划”实行期间，合法移民在工资和待遇上都得到政府的保护，而“湿背”们则没有这个福气。许多雇主喜欢用“湿背”而不用临时劳工。1966 年，最低工资额法令的实施对象延伸到农业工人，雇主用在在美出生的美籍墨西哥人与合法在美国工作的墨西哥人身上的开销，与在非法移民身上的开销进一步拉大了距离。

社会状况

美籍墨西哥人的文化注重家庭，像意大利移民一样，“对家人热情，对外人敌视”是墨西哥人的特征。在社交活动和交往中，亲近的朋友抱成一团。墨西哥人传统上是男子当家，男子刻意保护女子的贞洁，不让女子外出就业。差不多半数墨西哥女子在十几岁时就出嫁了，这使得上过大学的女子比男子少（尽管在中学里，男女比例是大体相当的），这也使墨西哥人的家庭人口格外多，无论在墨西哥还是在美国，都是如此。

比起其他低收入种族，家庭破裂现象在美籍墨西哥人当中实属罕见。墨西哥妇女的离婚率比白人妇女要低，且不到黑人和波多黎各妇女的一半。在墨西哥人家庭里，妇女当户主的只有 12%，相比之下在黑人与波多黎各人家庭中，这个比例则分别为31%和34%。

美籍墨西哥人的家庭规模一般比美国黑人、白人、波多黎各人或其他种族的大。在1960年，有2/3的墨西哥人婴儿是由有5个或5个以上子女的母亲生育的。收入低下而且未受过中学教育的妇女，平均有6个以上的孩子，而上过中学的中产阶级妇女则平均只有两个孩子，这表明墨西哥妇女的生育率情况因人而异。总之，家庭规模的大小反映出他们对美国文化准则认同的程度。纵观历史，这一点也可以得到证明，因为过去美籍墨西哥人的家庭虽然比现在大，却并不比当时其他种族的家庭大。但是，1924年美国实行严格限制移民的法令以来，其他种族变得更加美国化，其生育率下降的速度大大超过了墨西哥人，另一方面，大量墨西哥移民仍在不断地涌入美国，从而强化了他们自己的文化意识。

地理因素也能说明这一点。凡遇有大量的墨西哥人“集居”一地并足以维持本族文化的地方，其生育率通常就要高于居住较为分散或只属居住区人口当中一小部分的那些地方的同胞。像在得克萨斯州的布朗斯维尔和拉雷多这样一些都市地区，大批墨西哥人世代以来就在这里居住，并保持着自己单独的亚文化意识，所以他们的生育率要比在洛杉矶或长滩的墨西哥人高，因为这两个地方的墨西哥人来美较晚，“集居”程度也偏低。虽然洛杉矶是美籍墨西哥人口最为众多的一个城市，但美籍墨西哥人占该市总人口的比例，却远远低于他们在拉雷多、布朗斯维尔或其他许多得克萨斯州城市的比例。即使在洛杉矶，东郊墨西哥人的生育率也是全市墨西哥人当中最高的。在布朗斯维尔市，35~45岁的墨西哥妇女平均生育5个以上的孩子，而在长滩，同年龄段的墨西哥妇女所生育的孩子却平均不到3个。在长滩，墨西哥妇女大约有50%的人念完了中学，而在得克萨斯的布朗斯维尔只有1/6，在拉伯克更不到10%。拉伯克市35~45岁的墨西哥妇女平均有5.5个孩子。

西班牙语几乎是一半美籍墨西哥人的家庭用语。全美大约有47%的美籍墨西哥人是在说西班牙语的家庭里长大的。此种坚持在美使用祖籍国语言的比例，高于其他欧裔种族，但却低于波多黎各人（72%）和古巴人（87%）。墨西哥人使用哪种语言也和其他方面的文化认同现象一样，在地方与地方、阶级与阶级之间都不尽相同。在洛杉矶那些墨西哥居民稀少的街区，一半以上收入较高的墨西哥人对其子女主要讲英语或只讲英语，而另外40%则对他们的孩子讲两种语言。但在洛杉矶近郊那些低收入的墨西哥人当中，有一半人只使用或主要使用西班牙语，另有24%的人讲两种语言。在得克萨斯州的圣安东尼奥市，几乎有3/4收入低的墨西哥人认为自己能同时运用两种语言。

说哪种语言对接受教育和经济收入都会带来深刻的影响。母语是英语的西班牙裔人与母语是西班牙语的人相比，前者念完中学和进入大学的比例分别比后者高出50%和70%。在洛杉矶，几乎一半低收入的墨西哥人声称讲英语有困难，这个比例在圣安东尼奥更高。而在这两个城市里，高收入的墨西哥人讲英语有困难者的比例就要低得多。

选择何种语言，讲得流利与否，本来只是个十分简单的问题，因为语言只是人们交流的工具罢了，但在美国这个讲英语的国家里，这个问题已变成一场意识形态上的争论。在学校里教授英语并让西班牙裔青年人更多地使用英语的做法，被一些人（包括非西班牙裔的知识分子）视为将西班牙语贬为“劣等”语言的做法。更有甚者，由于无法在语言上与护理人员、消防队员及警察沟通而酿成不少悲剧，在这种情况下，人们反而要求从事这类职业的人都要学会说西班牙语，岂非咄咄怪事?

为了让学生掌握英文，美国西南部地区的公立学校曾一度反对、禁止甚至惩罚那些讲西班牙语的墨西哥学生。近年来，出于政治上的压力和联邦法院的威逼，学校开始实施“双语”教学计划，但实际上常常只用西班牙语授课。这对美籍墨西哥人的文化适应或经济发展将会产生何种影响，我们拭目以待。

美籍墨西哥人所讲的西班牙语并不是正宗的卡斯蒂利亚西班牙语，只不过是一种墨西哥穷人的方言，掺杂着一些美国词汇而已，与当初的意大利移民如出一辙。为了保持纯正的西班牙语，美国的西班牙语电视台通常会从拉美国家聘请主持人，虽然美籍墨西哥人也会在节目中客串一些角色。美国的西班牙电视台和电台主要受到穷困且文化适应能力差的美籍墨西哥人的欢迎。英文报刊普遍受到美籍墨西哥人的欢迎，而不管他们挣多少钱或住在什么街区，西班牙文报刊他们却不怎么爱看。

美籍墨西哥人的目标和价值取向从来都不以教育为中心。以1960年为例，美国西南部只有13%的西班牙人后裔上完中学，相比之下，同一地区的黑人有17%，非西班牙裔白人有28%，美籍日本人有39%。当然，受教育的情况随着时代也在发生变化。在1950年，西南部的西班牙人后裔只有8%的人念完中学，10年之后，这个比例就上升到了13%，1970年又达到29%。墨西哥人所受教育的程度随着他们对美国文化规范的接受程度不同而大相径庭。在美国西南部地区的第三代美籍墨西哥人中，读完中学的人占38%，而在第一代（在墨西哥出生的）城市居民中，读完中学的人只占4%。不少人试图通过问卷方式而不是通过实际调查美籍墨西哥人的行为来确定他们的文化价值观。但是，回答问卷不费吹灰之力，因此难以反映出答卷人求学的决心，尤其教育是个长期的过程，许多人忍受不了读书之苦。

对美籍墨西哥人来说，他们和其他少数种族一样，文化认同并不是一个简单的过程。西南部地区的美国人从墨西哥人那里同样学到了许多有特色的东西，其中不仅包括墨西哥的农牧场设备和技术等一类实用的东西，还包括墨西哥食物及西班牙式的名称。至今美国西南部仍保留着许多西班牙殖民时代的地名，但是许多西班牙式地名和街道名却是不久前才出现的，是由非西班牙裔人给他们自己的社区起的名字。比如帝王海滨就是一个比较新的社区，该地只有很少一部分西班牙裔居民。这类用西班牙语命名而西班牙裔居民又特少的街道还有许多（太平洋岸边帕利塞德市的柯凡尼达·德科尔特斯大街就是一个例子）。

对美籍墨西哥人进行社会病理学研究，能反映他们不同的年龄构成。美籍墨西哥人死于因年老体衰而患的恶性疾病（如癌症、慢性心脏病及心血管损伤）的比例要低于全美平均数，但死于风湿性心脏病、肺病和车祸的比例却相当高。车祸是墨西哥年轻人死亡的主要原因，占16~25岁年龄段死亡总数的43%。墨西哥人的婴儿死亡率也很高。在美籍墨西哥人中，尤其在城市的青年人中，犯罪和暴力夺去了许多墨西哥人的生命。仅在洛杉矶县一地，估计就有13 000名美籍墨西哥青年加入了各种犯罪团伙，该县仅1977年就发生了69起命案。

政治

美籍墨西哥人长年来在社会上和政治上是“很不起眼”的。由于生活和工作在孤立的农业社区或自成一体的都市角落里，他们对美国的政治制度或社会生活所产生的影响是微不足道的。由于很少获得公民身份，而那些具有公民身份的人又很少参加投票，因此政界人士对他们不屑一顾。到美国来的墨西哥移民承袭了他们在墨西哥的方式，尽量不与政府打交道。加上许多人又是非法移民，因此他们对政府更敬而远之了。

“二战”后，这种积习开始有所改变。那些在军队中服役的墨西哥人开阔了眼界，战后复员回家就有了更高的理想和更强的自信心。整个社会也开始对少数种族的问题和权利有了越来越深刻的认识，从而为墨西哥人提高和表达其政治理念提供了客观条件。20世纪60年代的黑人及其他种族的民权运动和反抗组织，为墨西哥人进行同样的斗争提供了模式和动力。

20世纪60年代由塞萨尔·查瓦兹领导的农业工人的劳动工会所发起的政治运动也许是最有名的，不管查瓦兹领导的工会斗争究竟带来了什么样的经济后果（工会成员工资提高后，数以千计的工人被机械化淘汰），但是他却成了全美的知名人士，在政治领域的地位举足轻重。

美籍墨西哥人获选担任官职，可谓时间晚、数量少。但是，从20世纪50

年代起，一批墨西哥人开始在全美政治舞台上崭露头角。约瑟夫·蒙托亚在新墨西哥州从政多年后，于1958年当选美国国会众议员，1964年当选美国参议院议员。1961年，亨利·B.冈萨雷斯在得克萨斯州当选美国国会众议员。1962年，加利福尼亚州的爱德华·R.罗伊鲍尔被选入国会。得克萨斯州的埃里奥·德拉戈萨、新墨西哥州的曼努埃尔·卢罕，相继于1964年和1968年当选国会议员。1974年，墨西哥裔人劳尔·赫克托·罗佩斯和杰里·阿帕达卡分别当选亚利桑那州和新墨西哥州州长。在州一级的政府机构里，1967年在西南部各州，墨西哥裔人当选州立议员的已超过600人。此外，许多美籍墨西哥人的“代言人”在全美或地方政坛上崛起，领导着规模不等、存在时间长短不一的各式各样的组织。其中一些是仿照黑人的反抗运动模式建立起来的，比如“褐色贝雷帽”就是参考“黑豹党”建立的。但是，大多数美籍墨西哥人从来没有听说过这类组织，虽然新闻界以“芝加哥人”的名义对他们进行了连篇累牍的报道。

尽管个别人士取得了一定的政治成就，但是作为一个种族，美籍墨西哥人仍算不上是强大的政治参与者。在墨西哥人当中，申请合法公民身份、登记参选和参加投票的比例都是很低的。此外，对于一个具有高度个人意识的种族来说，获得政治上的团结并非易事。例如在洛杉矶，谁要想把大批的墨西哥人拉去参加选举，那是十分困难的。洛杉矶的美籍墨西哥人口超过墨西哥本国任何城市的人口，但是在近20年内，却还没有一个墨西哥人被选入市议会。在加利福尼亚州，虽然那里的黑人只有美籍墨西哥人的一半，但该州立法机构中的墨西哥人却少于黑人。美籍墨西哥人参加投票时，主要投民主党的票，例如1960年约翰·肯尼迪赢得墨西哥人选票的85%，1964年林登·约翰逊赢得90%的选票，1968年休伯特·汉弗莱赢得87%的选票。由于他们的投票千篇一律，所以两党都不在他们身上下功夫，因为赢者不费吹灰之力，失败者怎么做都劳而无功。

今天的美籍墨西哥人

美籍墨西哥人成分复杂，分别处在不同的文化适应和经济发展阶段，但就经济、政治和社会诸领域的总体情况而论，成就仍是相当明显的。与其他来美国更早、教育和技术水平更高的种族相比，墨西哥人在经济发展水平方面尚未赶上来。但是，与那些过去从事农业且缺乏教育传统的少数民族相比，墨西哥人又略胜一筹。1979 年，墨西哥人的家庭收入比黑人和波多黎各人分别高出 18% 和 54%，相当于美国平均水平的 73%。

在体育界和娱乐圈，不少有名的美籍墨西哥人已崭露头角，这是少数种族能够崛起的两个传统领域。网球冠军潘乔·冈萨雷斯在 20 世纪四五十年代享誉全美。乔·凯普和吉姆·普朗科特成为全美美式橄榄球联盟的四分卫队员。李·特维诺和南茜·洛佩兹是一流的高尔夫球手。美籍墨西哥歌星有薇琪·卡尔、琼·贝兹和特里尼·洛佩兹。墨西哥裔影星从无声电影时代的拉蒙·诺瓦罗和吉尔伯特·罗兰算起，到现在的里卡多·蒙特尔班和安东尼·奎恩，名单很长。

在学术、科学或专业领域内，他们的成绩就逊色多了，因为高等学府里的美籍墨西哥人实在少得可怜。直到 1973 年，只有三四个美籍墨西哥人获得经济学博士学位，8 个人获得政治学博士学位，24 个人获得社会学博士学位。更何况在这为数不多的获得博士学位的人当中，他们随后主要把精力放到社会和政治活动上去了，而不是在各自的专业领域内从事学术研究。如果从医生到小学教师都可以被称为专业人员的话，那么 1970 年美国西南部地区总共有 90 000 多个带有西班牙姓氏的人在这支大军之中，相当于从事同类职业的美籍华人和美籍日本人数量的总和。但是华人和日本人在美国的人口还不到美国西南部墨西哥人口的 1/4，从事专业工作的美籍墨西哥人的比例也比黑人低。

现在，就业的美籍墨西哥人中约有一半是在美国出生的，而且他们的父母也是在美国出生的。另外一半有的是从墨西哥移民来的，或者其双亲原来都是墨西哥人。这就是说，其成就经常被我们拿来与“全美平均水平”相比的墨西哥人，移居美国仅有一代半人的时间罢了。从 20 世纪 20 年代以来的墨西哥农村文化发展到当代美国的城市化模式，在人类历史上可算是一个漫长的过程，大多数美籍墨西哥人已经在这条征途上跋涉了很长一段。

Ethnic America

A History

第6部分
综论

Ethnic America

A History

第十一章
内涵

美国种族具有超出种族本身的内涵。在一个重视个人价值的社会里，种族史提醒我们，每个人都生长在世代相传的特定文化模式之中，这种文化模式对个人有着深远的影响，这一点不可忘记。一位著名的史学家曾经说过："我们并不沉湎于过去，但过去却纠缠着我们不放。"此外，种族史还反映出人类间的相处是何等困难——不仅在他们作为广义上的美籍犹太人、华人或墨西哥人时相处很困难，在这三个种族或其他种族内部，因为分裂为许多支，相处也是困难的。

历史是已经发生过的事情，而非我们想要它发生的事情，也不是某种学说或意识形态认为的应当发生过的事情。相反，历史有时能帮助我们估量我们对过去、对目前或对未来的信念。

捕捉历史的因果关系，与寻找自我辩解和谴责别人的理由是大不相同的。进行因果分析和道义分析，要做到二者互不混淆，是很困难的。例如，一个种族的偏见造成另一个种族贫困的程度，乃是一个因果关系问题，而不能因为偏见在道义上令人反感就认为这是一个早有定见的结论。持有偏见的人，在经济方面和社会方面被他们所仇视并诬蔑为低下的人赶上或抛在后面的情况，并非没有发生过。此种情况有时会发生，有时不会发生。究竟会不会发生，又是一个因果关系问题。但是如果有人说，仅偏见就足以解释因果，那么，美籍犹太人和美籍日本人就不会像今天这样成为美国最富有的两个种族。

从更一般的意义上来说，捕捉推动或阻滞种族进步的因素，绝不是在品德上或其他方面给各个种族划分优劣等级。每个人都出生在一个他尚未参与创造的世界里，而不管他属于哪个种族。一个人如果出身于价值观念和技术造诣都使生活易于应对的种族，那是他的运气好，而不是他个人有什么了不起。最大限度地洞察到这些价值观念和技术造诣可能是什么，它们又为什么如此关键，这才是极为重要的事情。

尽管钱财明显是一个重大的因素，但某些在经济上最成功的种族——犹太人可谓这方面的典型——当初踏上美国土地时，却是白手起家的。尽管人们都认为政治上的凝聚力是成功的先决条件，然而某些故意避开政治的种族，恰恰因面对逆境而获得了惊人的发展，美籍华人和美籍日本人就是明显的例子。反过来看，在具备肤色和语言优势的种族当中，爱尔兰的起飞是最缓慢的，但他们的政治成就却是无与伦比的。尽管在美国历史上，就机会而言，边疆是个关键因素，然而某些最成功的种族却从未靠近过边疆，甚至在边疆开发完毕从而堵死了向上流动的门之后，也从未见过边疆是什么样子。苏格兰-爱尔兰人在早期边民中是响当当的，但他们的后代在阿巴拉契亚山区却是当今美国最贫困的群落之一。犹太人、华人和日本人的历史证明，认为教育“包治百病”的观点也是可疑的，这三个种族都是依靠体力劳动和商业意识开始发家的，只是到了后来才有本钱把自己的子女送进高校读书。

然而，毕竟有某些一般的模式呈现在历史长河之中。确定这些一般模式的成因及其内涵，将有助于我们理解种族问题、美国社会乃至更为广泛的人类活动。

模式

美国各种族呈现出的最引人注目的模式，也许要算伴随时间而来的经济状况的普遍提高了。在美国，进步是如此广泛地被人们视作理所当然的事情，以至于有必要澄清，进步不是自发到来的。在世界的许多地方，人们当今的经济生活水平，比起他们的祖先也好不到哪里去。然而美国各种族却不然，他们除去在生活水平、政治代表权和寿命诸方面都有绝对意义上的提高外，在相对意义上一般也都有所提高。美籍意大利人在20世纪初期，其收入还不到全美平均收入的一半，但现在已经超过全美平均水平。19世纪末曾经一贫如洗的犹太人，现在的收入已压倒任何其他种族，包括盎格鲁–撒克逊人。美国各种族的进步，在速度上虽然千差万别，但进步本身的覆盖面却很广。

每一个种族在美国的进步道路上都曾遇到过障碍。但是，他们在来美之前所遇到的障碍和所遭受到的痛苦，通常要超过他们在美国所遇到的任何艰辛。在美国，反犹太主义不过意味着遭人白眼，并在求职方面受到限制，犹太人不用再生活在可能遭到大规模驱逐和屠杀的威胁之下。甚至就非洲人在历史上受奴役的痛苦而言，倘若他们落在阿拉伯人手里或在西半球的其他地方，其处境也要比在美国更惨，在那些地方，奴隶出生的速度比不上死亡的速度。一句话，美国从未免于那些世代残害人类的古老罪孽，但其不同之处在于，别的因素也都有起作用的余地，而且通常起到使人世间变得更加美好的作用。

比较本身的问题

人们常说，美国是个移民国家。从某种意义上说，此话不假。但是，要知道“移民”这个笼统的字眼包含着来美各个不同种族之间的许多重大差异。比如说，食不果腹的爱尔兰人和作为大屠杀幸存者的东欧犹太人，实质上是举家逃亡的难民，背井离乡时连桥梁都曾付之一炬，迁往美国时是铁了心要当美国人的。而另外一些人来美是属于侨居性质的，大多数是男性，仍然抱有返回故土的打算，所以他们的着眼点不在于语言和文化上的美国化，或获得美国公民身份。从意大利、中国、日本和墨西哥来的早期移民，基本上就属于这种情况，今天往返于波多黎各和美国本土的那些人，也大体如此。当然，有的移民既非难民亦非侨民，而是一些自己选择定居美国的时间和地点的人。这样的移民——例如德国人和斯堪的纳维亚人——就很少会“集居”在其登岸的港口城市，而很可能会选择那些适合他们自身状况的地区长期定居下来。最后还有一类人，他们来美根本不是自己的选择，而是被捉来的，这就是非洲黑奴。他们在美国的地理分布和所起的作用是专为别人提供方便。

撇开评估进步究竟有什么意义这个更为复杂的课题不谈，单纯地比较上述各个不同种族的进步，就够困难的了。一个包含着大量侨居者的种族，和一个基本上是由意向相同的人们及其子孙构成的种族，要找出二者进步的轨迹，其难度是不一样的，前者更加复杂和捉摸不定。1970 年的美籍犹太人和 10 年之前即 1960 年的美籍犹太人，大体上是同一批人。而 1970 年美国本土的波多黎各人却有相当一部分在 1960 年时还住在波多黎各；反过来说，1960 年时住在美国本土上的波多黎各人在 1970 年时已有相当一部分回到了波多黎各。以在美国本土或波多黎各任何一地收集的笼统数据来衡量一组特定的波多黎各人的进步，都是不现实的。在美国本土定居 30 年以上的波多黎各人的进步，与形形色色的所有被归类为美籍波多黎各人的所谓进步相比，实有天壤之别，表现在收入、职业以及与异族的通婚率诸方面。美籍墨西哥人也属于这种情况，他们有大批人在美、墨两国之间不断来回流动。将一个侨居群体与一个难民群体相比较，或与一个一般意义上的移民群体相比较，不管这样做的目的是要衡量一个种族的进步，还是要弄明白这个种族受他人歧视的程度，都是困难的。那些只求有个栖身的地方，拼命干活攒钱以便返回故里的男子，其生活状况怎能与在美国开办农场并决心世代定居下去的农场主家庭的生活状况相比呢？简言之，怎么可能用同一个尺度去衡量追求不同目标的人们的进步呢？进一步说，怎么可以要别人（即种族）对这些以一把尺子衡量出来的差别担负起因果关系或道义方面的责任呢？

就黑人而言，连究竟应从何时起量度他们的进步，都是不明确的。从17世纪他们首次来美量起呢，抑或从19世纪解放黑奴开始量起呢，还是从20世纪他们涌入美国大都市开始量起呢？这实在难以说清楚。黑人可以说是最古老的美国人的一部分，也可说是那些正在适应过程中的美国最年轻种族当中的一部分，这要看以什么时间为标准。他们的进步可以说是巨大的，也可以说是微不足道的，这取决于从哪个起点开始衡量。

种族继承关系

任何一个种族都在某个方面有其独特之处，然而从历史上看，一直存在着一种承继模式，即在居住区、职业选择、领导力方面，或在学校或其他组织里，往往出现一个种族取代另一个种族的现象。

今天，人们常用“白人大出逃”这样的夸张说法来渲染街区居民成分的变化。殊不知，早在街区的黑白居民变化成为有争议的问题之前很久，此种模式就已存在了。19世纪爱尔兰人涌入纽约和波士顿这两个城市时，当地美国居民就曾逃离过。当时某个街区一旦出现一家爱尔兰人，“非爱尔兰裔居民就开始大搬迁”。在这种情况下，据当时一位人士的记述，房地产价值就会因“畏惧心理的扩散”而“战栗”，惊慌失措的迁逃现象接踵而至。在19世纪中期，当移民日趋增多时，由于“老住户迁逃至市郊”，纽约城区就以每10年约1英里的速度向北扩展。在1840年，纽约市北郊的建筑物只到今天的14街为止，1850年就延伸到34街，1860年进一步延伸到42街。“白人大出逃”是一种混淆视听的说法，这不仅因为说话者的历史眼光短浅，还因为黑人在发现处境不利时也迁逃过。在19世纪的纽约，黑人曾因意大利移民步步“跟进”而通通逐街向后撤退。在19世纪的底特律，黑人则因波兰移民的迁入而退出了原来的居住区。首批来到哈莱姆地区的黑人，就是为了逃避曼哈顿中区那些强悍的爱尔兰人，而且因为害怕碰上更多的爱尔兰人，所以一直退到145街。

各种族的社会与经济地位由于时间的流逝而发生了变化，逃离街区时种族构成也发生了变化。在19世纪，因爱尔兰人的迁入而使盎格鲁-撒克逊人逃离，后来则是因为意大利人的迁入而使已成为中产阶级的爱尔兰人逃离。

当贫困的新居民取代原来的老住户时，房子本身就会被搞得面目皆非。穷人历来就没有住过专门为他们建造的新房子，他们从别人手里接过来的那些旧房子，本来是为收入高的人家设计的，这种人家住得起十分宽敞的屋宇。所以，穷人迁入后，现成的整套住房就被分割成较小的单元，以出租给收入低的房客。大套房子被分割成小套公寓，现有的公寓则由几人合租，或者由大家分摊房租，或者通过转租的办法来凑齐房租。实际上，每个种族都曾经历过寻找房客以凑足房租的阶段。在1880年，每个意大利移民的家里平均至少有一个房客。到1905年，情况有所改变，减少到平均每两户意大利人家有一个房客，与同时期犹太人的情形类似。意大利住户寻找房客的这一比例，仍然高于20世纪20年代哈莱姆地区的黑人，这时居民家庭寻找房客已被普遍视为"声名狼藉"的做法。和其他许多方面的情况一样，寻找房客后来竟被视为骇人听闻的怪事。造成这种误解的唯一理由，就是早期历史上存在过的模式被人们忽略或忘却了。

随着住户逐步变成社会底层的人，住房的维修政策也不同了。19世纪在移民"集居"的贫民窟里，房东普遍不愿修缮楼房而"宁愿让其破败下去"，直到陈旧不堪而倒塌。换句话说，房主是故意让楼房年久失修的，理由是反正现在住在里面的是不知爱惜房子的房客，修房子等于白费钱财。对移民房客的这种评价，倒也不完全属于带有敌意的偏见。对他们持同情态度的一位改革派人士也曾说过："移民到什么地方，什么地方就变成贫民窟。"20世纪各个种族的情况大体上也是如此。在某些贫民窟，房租经常比原先住着"体面人家”时还要高。然而，贫民窟房地产的赢利额，并不像社会改革家断言的那样“高得不得了”。原因之一是贫民窟房地产的折旧率很高，更重要的是，房租高并不等于赢利，房租拿到手才能赢利。在19世纪的贫民窟，因付不出房租而被下逐客令的现象相当普遍。贫民窟的房客付不出房租的现象，即使在20世纪也不罕见，尽管地方法规的变化近来已使房东难以向房客下逐客令了。在贫民窟，“漫天要价”的房子并不真正意味着贫民窟的房地产具有更高的赢利率。

种族承继关系并不仅仅表现在居住方面。早期的爱尔兰移民曾被厂方雇来做破坏罢工的工贼，他们因此遭到工人的憎恨，被拒于工会的大门之外。后来，爱尔兰人自己建立了工会，就轮到意大利人、黑人和其他种族的人来当工贼，后者同样落得遭人忌恨和被拒绝加入工会的下场。再后来，爱尔兰人当上了工会的头目，犹太人和意大利人成了他们的部下。今天，有的工会是由犹太人领导的，黑人和波多黎各人成了他们的部下。同样，在学校里教导19世纪爱尔兰移民子女的老师，是信奉新教的盎格鲁–撒克逊人。半个世纪之后，在学校里教育犹太人子女的老师，多为信奉天主教的爱尔兰人，而非犹太人。再过30年，在哈莱姆地区教育黑人子女的老师，多为犹太人，而不是黑人。处在发家过程中的种族，难得有本族人做其“角色典范”。即使某些最成功的种族，比如华人和日本人，也几乎从未有本族的“角色典范”。

各个种族在居住、学校、职业等方面不断出现一个接替另一个的现象，而美国作为一个整体也在发生变化。在19世纪末期，地下污水管道和室内管道都已安装好，这意味着城市里的任何种族都不必再去忍受19世纪中期爱尔兰人所经历过的原始而危险的生活条件了。地铁、有轨电车及后来的公共汽车线路的开通，使得劳动人民得以散居开来，上班也花不了多少时间。现代的贫民窟再也不会像19世纪纽约东南部那样拥挤了。黑人、波多黎各人和墨西哥人今天的居住条件仍然不够宽敞，但这是相对于同时代人而言的，如果比起19世纪的犹太人、意大利人或爱尔兰人的居住条件来，就好得没话说了。今天教室“拥挤”的学校，每个班级的学生人数可能只相当于19世纪纽约东南部学校班级人数的一半。今天的问题确实存在，有时还很严重，但这些问题绝不是史无前例的。

对于贫穷而无权的人们来说，许多问题从来都是一样的，不管是哪个种族，在某个特定时期内沦落到如此地步，都免不了要碰上这些问题。《犹太人前进日报》在1907年评论道：“纽约犹太人地段的警察，在全美堪称最野蛮的。”在20世纪初，一位意大利移民作家曾抱怨政府官员对他表现出的“粗暴”和“轻率”，他为此感到“恶心”。以前人们对贫苦种族的许多抱怨，也和今天的说法一脉相承，譬如，责怪犹太人和意大利人“毫无节制地生孩子”，说他们犯下的谋杀案都是由于“野性的一时发作”，认为要把移民的素质提高到体面自爱的水平，其难度简直不可思议，甚至“比登天还难”。

尽管各种族的经历可能有惊人的相似性，但种族史并非单纯的模式重复，在各个种族都有所进步之后，情况仍然千差万别。确实存在明显的模式：不同的种族在极为相似的处境中的表现会截然不同，而外部社会对各种族的态度也有重大差别。

种族差异

各个种族之间最引人注目的差异，也许就是他们对待求知和自我提高的态度。犹太人抓住美国的学校、图书馆和公益机构的资源不放，其毅力和决心是任何其他种族都不能相比拟的。他们不仅拼命挤进公立学校，而且（在劳累一整天之后）连成人夜校也不放过。他们还不惜以微薄的收入买票去听讲座，并纷纷向公立图书馆借阅内容严肃的书籍，以丰富自己的学识。即便如此，《犹太人前进日报》还责怪他们做得不够。当时和犹太人处于类似生活和工作状况中的意大利移民则恰恰相反。在所有美国人当中，对公立学校最为反感、对公立图书馆最没有兴趣、对公益机构疑心最大的，就是意大利移民。这两个种族在美国的任何遭遇，都无法解释他们这种截然不同的态度。然而，犹太人和意大利人在欧洲的不同历史却能充分说明这一点，对于意大利南部的农民和劳工来说，乡村生活几乎引不起他们求职的欲望，正规教育也派不上用场。意大利人和犹太人在美国的学校里学习成绩相差很多，这并不一定就意味着谁受到了歧视，或两个种族在能力上有什么差别。

家庭在各个种族中起到了相当不同的作用。在19世纪，许多爱尔兰人妻离子散，皆被归咎于贫穷，而在19世纪末20世纪初，意大利人也同样贫穷，但他们的家庭并未分裂，也不像处境相同的爱尔兰人或其他种族那样，经常接受慈善施舍或者去卖淫。现实状况远非决定一切的因素。重要的不仅仅是家庭的稳定（即抛弃家庭或离婚的比率低），还要看家庭的价值观念。犹太人和意大利人皆有高度稳固的家庭，但犹太人的家庭观念驱动其成员向上走，而意大利人的家庭观念却使其感到，脱离家庭的轨道进入外部世界犹如“背叛”了家庭。

什么时候组成家庭，也是与一个种族的历史有关的重要因素。美籍墨西哥人的家庭是高度稳定的，但家庭在个人生命旅途中建立得很早。半数以上的美籍墨西哥女子在20岁之前就出嫁了，而早婚的美籍日裔女子只有10%。这一点显然影响到墨、日两个种族年轻女子受教育的权利。同样，这两个种族的青年男子接受高等教育的情况也大不相同，换句话说，当许多美籍墨西哥男子很可能不得不担当起做父亲的责任时，美籍日裔男子却正在大学里读书。这两个种族的青年男女的职业前途必定会有差别。

对于各种族之间的差别，很少有人明确地加以否定。但出于政治上的原因，为了争取全社会能够（或应当）为各个种族做点什么，这些差别被隐约地抹杀或忽视了。各种族为什么会有这些差别，是什么特殊情况使他们产生这些差别的，这是一个复杂的问题，而历史为解答这个问题提供了某些线索。从人种和遗传的角度来解释各个种族进步的差异，多年来也曾得到普通民众和专家不同程度的首肯。这方面的证据很多，从对国际上多民族国家进行比较，到对美国国内各个种族的智商水平和模式的差别研究等，不一而足。

国际的比较研究所提供的证据，既有利于也不利于对种族差别的遗传学解释。现代欧洲国家在技术、收入和其他被普遍接受的进步指标方面，一般都远远超过世界其他大多数地区，但若干世纪之前，中国人和埃及人确曾站在人类文明的前列，欧洲人当时却远远落在后面。各个国家和民族在不同历史阶段的排序发生过大起大落的变化，这证明遗传说是站不住脚的。美国各种族在50年时间内的智商排序的变化，也表明遗传因子决定人类智商的理论是值得怀疑的，尚且不谈测试方法本身存在的问题。白人家庭抚养大的黑人孤儿，其智商与全美平均数持平或略高，这个事实更是否定遗传说的有力证据。

在20世纪20年代，美籍波兰人的平均智商得分为85分（全美正常得分为100分），但到70年代，他们的智商水平就提高到109分。智商提高了24分，不仅绝对数值是可观的，而且比现在白人和黑人的智商差距（15分）还要大。美籍意大利人也在智商得分方面赶了上来，从当初的80~85分提高到现在与全美平均分数不相上下的水平。智商水平提高最明显的可能要数犹太人了。在“一战”时，犹太裔士兵在智力测试中的平均得分，比起其他种族的士兵都要低。但在其后10年之内，经济地位蒸蒸日上而且在文化上迅速融入美国社会的犹太种族，智商的平均水平已超过了一般的美国人。

不管遗传说本身在理论上有何道理或缺陷，对智力所包含的遗传成分的争论，的确在历史上产生过深刻的影响。人是否生来就有智力上的差别，赞同者和反对者时常各执一端，好似在“能力”（不管如何对之加以界定）与结果之间存在着直接的关联，换句话说，似乎文化差别这个重大的干预因素并没有起什么作用，实则完全不然。

文化

不管是在（美国的）多种族环境里，还是在世界各个民族及国家之间，事情大多取决于由价值观念、态度、技能及交往等因素所构成的一整套系统，许多人将这套系统称为“文化”，经济学家则将其称为“人文资本”。一个多世纪以来，人们一直对某些国家能如此迅速地在经济方面从战争的废墟上恢复过来感到惊诧不已。“二战”后德国崛起的奇迹，不过是最近的一个例证，类似的情况从前也在其他某些国家发生过。战争所毁坏的只是一个国家看得见摸得着的有形资本，比如城市、工厂、农田、铁路和公路等。而人文资本却是战争无法毁坏的，正是人文资本才使那些有形的东西得以建设起来，并能够在遭到毁坏之后得以重建。穆勒在 100 多年前就曾指出，一个先进国家经济的有形成分过不了多少年就会磨损或耗尽，从而不得不加以更新。战争所起的作用只不过是加速这种进程罢了。然而，一个国家持续不断的更新和进步，则取决于其国民的知识和意向。

就美国各种族的情况而言，人文资本的重要性体现在许多方面。那些赤手空拳来到美国的种族，当其文化蕴含着一个工商型经济所需要的价值观念和行为准则时，他们很快就能由穷变富。即便在他们面临着肤色和种族的偏见时——例如华人和日本人，不利的环境确实是一种阻力，但这种阻力终究不会使他们望而却步。哪怕他们带来的只是某些不足为奇的技能，诸如犹太人缝制成衣的手艺或德国人酿造啤酒的本领，也不妨碍他们迅速发迹。华人和日本人来美时，皆是些无一技之长的毛头小伙子，只好到农场去种庄稼，但他们比谁都肯干和苦干。无处不在的华人手工洗衣店并不需要当时爱尔兰人或黑人洗衣妇女尚未掌握的技术，但是，爱尔兰人或黑人却从未像华人或日本人那样不断开办洗衣店或做其他生意，尽管这两个亚洲种族开始曾遇到缺乏资金和不懂英文这样的不利条件，还缺乏技术。日裔园丁并不需要掌握比一架割草机更为复杂的技术设备的操作技能。使得这些平凡的职业变成发家致富渠道的，乃是肯干、节俭以及取信于人的品质和眼光，正是这些东西将“卑微”的工作变成了生意，将汗水变成了资本。同样，许多使用手推车的犹太货郎最后也变成了店主，有的还成了整个联销店的大老板。

从国际上来对比各种族的进步，更加证明了人文资本的重要性。在美国、加拿大、英国和以色列，都出现了这样一种突出的模式，即移民抵达时是白手起家，在经济水平上低于早就在该国定居下来的本族同胞，但最终不但赶上，还会超过他们。在美国出生的具有古巴、日本、墨西哥、黑人或菲律宾血统的美国人，都被后来迁居美国的本族移民抛在后面。古巴移民就在 18 年之后在收入上赶上了在美国出生的美籍古巴人，随后就走到后者的前边去了。墨西哥移民花了 15 年时间超过了在美国出生的美籍墨西哥人。日本移民花了 18 年，菲律宾移民花了 13 年，西印度群岛的黑人移民超过美国的本土黑人只花了 1 年时间。

花费如此长的时间在经济方面赶上在美国出生的同族人或同种人，需要付出相当数量的人文资本。这不仅仅是指技术能力（获得这种技术能力通常无须这么长的时间），还指经验、社交、信心、沉着、个人精明及组织有方等一系列人的因素。但是，新移民不但赶上而且最终超过土生土长的同胞，这个事实表明，他们身上具有人文资本方面的某种优势，迁居美国是一个带有选择性的过程，前来的往往是那些有雄心或有本事的同胞。一旦他们获得所需的其他种类的人文资本，这种优势就显露出其价值了。这还向人们表明，在选择性的移民和非选择性的整批逃亡的难民之间，确实存在着差别。19 世纪 40 年代大饥荒时期的爱尔兰移民更像难民，他们来美是要逃离一场全民族的灭顶之灾，当时爱尔兰人确实有饿死在马路上的。他们来美后，适应环境既缓慢又艰辛，可能就部分地反映出这种背景。明治时代来美的日本移民可能根本没有什么技术可言，可是这批人的人品有过人之处，而且在日本时就已部分地认同了美国的规范和目标。

特殊技能在许多工作中是不可或缺的。但历史证明，新技术在几年之内就能很顺利地学到手，而相比之下，态度却需要几代人甚至几个世纪的时间才能改变。那些至今不能克服旷工和迟到的老毛病，并在工厂或学校里经常需要有人监督的种族，通常来说，其祖辈在 100 多年前就有这种不良习惯了。人的文化遗传可能比生理遗传更加重要，尽管生理遗传的重要性会引起更多的争议。在某些特殊的情况下，因与外界隔绝而养成了必要的观念和纪律，例如在若干小股的黑人中就曾出现过此种状况，那么对他们来说，掌握技术就不会那么困难，经济也能搞上去。在这方面最引人注目的例证，就是圣父教派的那些收入最低（通常也没受过教育）的追随者，他们在大萧条时期曾建立起几百个小型企业。这些在当年那种最暗淡的前景下创建的企业所取得的成功，恰与20世纪60年代及70年代由政府出资支持的那些企业大批倒闭的情况，形成鲜明的对比。尽管20世纪60年代和70年代这批有政府撑腰的企业，具有更多的财政支持，（或者）还有“行家”的指导，但是圣父教派的崇拜者却在个人纪律和集体合作方面形成了更多的人文资本。黑人穆斯林接纳黑人当中收入最低且受教育最少的阶层，但其所办的企业也获得了成功。人文资本的重要性还体现在教育领域。从学生的考试成绩和校友的职业成就来看，办得最好的黑人学校往往是在同一城市里旷课和迟到比率都低于白人学校的那些黑人学校。这并不是说旷课和迟到是多么了不起的大事，而是说，促使学生坚持坐在课堂里并及时到校的，是他们对待学习的一整套态度。

人们有时相信，出身书香门第并有父母做课余辅导的孩子，才能在学校里出人头地，就像犹太人家庭所树立的那种风范一样。但日裔移民的家庭根本不具备这些条件，然而他们的子女在学校里却是拔尖的。20世纪政治和法律的重大革新运动之一，就是争取不同肤色的儿童混校学习。这种改革的理论基础是，单一种族儿童集中的学校和多种族儿童混合的学校，二者之间的差别是如此悬殊，以至于教育过程本身就令某些种族的儿童感到低人一等。然而历史证明，对教育抱持不同态度的各个种族在同一学校里读书所出现的差别与在不同的学校里读书所出现的差别，其程度是一样的。日裔儿童和美籍墨西哥儿童在同一所学校里就读时所表现出来的差别，与南方黑人儿童和白人儿童在不同的学校里就读所表现出来的差别一样巨大。几十年来，犹太儿童与波多黎各儿童在同一所学校里表现出的差别甚至更大。不同的文化在价值观和信仰方面的重大差别，和在社交中传递同一种感情或态度时所使用的方式的差别，都足以造成种族间冲突。眼神、手势、语调或某种并无恶意的俗话，在另一种文化里可能代表着完全不同的意思，从而不断地引起无谓的误会和不安，甚至导致侮辱和敌意。进一步说，种族间的个人冲突很容易把双方当事人邻近地区的其他本族成员卷进来，使事态扩大。文化多样性在教育和其他社会活动方面的优势，因合作是出于自愿还是被迫而各有千秋。例如，对各方自愿基础上的种族混校进行的早期调查表明，这种混校增进了种族之间的亲和感，教学效果也很好，但那些根据法庭命令强制实行的混校，却产生了与此相反的结果。这值得我们深思。因政府住房计划而相互为邻的各种族家庭——本意是寻求低价房租而不是种族多样化——往往没有交往或自行隔离，尽管在统计数字上他们是“整合”在一起的。

文化本无优劣，文化只在适应某一特定环境的时候才显出其好坏。在美国各种族中最成功的是犹太人，然而犹太人搞农业却总是一败涂地。他们的祖辈在欧洲时，在都市社会中生活惯了，这既是他们在乡村务农的一大障碍，又是他们在城市经商的一大优势。

凡涉及任何个人无法驾驭的历史力量，责备个人是毫无道理的。责备墨西哥移民没有德国移民的那种技能和气质，岂不荒唐！责备雇主没有在恰恰需要具备这种技能和气质的工作岗位上雇用同等比例的墨西哥裔工人和德裔工人，岂不同样荒唐！

文化适应时常被描绘为一种单向过程，认为不同肤色的各种族群体被迫放弃自身的文化，皈依盎格鲁-撒克逊习俗。但实际上，美国文化是建立在许多种族群体的饮食、语言、态度和技能的基础之上的。传统的盎格鲁-撒克逊人排斥社会消遣的清教徒作风，早就被德意志人乐于从事文体活动以助身心健康的休闲风格压倒，而且这种健康的消遣活动现在被视为普通美国人生活的一大特征。美国流行音乐亦植根于创造出爵士音乐和感伤乐曲的黑人音乐。美国的政党体制主要脱胎于爱尔兰人的党派作风。没有什么东西比汉堡包或牛肉香肠更能称得上是地道的美国货了，但这两个词都是德国城市的名称。意大利馅饼和墨西哥馅饼也算得上是纯正的美国食品。这些东西作为美国文化的特征，并非源于当年的英国拓荒者。他们是全美共同的遗产，尽管今天仍存在着种族多样化。哈莱姆区的居民饮用百威牌啤酒，犹太人吃意大利馅饼，光顾华人餐馆的显然也不都是中国人。

那些具有专业技能和创业本领的种族，因为可以独立经营或在族内雇用员工，所以用不着会英文也能发家致富。19 世纪的德裔农场主和犹太裔服装业工人，尽管受到不同程度的歧视，也没有真正融入美国文化，但照样越来越富有。而那些缺乏专业技能和创业本领的种族，才不得不依赖其他种族为其提供就业机会，不得不学会别人的语言并充分理解别人的文化，以便在劳动场所能待下去。

用“大熔炉”一词来形容美国种族同化的现象一度颇为流行，但现在这已是一种受人鄙视的观念。然而具有讽刺意味的是，在大熔炉理论盛行的时代，异族通婚的现象相对很少，但在知识界拒绝使用这一概念的当今时代，异族通婚的现象却相当盛行。在德裔、爱尔兰裔、英裔和波兰裔美国人当中，有半数婚姻中的夫妻不属于同一种族，意大利裔和日裔美国人的情况也大致如此。那些与异族通婚比率较低的种族，比如黑人、犹太人和墨西哥人，嫁娶异族配偶的现象也日趋增多。

族内差异

各种文化尽管只是为人处事的方式，但文化也是忠诚和情感寄托的焦点。倘若出于实用主义的理由而试图让一个种族同化于另一种文化，就会引起该种族的愤怒，认为这是对它的贬低（常被视为为同化而同化）。所以，如果想让他们同化的是外族人，就会被视为压迫，如果想让他们同化的是本族成员，就会被视为背叛。从某种程度上说，在犹太人、墨西哥人、黑人、日本人和意大利人当中，都曾出现过这种态度，恐怕其他种族也无一例外。然而，即便那些最抗拒同化的种族，或某些种族中最反对同化的那些人，后来也都同化了，也就是说，他们都美国化了，尽管同化的速度有别。

有时候，族内差异会体现在不同代际的人身上。在第一代和第二代相当充分地融入美国文化，家境也阔绰起来，从而使第三代有足够的条件对正在消失的本族文化产生怀旧感之后，年轻的第三代人会对他们不会讲的母语、对他们从未遵循的祖辈习俗，以及对他们从未具有的本族“身份”特别关注。这种情况在各个种族当中都发生过，如日裔、爱尔兰裔、墨西哥裔、犹太裔、黑人，以及其他一些种族。他们会故意地或人为地想方设法去获得自己实际上从未继承到的某种“遗产”。

种族内部在文化适应上的差异，通常会导致该种族内的一部分人与另一部分人相互之间保持距离，这种情况发生在各个种族的身上。刚到美国或对美国文化尚未产生认同的人，总是待在刚来时的定居地，而本族中那些已经较为认同美国文化的人，则会和他们拉开距离，依此类推，认同美国文化越深，家境越富裕，搬得越远，一直扩散到本族街区的外圈，甚至跨入周围的普通社区。此种典型的由一个种族的成员因文化认同程度有异而形成的同心圆居住模式，在某些城市出现过，但诸种障碍（例如当地住着其他不愿搬迁的种族等）也经常使得由文化认同程度有异的人们构成的各个新的种族社区，相互之间存在着某些距离。从曼哈顿东南端搬迁到布朗克斯区内新出现的中产阶级社区的那些发了财的犹太人，就是同一种族居住地广为分散的典型例子。有时特别是在近期——某些文化认同程度较高且家庭阔绰的少数种族成员，会干脆脱离本族，搬到普通的美国人社区。有钱的华人也不住在唐人街或中产阶级的集居区。

早期移民时代（或对黑人和波多黎各人来说的早期都市流动时代），此种居住地的分离模式可能主要是文化认同差异的反映，而不是单由经济差异造成的。有些种族当年在欧洲时就有地区差异，譬如意大利人就来自意大利不同的省份，犹太人则来自不同的国家。这种背景上的差别，也可从他们在美国的集居地上体现出来。

同一种族的人不仅不住在一起，而且还会因为文化适应程度的不同而相互责怪。某些犹太移民社区一方面嫌别的犹太社区太守旧或太落后，干脆称其为太“犹太”，另一方面又嫌有的犹太人不像犹太人，是半犹太人，直截了当地称其为叛徒，好似只有他们才是正宗的。同样，今天的美籍墨西哥人对他们本族当中的某些好似正在变成“英裔佬”的人也很反感，却又鄙视那些刚从墨西哥来的同胞。20 世纪 30 年代被遣返回国的那些墨西哥人，在故乡经受了痛苦的再调整过程，这更能说明文化适应程度不同所造成的严重问题，也说明作为一个整体的种族和外界社会之间是有差别的。

有时候，种族内部早期的差异会被雇主察觉，特别是在那些需要工人长时期生活在一起的劳动场所。20 世纪初雇用意大利集体劳工的美国老板发现，让来自意大利不同地区的工人在一起干活，等于自找麻烦，这些工人非打起来不可。在 19 世纪，新教派和天主教派的爱尔兰劳工一起开凿运河，双方发生的械斗更能说明这一点。在今天的美国，那些在农场打零工的黑人，如果分开住在不同的营地，那肯定是从西印度群岛来的，而不是在美国土生土长的。

不管是在劳动场所还是在居住社区，人们之间的分离，是出于重要的实际考虑，这种考虑甚至超越了种族认同。老年人一般都不想住在孩童多的地方，青年人的公寓时常有“儿童不得入内”的规定。这里不是在讨论多样化的利弊，而是表明美国历史上普遍存在的多元化，以及人们相互之间保持居住或社交距离，处理多样化造成的摩擦和麻烦的方式。在过去的美国南方，肤色意识和传统曾使社交距离在某种程度上成了居住距离的替代物，以至于按肤色划分的居住区的隔离程度在南方城市还不如在北方城市明显。在各种环境里和黑人做近邻或有接触，一般来说，南方白人比北方白人更能接受这一点，出于同样的道理，南方白人则坚持“白人至上”的观念。

在上述背景下，种族在工作场所或街区居住模式方面的分离，应当被视为某种更加普遍现象中的一个特殊情况。这种特殊情况不管是从文化意义还是从生物学意义上来看，在本质上都不取决于把种族分为“优越”或“低下”的某种意识形态。此类种族主义理论和意识形态一直是和种族隔离及种族歧视交织在一起的，特别是在美国南方，但却不能普遍地引申到各种族在工作地点和居住社区都不属于随机分布的一切地区。即使历史发展到今天，要使美国各城市中具有东欧和南欧血统的居民达到随机分布的格局，就必须重新安排他们当中半数人的居住地。长期享有自由选择住房权利的种族，也仍未达到随机分布的局面，这部分是出于他们自己的偏爱。明显以种族区分的居住、工作和就学模式，谁都能看得到，但这种现象在其他方面绝不是独一无二的，这甚至也不是某一种族被判断为表现“好”、能干或生来就“优越”的依据。两个种族合在一起的时候与分开的时候，各自的表现会不同，或干得不一样，例如意大利裔的筑路劳工队伍和爱尔兰裔开凿运河的劳工队伍当初就是如此。其中的内涵也超出种族认同的范围。男人和女人在一起的时候和分开的时候，表现也不尽相同，这种差别可能会也可能不会构成建立特定组织的理由。这在本质上不是一个涉及优越、低下或平等的问题。

奇怪的是，在社会和经济状况最为相似的种族之间，敌视程度却通常最严重，而较和睦的关系则更普遍地存在于那些差别十分大的种族之间。南北战争之前，美国最反对奴隶制的种族，是包括技术工人和独立农场主在内的德国人和苏格兰–爱尔兰人，也包括某些相当富有的人士，特别是在德国人当中。在20世纪，最支持黑人民权运动的是犹太人，而犹太人的整个文化史与黑人文化史却有着天壤之别。黑人的进步反倒在历史的各个阶段都遭到过爱尔兰人的激烈反对，爱尔兰人在收入和职业方面长期与黑人处于相似地位，爱尔兰人的历史和文化与黑人的历史和文化在许多方面也有共同之处：都注重语言的生动和简练，都主导着特定的运动项目（棒球和拳击），都在某些领域（体育界、娱乐圈、宗教、写作及政治）里得以大显身手，都回避某些领域（科学和数学），都在某些行业（人寿保险业、金融业、出版业）里获得了成功，又都在另外一些行业（制造业和经销业）里难以打开局面，都具有共同的社会病态（酗酒、暴力、家庭破裂）。《太阳底下的葡萄干》是一部描绘当代都市黑人生活的经典剧作，但却包含了爱尔兰剧作的经典成分，即坚强的女性、窝囊的男子、宗教虔诚，以及一代人与另一代人之间的冲突。最为流行的描写20世纪60年代好斗黑人的电影之一，就是根据一部关于爱尔兰革命者的电影改编的。然而，尽管有这些共性——或许正因为有这些共性——黑人和爱尔兰人之间历来就存在着美国历史上任何其他种族间从未有过的最严重的敌视态度、暴力行为和流血事件。而像华人和意大利人这样两个鲜有共同之处的种族，却能在纽约东南端世世代代为邻、和睦相处。随着更多的黑人上升到和犹太人差不多的中产阶级地位，这两个种族之间的合作减少了，冲突的事例增多了，这恐怕也能说明同样的问题。在许多种族当中存在的那种高度地区化的移民模式，凸显了和同种族同文化的人住在一起是重要的。例如在1948年，从日本日高地区来的移民中有70%的人定居在加拿大，而且其中来自日高一个村庄的移民中有90%的人都定居在加拿大的特定一隅。从冲绳来美的移民当中，有90%以上的人定居在夏威夷。就美籍意大利人而言，此种地区化模式发展到来自意大利特定村庄的人们在美国同居一条街的程度。

歧视

许多论述各种族在收入和职业方面的差别的著作，随意地使用“歧视”这一类的字眼，甚或使用更加充满感情色彩（却很难验证）的“剥削”二字。在历史的各个不同阶段，有事例确实表明许多种族曾遭到显而易见的歧视，但是，要确定各种族在收入、职业或住房方面的差别究竟达到何种程度才能表明歧视的存在，却是一个复杂而难以判断的过程。歧视一词本身的含义也很广，从根据雇主目前的实际能力只能付给雇员底薪，到存在压抑雇员培养能力的历史性障碍都可被称为歧视。用雇主的歧视来解释某一时的收入差别，通常意味着没有按该种族劳工当时的能力付足其所得。然而在这一点上，历史的和当前的经验证据远不是结论性的，尽管有许多评论家说得十分斩钉截铁。

例如，雇主的歧视就不能解释某一特定种族内部各种人之间存在的巨大收入差别，如果雇主一般并未意识到这些内部差别的话。“香港华人”普遍都很贫困，而土生土长的美籍华人普遍都很富足，此种状况用雇主的歧视是解释不通的，因为在雇主的眼里，“华人看起来都是一样的”。第一代和第三代美籍墨西哥人在收入上的较大差距，也无法用雇主的态度来加以解释。因为在蓝领职业里，雇主不太可能去了解求职者属于哪一代，而且大多数美籍墨西哥人都在从事蓝领职业。雇主更不会查家谱，以便把自由黑人的后代与其他黑人区分开来，至于大多数老板能否把来自西印度群岛的移民和其他黑人区别开来，以及老板是否有兴趣知道这么多，都很难说。

纯粹属于种族内部的收入差距，对于考察某个种族在整体上与全体社会的差距，是有启发的。就某些种族而言，一个社会阶层（比如“香港华人”）的收入低于全美平均水平，而另外一个阶层（在美国土生土长的华人）的收入则高于全美平均水平。19 世纪来自东欧的犹太人生活贫困，而来自德国的犹太人则生活富裕。今天，来自西印度群岛的第二代移民在收入方面超出全美平均水平，而土生土长的黑人所挣的钱却要少得多。当一个种族的某些社会阶层的全体人员（而非若干幸运的人士）在收入方面超过全美平均水平时，那就难以将该种族的整体收入低于全美平均水平归咎于雇主的歧视，如果雇主并不在该种族内部进行区分的话。

经济歧视的存在及后果，远非完全取决于对某一特定种族的偏见或偏见的程度。日本遭到的带有历史偏见的法律歧视，至少和波多黎各人所遭遇的情况同样严重，然而日本人的收入却是波多黎各人的两倍多，并且比盎格鲁-撒克逊人后裔的收入也要高出不少。那种将种族收入差距基本上看作歧视的结果，而不是由人文资本差别或年龄、地区分布及其他因素的差别所造成的流行观点，不仅不符合历史事实，也违背现实经济状况。把主观上的偏见转化为公开的经济歧视，对于追求利润的竞争性公司来说，是不划算的。虽然对于政府机关、公共部门、受到调控的金融等行业或大学及医院等非营利组织来说，付出的代价要小一些。美国南北战争之后，白人雇主的卡特尔组织尽管在经济、法律、政治和社会等方面占有一切可能的优势，但在企图控制刚刚获得自由的黑人的工资这个问题上却屡遭失败，表明这样做是多么不划算。例如在今天，对受过“同样”教育的各种族人士的收入加以比较的统计数字，通常都忽视了教育程度和工作表现上的巨大质量差别。但凡这种质量差别稍微精确地被计算在内，种族间个体的收入差距就会大大缩小，甚至完全消失。

消费歧视的武断说法（声言“穷人买东西价钱高”）同样也把矛头对准时常被忽视的种族差别。举例来说，犯罪率的差别就会在许多方面影响经营一家商店的开销，导致同一种商品在不同的种族街区以不同的价格出售。一个诚实的消费者不得不为自己街区的惯偷、无赖和犯罪分子给商店造成的损失付出代价，但这和那种认为他的街区作为一个整体被开设在当地的商店或其他种族“剥削”的说法，不是一回事。许多商店不断从犯罪率高的街区撤走，表明那里并没有什么了不起的利润可赚。

各种族在偿还信贷方面也有差别，并且不总是完全出于收入上的原因。举例说，即使低收入的美籍意大利人也被视为可靠的放贷对象。华人、日本人和来自西印度群岛的人为资助自办企业而开设的那些轮流用款的信贷协会，之所以能奏效，有赖于借贷者能及时地悉数偿还借款。那些因缺乏此种可信度而不能在自己人当中使用这种办法筹集资金的种族，通常也出于同样的理由而无法从商业信贷机构外借到资金。他们未能办起企业实难武断地归咎于得不到银行的支持，因为大多数小型企业（包括华人、日本人和西印度群岛人开办的企业）在开张时根本就不是靠银行贷款。

同样，在房产市场上，从19世纪纽约东南端设立的移民隔离区到现在，贫民窟住房的高额租金，多少年来一直受到指责。但是，尽管对贫民窟房东的尖锐责骂声不绝于耳，真实的记录却表明，贫民窟房产的收益总的来说并不高。房屋的租金的确要价很高，但收益却取决于房客实际上付了多少租金。纽约东南端每年都有千百起驱逐房客的事件，这表明要价和支付租金不仅在概念上，而且在事实上是完全不同的两码事。老实交清房租的人，和前文提到的诚实消费者一样，只得代人受过，而且房东的平均赢利率表明，纽约东南端的房客作为一个整体并未受到“剥削”。

个人可能会被歧视毁掉，尽管歧视并不能解释某个种族的经济状况。杜波伊斯在20世纪初曾指出，“对个别黑人工人的评价，不是按照他自己一个人的工作效率，而是按照黑人工人队伍作为一个整体的工作效率，整体的工作效率可能往往是偏低的”。肤色之所以成为雇用的条件之一，是因为想要仔细了解每一个人必须付出十分高昂的代价。一个种族被歧视的问题，是一个涉及该种族作为一个整体是否被误断或被付给低薪的问题，是一个关于整体的平均水平问题，而与个人差异无关。有代表性的黑人，根据杜波伊斯的看法，“可能是胜任其所从事的工作的”，如果白人的种族偏见突然消失，那么作为一个整体，“黑人所占据的地位将不会有多大的区别”，虽然“少数人会被提升，还有少数人会得到新的位置”，但“广大的黑人大众将一如既往”。杜波伊斯期待减少种族隔阂所能做到的，实际上是为黑人后代提供一种改进自己的技能与发奋努力的刺激。姑且不论杜波伊斯这种判断的经验价值究竟如何，他这段话有一点很重要，即他把对个人的歧视与对一个种族的歧视区分开了。

即便一个种族当时的能力在市场上得到准确的评估，该种族的个别人士仍然可能被埋没，杜波伊斯本人或许就是一个典型的例子。但是，这样的例子并不能表明，对作为一个整体的种族进行歧视就足以解释该种族为什么会贫困。像杜波伊斯和保尔·罗伯逊这样受过一流教育、才华出众的个别人士，其不幸的根源就在于种族偏见。

在其他种族之中，最易怒、最好斗或最极端的分子，恰恰也是某些熟谙美国文化、最有才华的成员。他们及其他一些人引申出一种看法，认为整个种族的文化适应及技能或奋斗精神不管有多大长进，也未必能比该种族个别成员的发展更为成功。某些在“二战”期间被关押的日本人就曾经做出这种悲观的结论。但是，不管他们的愤怒和悲观如何，都可以理解，后来发生的事件表明，这种引申在逻辑上是站不住脚的，在历史上也是错误的。在被关押后的一代人的时间之内，美籍日本人就跻身美国最富裕、最为社会所接纳并普遍最受人尊敬的种族之列。从日本人开始移民算起，这个过程大约用了半个多世纪的时间，他们在前进道路上遭遇到的那些最凶残的种族主义分子，不可能会由于日本人有任何不同表现而改变自己的观点。但是，人生有命，世事沧桑，日本人默默地以其坚韧不拔的毅力终于在经济、社会和政治上取得了非同凡响的成就。

可惜，日本人（以及华人和犹太人）这一行之有效的做法，却时常被认为是一种幼稚的行为，有人主张应考虑以更加有力的对抗性的手段来争取进步。然而，19世纪的美籍爱尔兰人在各个领域使用对抗性手段屡遭失败，从公立学校的争议到南北战争时的抗拒征兵，从试图以恐怖活动来赢得经济进步到组织远征军去加拿大以争取爱尔兰的独立，无一是成功的。20世纪，黑人当中非暴力民权运动的初步成功，曾因其更加好斗的直接行动策略的兴起而明显放慢了前进速度，因为这种策略反倒使社会各界对黑人的抵制态度强硬起来，并导致广泛的副作用，从单纯的不满情绪到诸如三K党（甚至在北方各地）及纳粹外围之类的组织再度复活。

究竟在收入和社会接纳等方面的种族间差别，在多大程度上是由特定种族的行为和态度造成的，又在多大程度上是由社会各界的行为和态度造成的，我们并不想在此处一劳永逸地解决这个问题。此外要说明的是，这是个复杂的问题，不是一句话就能概括得了的。

身份和同化

种族身份的重要性，在各个种族内部是有巨大差异的。对某些人来说，种族身份是一种足以在世人面前加以炫耀的东西。对另外一些人来说，种族身份是一种值得个人珍惜的生活方式，虽然无须公开张扬。还有一些人，对他们来说，种族身份是一种偶然性的东西，或是一种令人好奇的东西，抑或是一种尽量忘却、回避或逃脱的污点。诸如此类的五花八门的个人态度，历来就存在于各个种族之中。简言之，种族身份一直是种复杂而难以捉摸的现象。其特定内容历来差异很大，即便在一个种族之内也是如此。例如在19世纪，犹太移民的种族身份就集中体现在他们的宗教礼仪和犹太人的民族文化传统上，包括意第绪语。在他们的心目中，如果一个犹太人很少或根本不注重犹太教礼仪、生活方式和衣着，并在非犹太人当中讲起话来像个非犹太人（正如20世纪的许多美籍犹太人那样），那么，要把他当作犹太人实在是匪夷所思的。然而，谁也不会认为，经过“二战”时的大屠杀及现代以色列的建立，犹太人就失去了他们的种族身份。仅仅是他们的投票记录就足以使他们与处在同样经济水平的其他美国人泾渭分明，他们并未生活在过去的记忆中，但是过去一直存在于他们的生活之中。

种族身份有时被视为种族进步的一个潜在的有利因素。但是，种族身份强烈地表现在一边倒的投票上，在政治上偏袒本族候选人或优先雇用本族人的那些种族，一般来说并不见得比那些对此不太介意的种族生活得更好。在偏袒本族人方面，谁也比不上爱尔兰人，不管在政治上还是在教会里，他们都是如此。但是，总的看来，爱尔兰人却并不比意大利人进步快，而意大利人在政治上或在其他方面都很少偏袒本族人。某些种族（比如犹太人和日本人）一直珍视并保存着自己的特殊文化，但却从不就此公开做什么文章（许多黑人和西班牙裔人士却爱这样干）。使文化区别成为争论不休的问题，对文化存留或种族进步是否有推动作用，这绝没有清晰的答案。19世纪时，爱尔兰人曾对盖尔特语大加吹捧，而当时的犹太人对意第绪语就没怎么张扬，但实际上，犹太人当中讲意第绪语的人比爱尔兰人当中讲盖尔特语的人要多得多。

就许多美国少数种族而言，日积月累的变化已经使他们在20世纪面目一新，与19世纪的祖辈相比，简直不可同日而语。这些深刻的变化现在很少有人提及，因为要照顾种族的体面和敏感心理。19世纪人的自述和流行病的医学记录，都可验证下述历史事实：当时爱尔兰移民的卫生状况很糟糕，家中如此，个人也如此。但现在讨论种族问题的论著，通常都对某个种族是否清洁只字不提，除非在为了证明某人有偏见或仇恨心理，需要引用此人谈到或抱怨某个种族不爱清洁的原文时，才会涉及这个问题。由肮脏所引发的流行病至今仍然在某些少数种族居住区传播，但是各种族平均寿命的差距，却被简单地归咎于社会上的种族主义。甚至在某一种族的年轻人当中，本来是为了显示其男子汉气概而造成的极高车祸死亡率，也被想当然地归咎于该种族的贫穷，并且硬说是由于他们驾驶的车太旧才造成这种后果的。

且不管这些辩解之词在纯道义的框架内有何种道理，但从因果关系的角度来看，这些辩解之词却模糊了真正起作用的主要因素。从历史的角度来看，这些辩解之词阻碍我们认识或理解进步曾经是——或现在是——怎样取得的，因为种族内部问题的存在已被忽视或否认了。一个种族，倘若听到任何人说它曾经肮脏就不高兴，认为这只是那些偏执分子无中生有的捏造，那它永远也不会干净起来。如果他们认为问题仅仅在于种族主义的教员和有偏见的测验，那么他们的子女在学校里就不可能克服学习上的困难。任何种族都无法解决其内部的其他问题——从酗酒到暴力，如果它认为这些事情都是歪曲的宣传，或者是“社会”弊病的必然结果。根据这种观点，某些为自我提升而长期进行的艰苦卓绝的奋斗也就被否定了。这等于说，历史本身也被否定了。

如果仅在道义的范围内兜圈子，进步（及贫困）只能被说成是“社会”的产物，而这个“社会”到现在才勉强地赋予人们新的“权利”和不完整的“接纳”。如果爱尔兰人是19世纪的贱民，在20世纪却被完全接纳，道义论者就会说：瞧，这样做就对了，不过太迟了，早该这样做的。但他们却忽视了这样一种可能，即被社会接受的爱尔兰人与19世纪刚从爱尔兰来的移民具有天壤之别，而当初那些爱尔兰移民的个人行为，在今天是其他人包括今天的美籍爱尔兰人所不能接受的。

美国种族史说到底也就是美国人民史，是一部由复杂种族和个人所组成的复杂集合体的历史。这部历史不是一出简单的道德戏剧，而是一个由许多相似模式和深刻区别所构成的故事，是一个由痛苦、自豪和成就所构成的故事。从某种意义上来说，它是一个关于许多极不相同的传统的故事，从另一种意义上来说，它又是一个以多种面目出现的人类精神的故事。